Editor's Handbook

編集の学校／文章の学校［監修］

編集者・ライターのための

# 必★修 基礎知識

雷鳥社
RAICHOSHA

# はじめに

仕事の現場のありとあらゆるところに「編集」の仕事は存在します。

雑誌や書籍をつくる出版社の編集者だけが「編集」の仕事をしているわけではないのです。社内報やPR誌をつくるというような、文字どおり「編集」の仕事に携わっている人はもちろんのこと、社内プレゼンテーション用の企画書や提案書、業務用マニュアルや就業規則をつくったりすることも広い意味でいえば「編集」の仕事だといえるでしょう。

極端な話、ショーウインドウのディスプレイデザインや店舗の内装設計、新商品の販売戦略などを考えることも「編集」だといえなくもありません。

「編集」は漢字で書くと「集めて編む」。なんだか、いろんなことがこんがらがってしまいそうなイメージですが、本来は「集めて選んで切り捨て並び替える」作業だと考えた方がいいでしょう。こんがらがってはいけません。基本的には切り捨て、すっきり、わかりやすくしていくことが、編集の仕事なのです。

そう、映画製作における「編集」＝「エディット」の方が、ずっとイメージに合っています。

編集とは、ある目的を達成するために、「一見無関係に見えるものを組み合わせて大きな意味を持たせる」「つまらなそうなものを楽しそうに見せる」「わかりにくいものをわかりやすくする」「難しいものをやさしくする」「興味が持てないものに興味を持たせる」仕事です。「むずかしいことをやさしく、やさしいことを深く、深いことを面白く」という永六輔氏の著作がありますが、この本のタイトルは、そのまま編集の極意だといえるのです。「集めて選んで切り捨て並び替える」ことによって、バラバラに存在していたときよりもずっと大きな価値を生み出すこと、「方向性を与える」ことによってより大きな価値をつくり出すこと。それが編集者に課せられた使命なのです。「編集」の技術は、仕事の現場のありとあらゆる場面で大いに役立つ技術だしいえます。

本書は「編集」の仕事について、入門者から中上級者にいたるまでが必要な知識と考え方を学べるようにつくられました。そのため、なるべくたくさんの実例をあげています。多くの実例は本書の発行元である雷鳥社のもの。それはそのまま、あらゆる編集の現場で役立つきわめて身近で実践的な具体例だといっていいでしょう。

「編集」の技術を学ぶことは、出版社の社員や社内報、PR誌に携わる編集担当者だけでなく、すべての社会人にとって必要な能力を身につけることに他なりません。もちろん、まだ社会人として仕事を始めていない学生にとっても、「編集」の技術を学ぶことが、飛躍への一歩になることをお約束したいと思います。

編集の学校／文章の学校代表
柳谷杞一郎

# 編集者・ライターのための必修基礎知識

目次

## 03 取材をおこなう 065



## 04 原稿の書き方 097

## 05 原稿整理と校正・校閲

## 06 デザインする 177



## 07 印刷する 217

## 08 著作権を知る 241



## 09 出版流通を知る 289

# 01
# 編集者の仕事とは

# 01 編集者の仕事とは？

普通に「編集者の仕事とは？」と聞かれたなら、「書籍をつくる仕事」「雑誌をつくる仕事」と答えることになる。もちろん「書籍」や「雑誌」に限らず、「ＰＲ誌」や「社内報」をつくる仕事だって編集の仕事である。

範囲を広げれば「商品パンフレット」や「業務マニュアル」をつくる仕事だって編集の仕事ということになるだろうけれど、こちらの方の仕事は編集者の仕事とはいいづらい。仕事の内容に大きな違いはないのだが、一般的には広告クリエーターや企業の総務部担当者の仕事ということになる。ただし、商品パンフレットの製作を仕事として請け負うフリーの編集者はかなりの数でいるはずだ。編集者は特殊技能者とはいえないかもしれないが、きわめて汎用性の高いオールラウンドプレーヤーであることは確かである。

さて、あまり編集者の仕事の範囲を広げてしまうと、少々わかりにくくなってしまうので、本書では、出版社において「書籍」や「雑誌」をつくる編集者および出版社からの依頼をうけて「書籍」や「雑誌」をつくる編集プロダクションの編集者の仕事を中心に話を進めていくことにする。

**「本」と「書籍」と「雑誌」**

出版業界では、「雑誌」と「本」というより、「雑誌」と「書籍」という方が一般的だろう。雑誌と書籍の違いは、雑誌には広告が入れられるが、書籍は入れられない、ということだろうか。広辞苑には雑誌は「定期的に刊行する出版物」となっているが、定期的、例えば毎月刊行される書籍をつくることは可能だ。また、雑誌を「雑多なことを記載した書物」ともしているが、雑多なことを記載している書籍も存在する。

## 出版業界相関図>>>

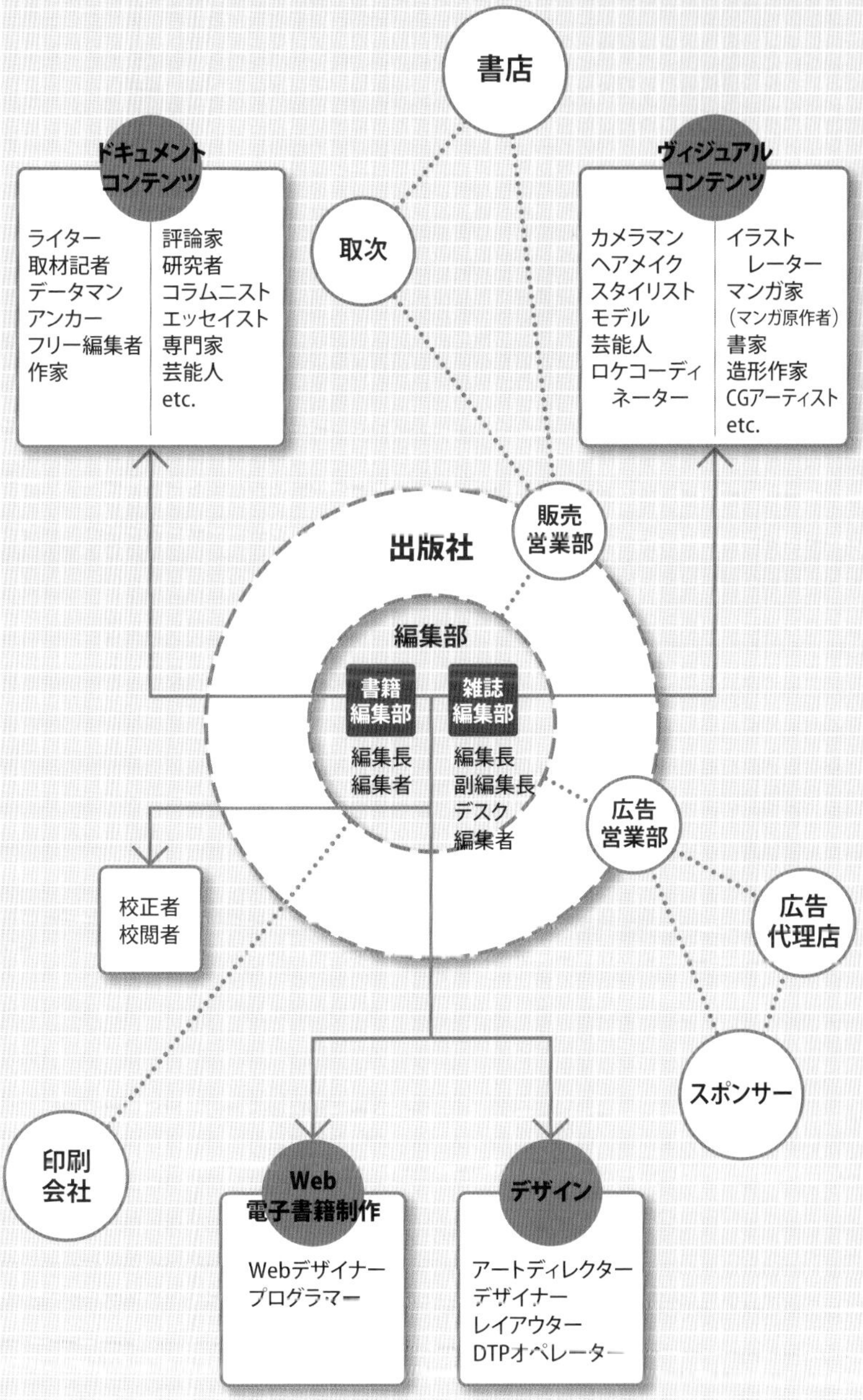
書店
取次
ドキュメントコンテンツ
ライター
取材記者
データマン
アンカー
フリー編集者
作家
評論家
研究者
コラムニスト
エッセイスト
専門家
芸能人
etc.
ヴィジュアルコンテンツ
カメラマン
ヘアメイク
スタイリスト
モデル
芸能人
ロケコーディネーター
イラストレーター
マンガ家
（マンガ原作者）
書家
造形作家
CGアーティスト
etc.
出版社
販売営業部
編集部
書籍編集部
編集長
編集者
雑誌編集部
編集長
副編集長
デスク
編集者
広告営業部
広告代理店
スポンサー
校正者
校閲者
印刷会社
Web電子書籍制作
Webデザイナー
プログラマー
デザイン
アートディレクター
デザイナー
レイアウター
DTPオペレーター

01

02

# 編集者の仕事はP、D、AD、AD

編集者の仕事をわかりやすく整理すると、P、D、AD、ADの四つの仕事をたった1人でこなすということになる。

Pはプロデューサーの Pである。企画を立案し、予算を確保し、キャスティングをする。まさに映画プロデューサー、テレビプロデューサーの仕事と一致する。自らがかかわる雑誌の中で、どのような企画が読者に受け入れられるのかマーケットを分析し、時流を読まなければならない。もちろん、編集会議で自らの企画の面白さを編集長や他の編集者に理解してもらえるよう企画書をつくり熱弁をふるうのも本人である。

「書籍」の編集者もやることは、ほぼ同じだ。雑誌編集者と違って自分のかかわる雑誌の読者層だけがターゲットではないから、マーケットは大きく広がる。ただ、大手出版社は別として、中小出版社にはそれぞれに得意分野というものがあって、どんな分野の、どんなテーマの企画でもいいというわけにはいかない。その出版社にとって、まったく畑違いの書籍の企画について、本を売る現場である書店側を納得させることは容易ではない。ひとつ例をあげれば、本書をつくっている雷鳥社が突然「文芸書」をつくっても、書店側は簡単には信用してくれない。「期待の大型新人作家」と雷鳥社が声高に叫ん

## 編集者の仕事／P、D、AD、AD>>>

### P
Producer
**プロデューサー**

◎企画プランニング
◎予算獲得
◎キャスティング

### D
Director
**ディレクター**

◎方向性の指示
◎現場進行
◎成果物チェック

### AD
Assistant Director
**アシスタント・ディレクター**

◎情報収集
◎各種手配
◎雑用実務

### AD
Art Director
**アートディレクター**

◎デザインプラン
◎写真・イラスト等の発注
◎デザイン校正

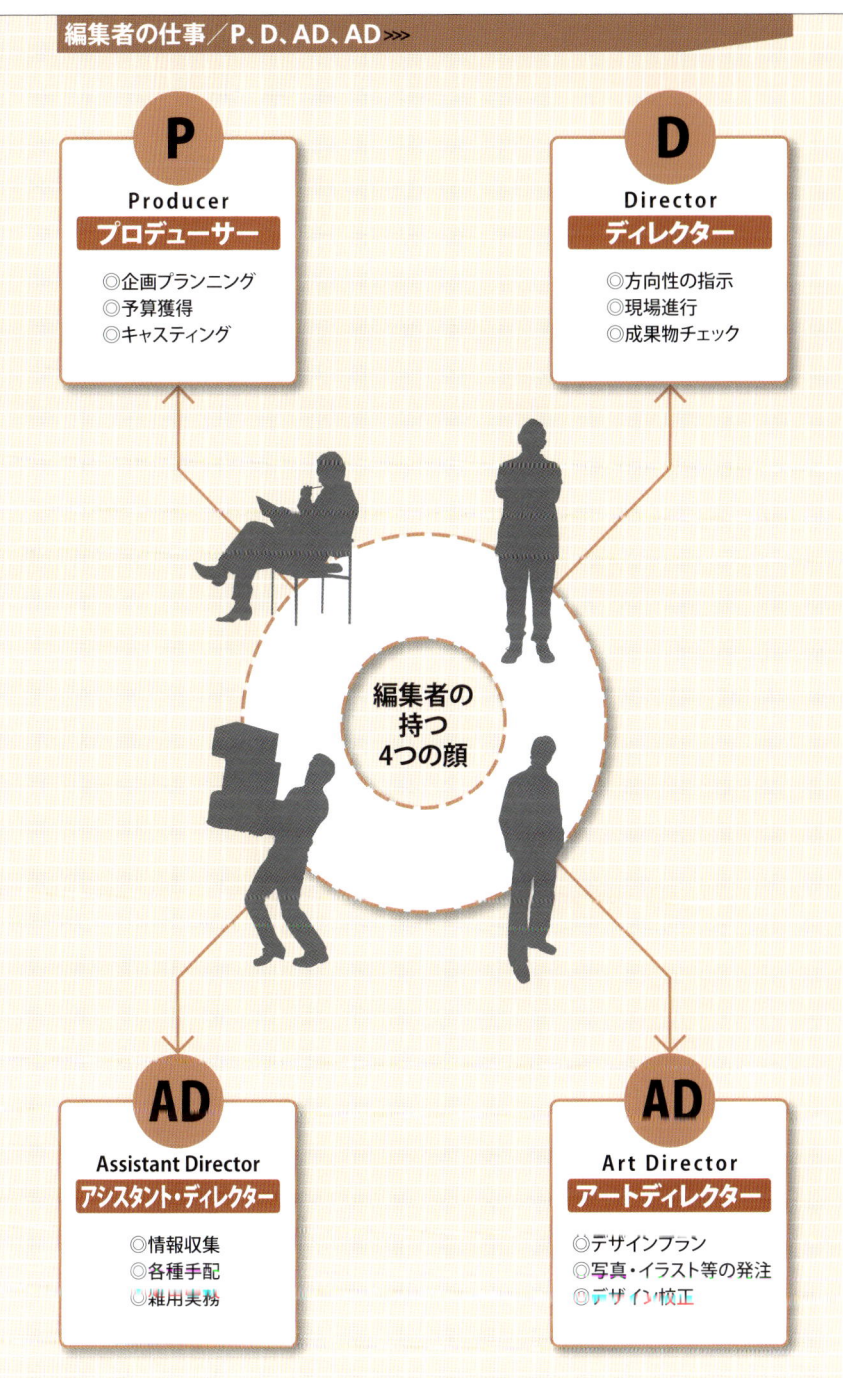

だとしても、「じゃあ、うちで売りましょう」とはいってもらえないのだ。書店が信用してくれないという前に一般読者がなかなか「期待の大型新人作家」を認知してくれないだろうから、結果、本は売れないということになってしまう。

雷鳥社は「撮る、書く、つくる、演じる人のための出版社」を看板にしていて、この路線で本づくりをするなら、ある程度書店も受け入れてくれることになるだろうけれど、まったく違う分野の本を突然つくり出すとなるとそれ相応の準備と覚悟が必要となる。

逆に、大手出版社なら、なんでもつくれるかというと、そういうわけでもないようだ。雷鳥社でなら出版可能な少部数の販売しか見込めない書籍も大手出版社では出版不可になるということが起こる。規模に見合った出版企画という考え方もあるのである。ただ書籍の編集者は雑誌の編集者とは違い、かなり広い範囲での企画立案が可能である。もちろん、こちらも編集会議において出版社幹部、他の編集者や営業担当者を納得させられない限り、出版には至らない。

次は予算の獲得だ。通常は雑誌編集においては各雑誌ごとに1ページあたり○万円とかの予算があらかじめ決められていることが多い。映画プロデューサーは予算獲得のためにスポンサーを見つけてくることが前提だが、編集者がスポンサーをまわってお金を集めてくるということは、まずない。しかし、スポンサーを説得し予算を獲得することができる編集者の行動範囲は格段に広がる。例えば決められた予算内では到底間に合わない状況において、海外ロケ撮影などが実行できるよう、航空会社や旅行会社にタイアップをお願いしに編集者自らが出向いていってもいいのだ。優秀な編集者はこういう状況において業界外にも多くの人脈を持

**初版部数の実状**

小出版社の初版部数はここのところ下がる一方である。小出版社のつくる書籍の多くは初回配本が1、000部程度。初版が2、000~3、000部程度になるのはいたしかたないことかもしれない。大手も状況は同じである。5、000部から7、000部あたりのところが多い。もちろん、内容によっては初版3、000部も珍しくはない。

ち、自ら予算の拡大をはかれるプロデュース能力を持っているものなのである。優秀な雑誌編集者はスポンサーがつきやすい企画を意識的につくったりもする。だからといって女性誌編集者がタレントを使ったファッションページばかりをつくるというわけにはいかない。ファッションページは女性誌の広告スポンサーに多いアパレルメーカーを喜ばせることになるが、ファッションページだけで埋めつくされた女性誌を売るというのは簡単なことではない。スポンサー筋に喜ばれるページだけでなく、読者の心をつかむページづくりが大切なのである。

書籍編集者の場合も、ほとんどの出版社で、一点の書籍制作にかけられる予算は決められている。ただ書籍の場合は定価×販売部数が売り上げになるわけで、発売前から大量販売部数が見込めるものについては、制作予算が大きくはねあがることになる。

## 出版売り上げの構造>>>

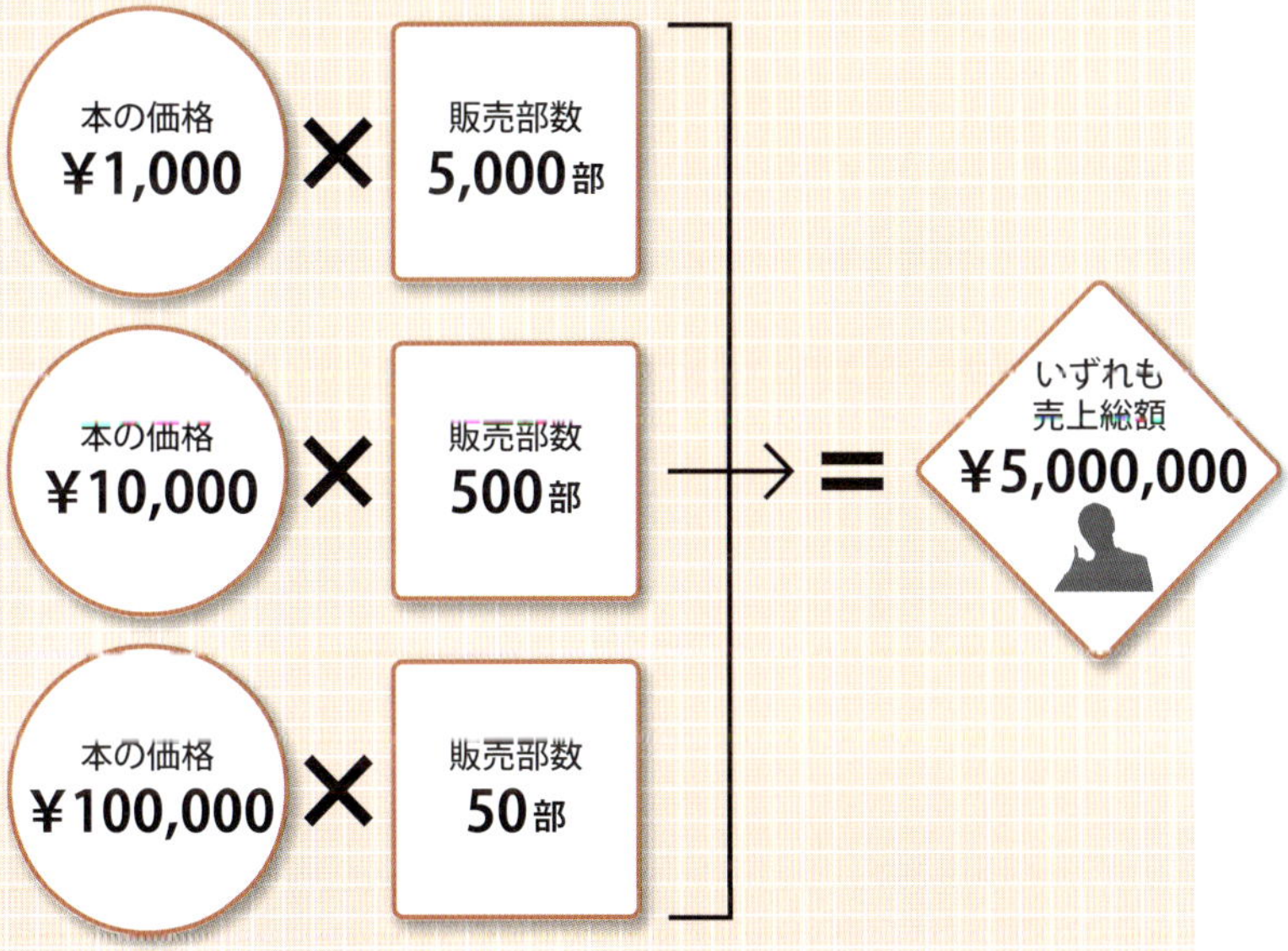


※売上総額が500万円に達すれば、たいていの出版物制作において、十分な利益が出る。1冊10万円の本が確実に50部売れる目算が立っていれば、出版は成立するのである。薄らとした100万人のファンがいることと、確実に財布から1,000円出してくれる濃いファン1万人がいるということには、大きな差があるのだ。

01

# 03 編集者のキャスティング術

プロデューサーとしての最後の仕事はキャスティングだ。映画製作においてもキャスティングは最重要課題のひとつであるが、編集制作においても事情は同じである。

どの書き手にするのか。写真を撮るのならカメラマンは？　スタイリストは？　ヘアメイクは？　他のヴィジュアルで誌面を構成するなら、イラストレーターは？　それとも書道家、造形作家にするのか？

雑誌の場合だと誌面のデザインをディレクションするアートディレクターを一編集者が選ぶことはできないが、書籍の場合だと装丁家を誰にするかの決定権はその書籍の編集担当者にある。もちろん、書籍制作においては雑誌づくりと違って、書き手（ライター、作家）やカメラマンもひとつの書籍づくりに通常は一人である。

キャスティングは書籍づくりの生命線であるといっていいだろう。ここで失敗すると、いい仕事はできないことが決定してしまうのだ。作家として、カメラマンとして能力的には優秀な人であっても編集者との相性が悪いと、まったく結果を出せないということがまま起こる。普段は創造性に富んだ面白い原稿を書く作家が、特定の編集者との仕事に限って、凡庸きわまりない原稿を送ってくるということが起こるのである。逆に相性のいい編集者との出会いによっ

## 編集者の情報収集 >>>

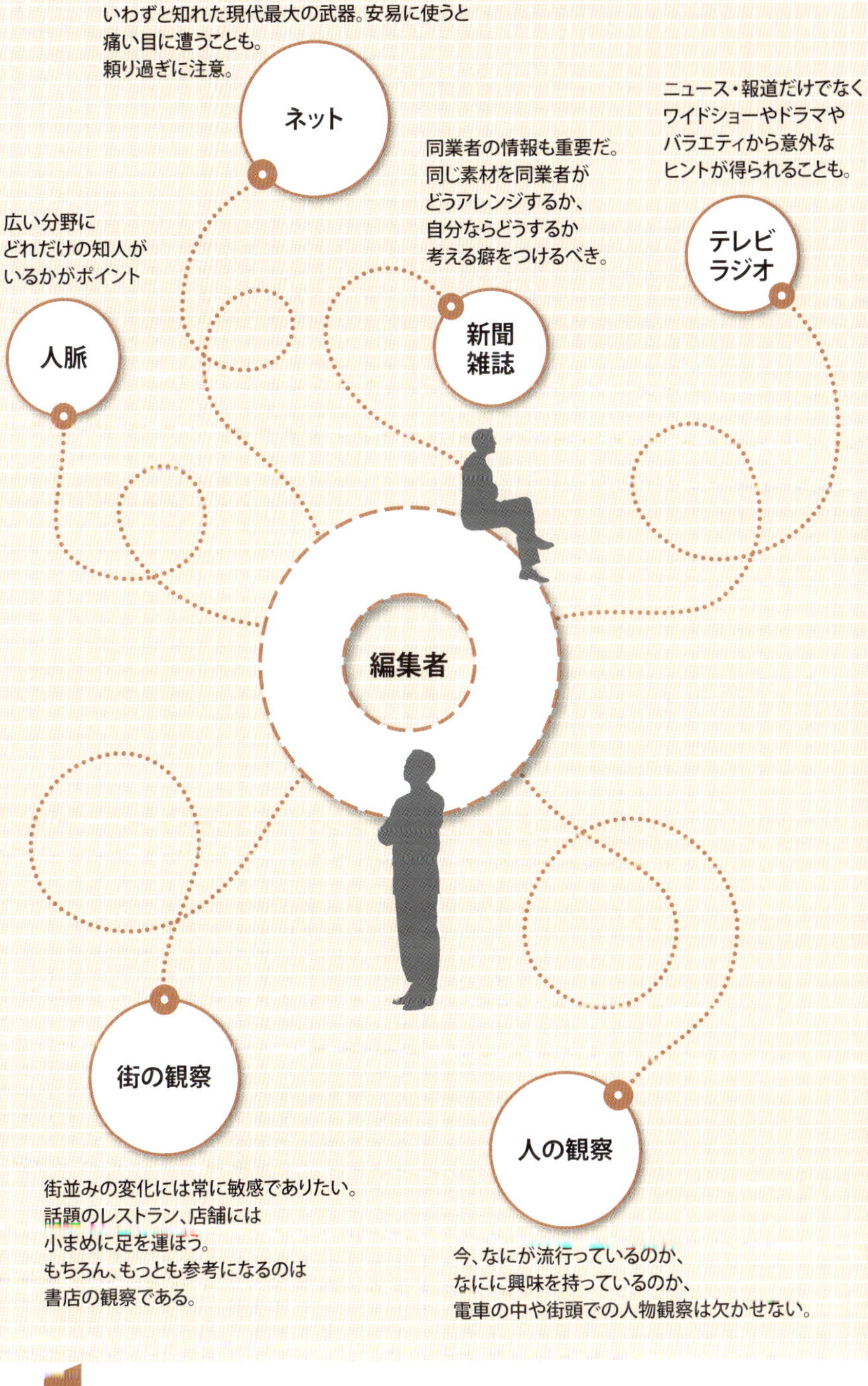
いわずと知れた現代最大の武器。安易に使うと
痛い目に遭うことも。
頼り過ぎに注意。
ネット
ニュース・報道だけでなく
ワイドショーやドラマや
バラエティから意外な
ヒントが得られることも。
同業者の情報も重要だ。
同じ素材を同業者が
どうアレンジするか、
自分ならどうするか
考える癖をつけるべき。
広い分野に
どれだけの知人が
いるかがポイント
テレビ
ラジオ
人脈
新聞
雑誌
編集者
街の観察
人の観察
街並みの変化には常に敏感でありたい。
話題のレストラン、店舗には
小まめに足を運ぼう。
もちろん、もっとも参考になるのは
書店の観察である。
今、なにが流行っているのか、
なにに興味を持っているのか、
電車の中や街頭での人物観察は欠かせない。

て、クリエーターの能力が引き出されるということもよく起こる。編集者の仕事は化学反応における触媒のようなもの。クリエーターは編集者の力で成長していくものなのだ。

　それぞれのクリエーターが、精一杯の仕事をしてくれるか否かは編集者の力量によるところが大きい。クリエーターサイドが「この編集者の前で恥ずかしい仕事はできない」「この編集者のために大きな成果をあげたい」と思ってくれるような人間関係を日頃から構築していることが大切なのである。ただ、こういう人間関係は一朝一夕にできるものではない。一日一日積み重ねていくより他に道はない。編集者にとって信頼できる人間関係こそ小手先の技術よりもずっと大切な財産になることはいうまでもないことだ。

　いずれにしても最初の一歩は、誰かと出会うところから始めるしかない。日頃から、気になる書き手（作家だけではなく、ライター、評論家、研究者、芸能人なども書き手の候補者である）、カメラマン、スタイリスト、ヘアメイク、イラストレーター、造形作家などをチェックしておきたい。

　自分が相手のことに強い関心を持っており、仕事を依頼するとき、心の底から「あなたが好きだ」という気持ちでアプローチすれば、仕事を引き受けてくれる可能性は断然アップする。人は、自分のことを本当に好きだと思っている人と仕事をしたいものなのだ。大物作家、大物写真家、大物芸能人であってもその例外ではない。

あなたが、村上春樹、東野圭吾、浅田次郎、百田尚樹、宮部みゆき、湊かなえなど、本を出せばベストセラーになることがほぼ決まっている作家の原稿を手に入れることのできる人物なら、いくつもの出版社が両手を挙げ、高給であなたを編集者として迎え入れてくれるだろう。自分自身の出版社を立ち上げることを考えてみてもいいかもしれない。

見城徹氏が、部下5人と角川書店から独立して幻冬舎を立ち上げたとき、五木寛之、村上龍、北方謙三、山田詠美、吉本ばなななどそうそうたる顔ぶれの作家陣が応援を表明した。

だからこそ、幻冬舎は短期間で大手出版社へと登りつめたのである。見城氏の一人ひとりの作家、アーティストに対する愛情、気配り、心配りはマネしようとしてマネできるものではない。これがマネできるようなら、あなたは編集者として間違いなく成功するはずだ。並みはずれた情熱があれば、開かない扉はないのである。見城氏の編集術については、学ぶべき点がてんこ盛りといっていい。詳細を知りたい方は、見城氏の一連の著書のご一読をお勧めする。

できることなら編集者は、作家やカメラマンなど実際に仕事を依頼するクリエーターだけでなく、ありとあらゆる分野に人脈を広げておきたい。ファッション専門誌の編集者だからといって、ファッション業界にしか人脈がないというのでは、仕事に広がりがない。流通業界、インテリア業界、建築業界、家電業界などなど、どんな分野に対しても顔が広ければそれはそれで大きな武器になっていくはずだ。ファッションと流通、ファッションと建築、組み合わせは自由自在である。ひとつのアイデアを無限に拡張させていくことが可能だ。編集者自身があらゆる分野に精通している必要はない。なにかに困ったとき、なにかを思いついたとき、気軽に相談、質問できる仲間がいればいいのである。編集者は「狭く深く」だけでなく、「広く浅く」でも生き残る道があるのだ。

**『編集者という病い』（見城徹／太田出版）**

「顰蹙は金を出してでも買えー」という言葉が刺激的。人と人との究極の関係づくりをわからせてくれる本。編集者として成功するためにはここまでやるべきなのか、と業界人なら誰でも身につまされるはず。

01

## 04 編集者のディレクターとしての役割

さて、編集者としての次の仕事はD。Dはディレクターのである。企画立案し、予算に目途をつけ、キャスティングが終わったら実際に制作に取り掛からなければならない。

あがってくる原稿や写真、イラストに可否の判定をくだし、直すべき点があれば的確にその方向性を示すのである。原稿を書くライターやイラストを描くイラストレーターの横に立ち、アレコレとその場で指示を出すことはないかもしれないが、撮影の現場に立ち会いアレコレと指示を出すということはある。ディレクターである編集者がOKを出せば、その原稿、その写真、そのイラストは基本的にはOKなのである。

たまに、担当編集者がOKを出したにもかかわらず、編集長がダメを出すなんてことが起こるが、そんなことが起こる編集部がいいものをつくれる可能性は低い。担当編集者の能力そのものがレベルに達していなかったのかもしれないが、担当編集者がクリエーターからの信用を失うことだけは間違いない。

編集長サイドに立って考えれば、一度担当編集者がOKを出した制作物にダメ出しをしなければならない状況に陥るということは、自身の編集に対する姿勢が各編集者にきちんと伝わっていなかったと反省するしかない。仕事を任せられる編集者を育てることこそ、編集長の仕事なのである。もちろん、編集者サイドも自分の判断に自信が持てないときには、上司の判断をあおぐという柔軟性が必要だろう。通常どこの編集部でも、制作過程のどこかの段階で上司の判断をあおぐことがルールになっているはずだ。ただ、このチェックがあまりにも多く厳しい編集部は、編集者の自由度が低く、編集者＝ディレクターではなく、編集者＝メッセンジャーになってしまう。こうなると、魅力的な雑誌づくり、書籍づくりは難しくなる。

いずれにしても自分の判断に自信のないディレクターが、いいものづくりなどできるわけがない。一人ひとりの編集者が、雑誌づくり、書籍づくりに対する確固たる信念を持つことが必要なのだ。

**出版制作進行の基本パターン>>>**

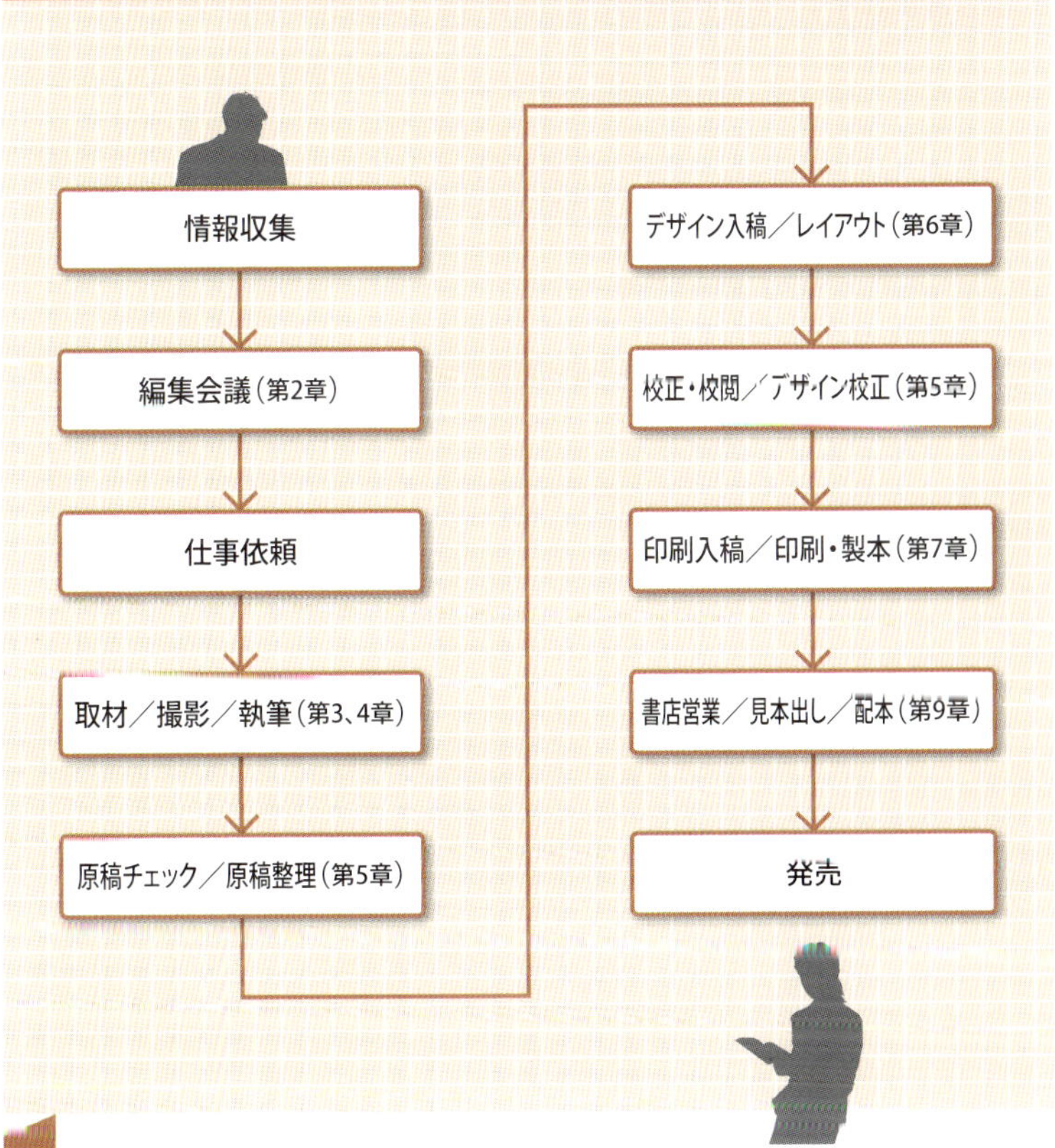

01 ＞＞＞ 05

# 編集者の二つのADとはなにか

編集者の四つの仕事のうちの残りの二つが難しい。どちらもADである。

まずひとつ目のADだが、ここまでP（プロデューサー）、D（ディレクター）ときたのだから、想像できるはずだ。ADはアシスタントディレクターのADである。映像製作の世界では、ありとあらゆる雑用をこなしていく人ということになる。現実問題として編集者も編集の現場でありとあらゆる雑用をこなしていかなければならない。

例えば、撮影現場でのお弁当の手配、原稿料支払いのための伝票作成、できあがった雑誌の関係者への送付、などなど。特に大変なのは、海外撮影の現場だろうか。

プロデューサーでディレクターなのだから現場に同行するのは当然のことだが、残念なことにアシスタントディレクターの仕事も引き受けなければならない。

ロケバス、モデルエージェンシーなどへの連絡手配はいかにも編集者の仕事だが、カメラマンからの「オレの部屋のシャワー、なかなか温かくならないんだけど」とか、スタイリストからの「私の部屋のベッドのシーツ湿っぽいんだけど、新しいシーツに替えてもらえない？」というクレームに対応し、食事のたびに出てくる「私、香辛料苦手だから、よろしくね」「どうせ

**「個室」と「秘書」**

アメリカの大手出版社の雑誌編集部あたりだと、編集者は個室と秘書を持っているという例がないわけでもないが、日本では個室と秘書を持つ編集者がいい感情を持たれることはまずない。

ここまで来たんだから名物料理食べてみたいな」などという要求に、同行者全員が納得してくれるような正しい答えを導き出していかなければならない。こうなると編集者は添乗員役をつとめるしかない。海外撮影の現場で楽をするためには、自分より明らかに格下のスタッフを連れていくか、優秀な現地コーディネーターにそれ相応のギャランティを払うしかない。

ところで海外撮影に限らず撮影現場での食事の手配は、かなり重要なポイントだ。モデルさんも、タレントさんも、俳優さんも、ミュージシャンも撮影スタジオに届けられるごく当たり前のロケ弁当にはアキアキしている人がほとんどだ。ここで気の利いた食事を提供できる編集者はかなり点数が稼げるといっていい。

「○○デパートの地下で今話題の××を買って来ました」とか「今日は京都の△△から特注の□□を取り寄せたのをお持ちしたんですよ」とか。撮影現場のテンションが上がること請け合いである。

同様に編集者がおいしいレストラン、オシャレなバーを自在に使いこなせるというのも、業界の人からの評価につながることが多い。だからこそ、「お金と時間を使って遊びまわらなくてはよい編集者にはなれないぞ」と昔はよくいわれたものだが、今、それができる出版社は大手でも少なくなってしまった。ただ、たくさんお金を使わなくても、おいしく食事のできるお店、面白い飲み屋くらいは、日頃から見つける努力はしておくべきだろう。

編集者の能力は人脈だけでなく、情報収集能力も問われるものなのである。

01 ⋙ 06

# アートディレクターとしての編集者

さあ、編集者の仕事の最後はもうひとつのAD。意外に思われるかもしれないが、アートディレクターのADである。企画立案、予算獲得、キャスティング、制作ディレクション、雑用実務、情報収集など、編集者のやるべき仕事を次々と並べ立ててきたが、現代の編集実務においてアートディレクションはもっとも重要度が増している仕事だといっていいかもしれない。

文芸担当編集者なら、作家と明け方まで銀座で飲み歩き、〆切日間近になると作家をホテルにカンヅメにして完成原稿を手に入れ、印刷会社（あるいはデザイン事務所）に原稿を送り届け、ゲラ（校正紙）が出たら校正・校閲に精を出す。

雑誌編集者なら、面白いネタはないかと日々アンテナをはりめぐらし、発案の企画を編集会議に通し、原稿依頼をし、原稿を手に入れ……（以下、文芸担当編集者に同じ）。

一般的な編集者の仕事に対するイメージはおおむねこんなところだろう。

編集者の仕事の中でアートディレクションが重要だということを想像できる人はかなりセンスがいい。現代の雑誌づくり、書籍づくり、いずれにおいてもデザインが成否の鍵を握っていることに異論をとなえる人はいないだろう。せっかくよい原稿であったとしても、デザインが腐っていたり、写真やイラストに魅力がなかったらその企画は世の人に受け入れてもらえない時代なのだ。

編集者に実作業としてのデザイン能力を身につけろといっているわけではない。編集者もデザインセンスを身につける努力をしようといっているのだ。雑誌編集者ならどういうイメージの誌面をつくろうとしているのか、書籍編集者ならどういう装丁にするのか、一所懸命に頭を悩ませるのは当然のこと。編集者がデザイナーになる必要はない。デザイン実務に携わるデザイナーに対してディレクション（アイデアの提供、方向性の決定）ができればいいのである。

カメラマンやイラストレーターに対しても、高いデザインセンスと熱い想いを持った編集者

## 編集者=アートディレクターのワークフロー >>>

1. **キャスティング**　カメラマン、イラストレーターなどの選定。誰と仕事をするかはいい仕事をするための最重要ポイント。
2. **仕事依頼**　なるべく具体的に企画意図を伝え、求めているヴィジュアルを明確化すること。
3. **素材の選別**　成果物の可否を判定し、選択肢の中からベストのものを選定する。
4. **デザイン入稿**　デザインに必要な素材（文字原稿、写真、イラストなど）をデザイナーにわたす。
5. **デザインチェック**　企画意図が反映されたデザインになっているか、読者にきちんと伝わるかどうかがチェックのポイント。

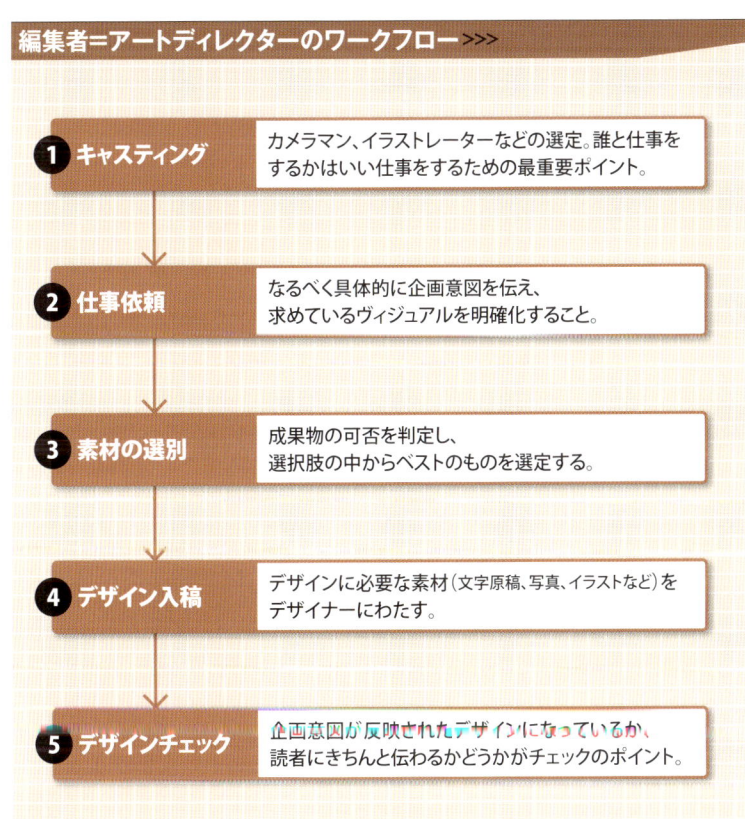

のディレクションの方が、なんの思い入れもない編集者のディレクションよりも、的確かつ有益であることはいうまでもない。具体的な誌面デザインをイメージできている編集者は、より説得力のあるディレクションができるのだ。そもそも、なんの思い入れもない編集者はディレクションそのものを最初から放棄している人が多い。残念なことだ。

ただし、デザインはただカッコよければいいというわけではない。読みやすく、わかりやすい誌面づくりは実際にデザインをしているデザイナーだけの問題ではなく、それを依頼する編集者のディレクション能力に負うところが大きいのだ。

デザインの良し悪しが、雑誌や書籍に対する評価に大きな影響を与えるのはもちろんのこと、売れ行きをも大きく左右するのである。

まったく売れなかった本を、まったく同じ原稿内容のまま、まったく違う写真、イラスト、図版に差し替え、まったく違う装丁でつくり変えたら、10倍も20倍も売り上げが増えたということが実際起こるのだ。

現代社会において、まさに「デザインは王様」といっていいだろう。デザインに対して強い気持ちを持てない編集者が成功することは難しい。よりレベルの高い編集者を目指すなら、日頃から、気になるデザイン、気に入ったデザインの雑誌、書籍を心にとめておくようにしたい。もちろん、雑誌、書籍にかかわらず、デザイン全般に興味を持てるなら、なおよしである。

**『人間失格』（太宰治／集英社文庫）**
太宰は永遠のベストセラー作家である。が、それでもデザインが変われば売り上げに大きな影響が出る。集英社文庫の『人間失格』、表紙のイラストを『DEATH NOTE』の小畑健が担当したことで爆発的に売り上げを伸ばすことになった。

01 >>> 07

# 編集者の仕事はA、B、C

と、ここまで、編集者の仕事をP、D、AD、ADという四つの役割としてみてきたが、編集者の仕事をA、B、Cと三つの役割としてみる考え方もある。こちらはシンプルでわかりやすい。

Aはアーティストの A。「編集者たるもの、アーティストであれ」ということである。ものづくりを仕事とする以上、「人にはマネできないオリジナリティを持て」「人々の心を動かすものをつくれ」ということだ。ものづくりに携わる人のすべてが少なからずアーティストでありたいという気持ちを持つことは大切である。書籍づくり、雑誌づくりにおいてもアーティスト魂が重要であることはいうまでもないだろう。

Bはビジネスマンの B。「編集者たるもの、ビジネスマンであれ」だ。出版も経済活動である以上、収益を生み出すことができなければ、活動を継続していくことはできない。一人よがりにならず、世の中が受け入れてくれる書籍づくり、雑誌づくりができることがプロの編集者たる要件なのである。アーティストであるなら、ものづくりは自分自身の中だけで完結してしまってもいいかもしれないが、ビジネスマンは第三者に喜んでもらえる仕事かどうかを考えなければならない。しかも、お金を出してでも手に入れたいと思ってもらえるなにかを提供しなければばならないのだ。

「自分はいい書籍をつくっている、いい雑誌をつくっている。売れないとしたら、それは読者が自分についてこれていないだけだ」などといい出す編集者は勘違いもはなはだしい。そんな編集者は業界から即刻退場である。逆に売れる書籍づくり、売れる雑誌づくりができる編集者を出版業界が手放すはずはない。そのためには出版流通についての基礎知識を身につけていることは当然として、販売の最前線である書店の状況をよく把握していることも重要だ。よい編集者は、読者はもちろんのこと、自社の書店営業スタッフの声や書店員の声に真摯に耳を傾けているものだ。もちろん、経済的なことだけではなく、社会人として、きちんと挨拶ができる、約束を守れる、筋が通っている、というようなことも大切である。

重要人物への取材依頼の成否なども、ビジネ

### 編集者のA、B、C>>>

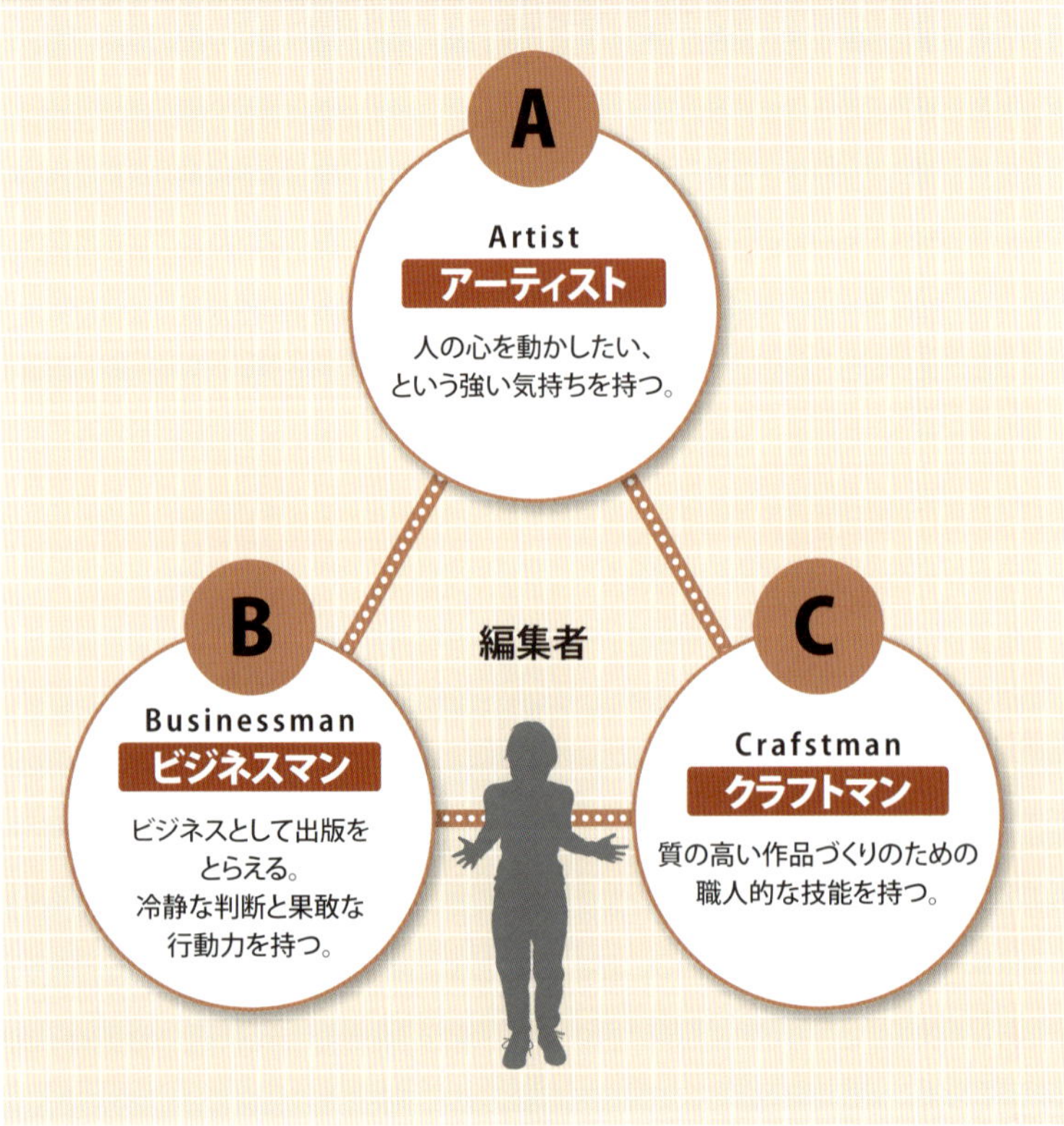
A
Artist
アーティスト
人の心を動かしたい、
という強い気持ちを持つ。
編集者
B
Businessman
ビジネスマン
ビジネスとして出版を
とらえる。
冷静な判断と果敢な
行動力を持つ。
C
Craftsman
クラフトマン
質の高い作品づくりのための
職人的な技能を持つ。

スマンとしての能力が大いに試される場面だろう。

Cはクラフトマンの C。「編集者たるもの、職人であれ」だ。残念ながら編集者はアーティストであり、ビジネスマンであるだけでは足らない。

確かに編集者は誰かに原稿を書いてもらう。誰かに写真を撮ってもらう。誰かにイラストを描いてもらう。誰かにデザインをしてもらう。そんな仕事がメインになるが、編集者自身が取材し、編集者自身が原稿を書かなければならないこともある。編集者はものづくりの現場で実際、手と足と頭を使ってものづくりに携わる職人でなければならないということだ。

**編**集者が本文原稿にはかかわらない編集部もあるが、タイトル、リード、小見出し、写真キャプションなどは編集者が書くべき原稿である。編集者の文章作成能力は、よい雑誌づくり、書籍づくりの要といってもいい。

加えて印刷技術や紙について造詣が深く、書体やデザイン技術について詳しい職人肌の編集者が現場で歓迎されることは間違いない。

また、校正や校閲は、間違いなく職人的技術が高まれば高まるほど、精度の高いものとなる。当然、校正・校閲がしっかりしている出版社の出版物は高いレベルの完成品となるのだ。

編集者はP（プロデューサー）、D（ディレクター）、AD（アシスタントディレクター）、AD（アートディレクター）。

編集者はA（アーティスト）、B（ビジネスマン）、C（クラフトマン）。

いずれの考え方も実際に編集者として仕事に携わっていけば、なるほどと思うようになるはずである。

# 02 企画を立てる

02

08

# 読者がお金を出してくれる企画

編

集者にとって、企画立案こそもっとも楽しみなことのひとつではないだろうか。企画の出来不出来によって書籍や雑誌の売れ行きが左右されるのだから、編集者の大事な生命線だともいえる。

日本の出版流通は「定価販売」「委託販売」という大きな特徴を持っている。書店は定価販売を守る代わりに、売れない本を返品するという権利を行使することができるのだ。「売れなかったら返本」というのならともかく「売れそうにないから返本」ということが起こり得る。これは編集者が胸に刻んでおくべき、きわめて重要で厳しいルールである。日本の出版社の大半は見込み生産で本をつくる。事前にマーケティングをして本をつくったり、注文生産をしている出版社はほとんどない。通常、本が書店に届いたとき、書店員ははじめて完成品としての本を見るのである。書店員が一目見て「売ってみたい」「売れそうだ」と思える本をつくる必要があるのだ。

自

費出版による本づくりが注目を集めているようだが、名前を知られていない著者の小説やエッセイを売ることは容易ではない。書店員が「この人誰？　知らないな」と思ったら、その本は書店の棚に並べられることなく、返品されてしまう可能性大なのである。実用書なら本の内容で売れるか売れないかが判断されるかもしれないが、文芸書だとそうはいかない。出版社の営業が書店に頼み込んで棚に残してもらったとしても、一般読者が無名作家の小説を棚からたまたま見つけ出し、立ち読みしてみたら面白かったので買った、とはなりにくい。買ってくれるとしたら、著者のことを知っている親族と友人くらいである。自費出版の出版社は著者からいただいたお金で経営が成り立っているので、そんな本づくりでもいいのかもしれないが、一般の出版社では許されることではない。

　編集者は、読者からお金をいただけるような企画を考え出すことが仕事なのだ。

**新刊にまつわるエトセトラ>>>**

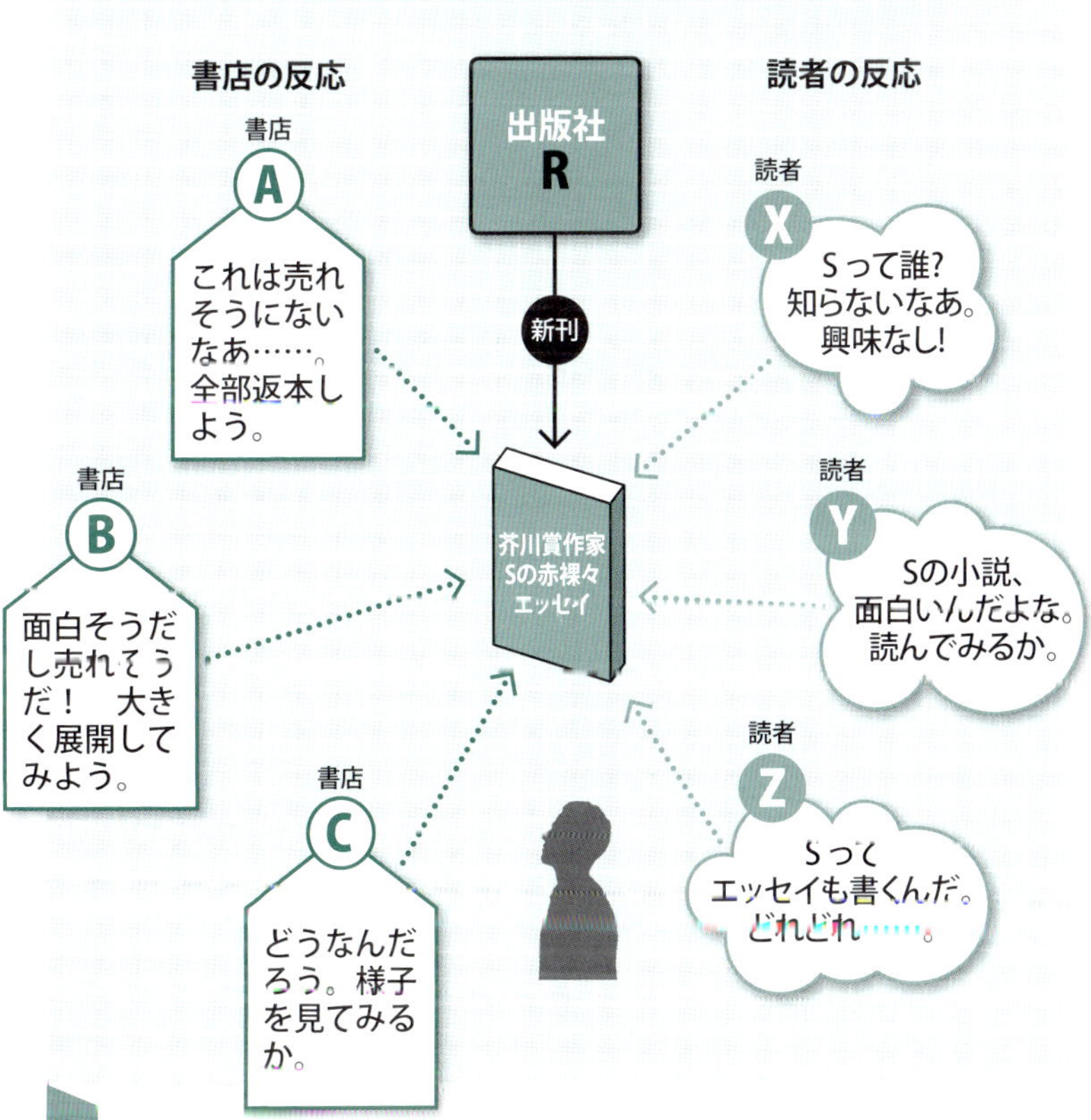
書店の反応
出版社 R
読者の反応
書店 A
これは売れそうにないなあ……。全部返本しよう。
書店 B
面白そうだし売れそうだ！　大きく展開してみよう。
書店 C
どうなんだろう。様子を見てみるか。
新刊
芥川賞作家 Sの赤裸々エッセイ
読者 X
Sって誰? 知らないなあ。興味なし!
読者 Y
Sの小説、面白いんだよな。読んでみるか。
読者 Z
Sってエッセイも書くんだ。どれどれ……。

02

# 09 企画立案のための三つの要点

書籍と雑誌に企画の考え方、立案方法に多少の違いはあるが、変わることがないいくつかの要点がある。それは、「独自性はあるか」「具体性はあるか」「話題性はあるか」の3点である。

まずは独自性について考えてみよう。

企画を考えるだけなら誰にでもできる。書店に並んでいる膨大な量の本は、どれも企画会議を経て世に出たものばかりである。それらの本の内容に多少のアレンジを加えればたいていの企画は成立する。無限にアイデアを出すことが可能だといっていい。

問題は「独自性はあるか」なのである。別の言葉でいい換えるなら「自分たちにしかできないことか」ということだ。「自分たちにしかできないことか」はいい過ぎにしても最低限「自分たちは優位か」は考えなくてはならない。

資格試験取得を目指している人が増えているようだから「宅地建物取引主任者試験合格のための実用書」をつくりたいと考えたとする。類書はたくさん出ているが、なにかしらの独自性があれば企画は成立する。「1冊100円」桁外れに安い本」でもいいかもしれないが、それだとビジネスとして成立しにくい。「世界一わかりやすい本をつくる」というアイデアはどうだろうか。一見よさそうだが「世界一わかりや

**独自性のルール**

ハリウッド映画が日本公開前になると主演俳優が来日、公開記者会見などがおこなわれる。気概のある編集部なら、全マスコミ横並びの取材内容を記事にしたりはしない。5分でも10分でもいいから、その編集部独自の撮影時間、インタビュー時間がなければ記事にしないということをルールにしているからだ。

## 企画立案 三つの要点>>>

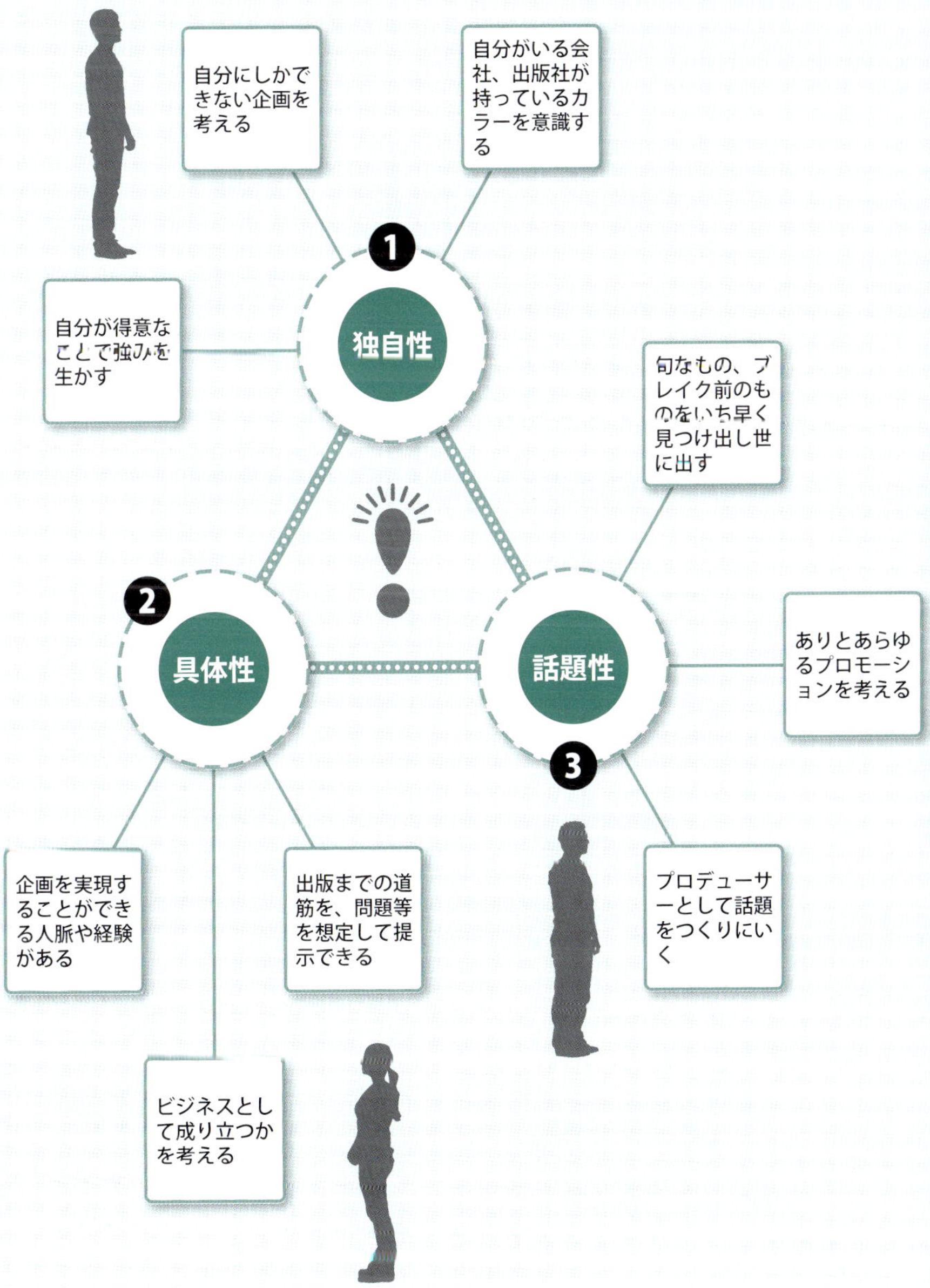

自分にしかできない企画を考える
自分がいる会社、出版社が持っているカラーを意識する
1
独自性
自分が得意なことで強みを生かす
旬なもの、ブレイク前のものをいち早く見つけ出し世に出す
2
具体性
話題性
ありとあらゆるプロモーションを考える
3
企画を実現することができる人脈や経験がある
出版までの道筋を、問題等を想定して提示できる
プロデューサーとして話題をつくりにいく
ビジネスとして成り立つかを考える

すい」というアイデアは、非常に抽象的である。なにを理由に「世界一」を謳うのだろう。そもそも「世界一わかりやすい」というアイデア自体、安易ではないか、と考える冷静さが編集者には必要なのだ。

「世界一わかりやすい」は「サルでもわかる」「2時間で丸わかり」「ラクラク〜術」などと同義だといっていい。このままでは独自性は感じられない。数多くの宅建合格のための実用書の中で勝ち抜くことは容易ではないのだ。

例えば、編集者が宅建合格を目指す学校で教えている人気カリスマ講師と知り合ったとする（たまたま知り合うのではなく、意識して見つけ出す方がいい）。この講師が独自の指導法で生徒を高確率で合格に導いている、という情報があればこの企画は俄然光輝きだす。もちろん、編集者自身が「図解による世界一わかりやすい宅建合格のメソッド」を思いついたというなら、それでもいい。

雷鳥社の書籍の中で実例をあげると、『相続コンサルタント入門』（毛利豪）、『占い師入門』（高橋桐矢）、『みんなの寺のつくり方』（天野和公）などだろうか。いずれも企画に独自性があると判断した。

企画提案があった時点で相続税対策の本はたくさん出版されていたが、相続コンサルティングをビジネスにしようという本はまだ出ていなかった。相続コンサルタントという法的な資格自体存在しない。独自性があって当り前である。マーケットは小さいが「相続をビジネスにしたい」と考えている人たちは確実にいるはず、と企画採用となった。ところが、初回配本部数は雷鳥社史上ダントツ最少の200部である。取次にも書店にもそんなマーケットはない、と判断されたのだ。編集者は時代の1歩、2歩先を

**初回配本**
取次（出版業界の問屋さん）に見本出しした後、全国の書店にどれくらいの本が配本されるかが決定される。基本的には出版社が直接書店から取ってきた注文数をベースに取次の判断が加わる。

行くべきだが、4歩も5歩も先を行くと痛い目に遭う。「しまった」と一瞬顔面蒼白となったが、結果はジリジリと販売数を伸ばし、版を重ねてくれた。2・5歩ほど先を行ってしまったのかもしれない。

『占い師入門』についても同様だ。既刊の占いの本は、占星術、姓名判断、タロット占い、どれも人の運命を占うためのものである。「占い師になるための本」なら面白いと、企画採用となった。

『みんなの寺のつくり方』は「檀家ゼロからお寺をつくる」という話だ。類書はない。心配だったのは、かなりマーケットが小さいということだったが、担当編集者が興味津々だったので、企画採用となった。迷ったときは編集者の熱意のあるなしで決めるしかない。このルールはどこの出版社のどんな編集部でも同じだろうと思われる。『占い師入門』『みんなの寺のつくり方』ともに、地味ながら売れ続けている。

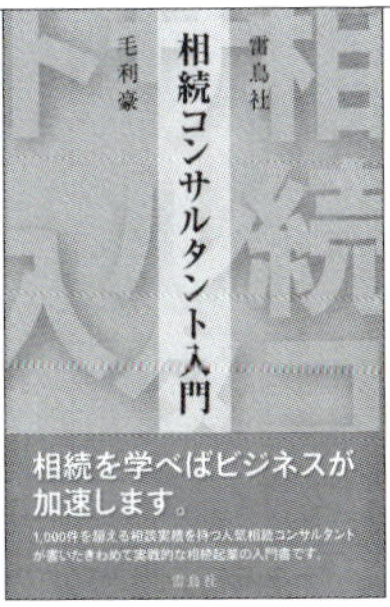


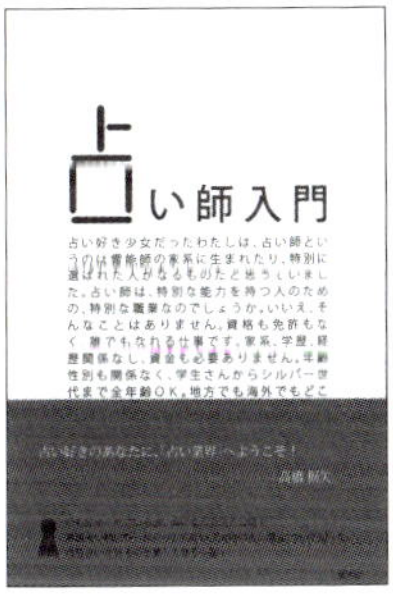

**『相続コンサルタント入門』（毛利 豪）**
人気相続コンサルタントによる実践的な相続起業入門書。相談の窓口となり専門家をまとめる相続コンサルタントをビジネスにしたい方へのハウツー本。P58に出版企画書を掲載した。

**『占い師入門』（高橋桐矢）**
占い師は特別な能力を持つ人のための特別な職業なのか？ 現役占い師があえて口にしないことについても包み隠さず語る、占い師になるための本。

**『みんなの寺のつくり方』（天野和公）**
お寺の出身ではない夫婦が一からつくった「みんなの寺」。お寺をつくるために知りたいことを、日本一の寺嫁を目指す著者がまとめた一冊。

02 >>> 10

# 出版社の独自性

さて、独自性については、本だけでなく出版社にとっても必要だ。出版社そのものが独自のカラーを持っていると、書店にとっても、一般読者にとってもわかりやすい。

雷鳥社は「撮る、書く、つくる、演じる人のための出版社」をキャッチフレーズにしている。その雷鳥社が文芸書を出版しても、成功はおぼつかないだろうことは第1章でも触れた。雷鳥社では、文字原稿中心の本づくりではなく、ヴィジュアルをからめた本づくりを基本とすることがルールになっている。

『基礎から始める演技トレーニングブック』は1998年が初版。20年近くも売れ続けている。

ポイントは写真とイラストを満載することによって、「読んでわかる」ではなく「見てわかる」演技トレーニングの実用書にしたことだ。それまでの演技関連の書籍はアカデミックで小難しい内容のものが多かったので、ヴィジュアル中心のこの本が受け入れられたのだろう。

雷鳥社最大のベストセラー『写真の学校の教科書』シリーズ（累計10万部突破）は、「今までにない写真実用書をつくろう」がテーマ。「わかりやすさ」よりも「おしゃれであること」を目指した。書棚に置いておくだけで様になる本である。

最近のベストセラーでは『カラスの教科書』が雷鳥社らしい。イラスト満載、400ページのボリューム、コロンとした本の佇まい、本の存在感そのものがウリだ。

医学書専門の出版社、登山関連書籍専門の出版社、金融ビジネスに強い出版社、スポーツに強い出版社、音楽に強い出版社、それぞれにそれぞれの強み＝独自性があるはずだ。それは、一人ひとりの編集者においても同じである。IT情報に強い、機械に強い、音楽に強い、文芸に強い、写真に強い、ファッションに強い、健康情報に強い、オタク文化に強い、女性の心理分析に強い。強い分野はなんでもかまわない。医学×IT、登山×機械、金融×音楽、スポーツ×文芸、音楽×写真、組み合わせは無限である。編集者が日々自分の強みを磨き、いくつもの強みを併せ持っていることが肝要なのだ。出版社×編集者で、企画に独自性を打ち出すことができる。雑誌×編集者も同様である。

『基礎から始める演技トレーニングブック』（松濤アクターズギムナジウム監修）

写真やイラストで楽しみながら学べるトレーニング方法のヒントがいっぱい詰まった一冊。ヴィジュアルが豊富ながら本格的に学べる実用書。

『写真の学校の教科書 基礎編』（写真の学校／東京写真学園監修）

はじめて一眼レフを手にする初心者から、プロカメラマンを目指す上級者まで。写真を撮るすべての人に贈るカメラの技法書。

『カラスの教科書』（松原 始）

カラス一筋の著者が教えるカラスの行動や習性を網羅。これを読めばカラス通。カラスのカラスによるカラスのための教科書。

02

# 11 企画に具体性はあるか

二つ目は「具体性はあるか」である。実は売れる本の企画を思いつくことは簡単だ。試しにいくつか並べてみよう。

『雅子妃の皇室嫁姑日記』『北朝鮮総書記、金正恩のセキララエッセイ』『AKB48、神7奇跡のヌード写真集』。どれも間違いなく売れると思うが実現はほぼ不可能である。

「村上春樹に坂本龍馬を主人公に小説を書いてもらいましょう」「池井戸潤に理研を舞台にした小説を書いてもらうってどうですか」。これだって、間違いなく大ベストセラーである。しかし、実現の可能性はほぼゼロだろう。幻冬舎の見城徹氏が五木寛之を口説いたように、村上春樹のすべての新刊に目を通し、村上春樹がなるほどと思うような的を射た感想文を毎回何十枚も書き続けるとする。村上春樹にとって信頼のおける編集者となるために、何年もの月日が必要である。もちろん最後まで信頼を得られず、企画が実現しない可能性の方が大きい。ベストセラー作家は、ほとんどの場合、大手出版社がしっかりと抱え込んでいるからだ。そこに、割り込むのは容易なことではない。

新人作家を一からベストセラー作家に育てていくというのはどうだろうか。可能性がゼロとはいわないが、ベストセラー作家を口説いて仕事をしてもらうより困難な仕事かもしれない。

途方もないお金と時間がかかること必至である。逆にいえば、ベストセラー作家、大物要人、超有名人と太いパイプを持っているならば、それだけで優秀な編集者といえるのだ。

つまり、企画を実現できる「具体性」があるということは、きわめて重要なポイントなのである。独自性のところで例として出した「世界一わかりやすい宅建試験合格のための実用書」という企画。編集者が読者を納得させることのできる合格術を書ける著者を知っているならば、企画に対するきわめて高い具体性を持っているということに他ならない。

「高級高層マンションの最上階にはどんな人が住んでいるのか」という企画を思いついたとする。高級高層マンションの最上階に住んでいる人は成功者に違いない。しかも、自己顕示欲も強そうだ。個性的な人が多いのではないか。「取材撮影したら、面白いかも。どんな部屋か見てみたいし」という企画である。この本（あるいは雑誌）が売れるかどうかは別として、企画の方向性は間違っていない。ただ、この取材、簡単ではないだろう。誰でも取材をOKしてくれるわけではないし、取材をOKしてくれた人が面白い人だとか絵になる人である保証はない。時間とお金をかければ、最終的にはカタチになるかもしれないが、時間とお金がかかり過ぎて、出版社に利益を残せない可能性大である。ビジネスとして成り立つか否かを考えるのも「具体性はあるか」の大切なポイントのひとつなのである。

企画にともなうキャスティング、スケジュール、予算の問題などを具体的に想定して出版までの道筋を提示できることが大事なのだ。

**『色彩を持たない多崎つくると、彼の巡礼の年』（村上春樹／文芸春秋）**
2013年発表の長編小説。久々の描き下ろし長編小説ということと、発売前に情報を制限していたことが大きく注目を集めた。累計発行部数は100万部以上。

**『オレたちバブル入行組』（池井戸潤／文春文庫）**
シリーズ累計200万部以上の大ベストセラー。原作ドラマ「半沢直樹」のヒットがさらなる売り上げをもたらした。

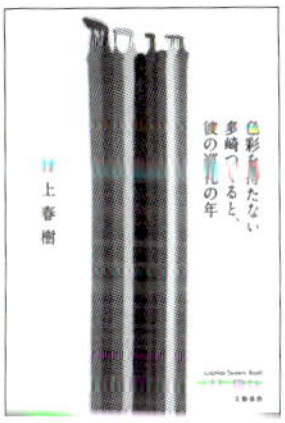

02

# 12 企画に話題性はあるか

最後は「話題性はあるか」である。「旬」をスピーディに企画に取り込むということだ。世間がじわじわと注目し始めているテーマや人物をいち早く見つけ出し、世に出すというのは編集者の仕事の一番の醍醐味だといっていいだろう。

例えば、サッカーのワールドカップやオリンピックなど大きなスポーツイベントの開催前に、大化けしそうな選手を青田買いする。長谷部誠、長友佑都、羽生結弦、錦織圭。ビックになり過ぎる前に接点を持つことが大切なのだ。「この人キテル」と思ったらすぐにアポイントをとる、というのがデキル編集者の基本である。

樫木裕実のカーヴィーダンス、美木良介のロングブレスダイエット、タニタの社員食堂をテレビで観た瞬間、「これだ」と思って出版交渉に出かけて行くことができる編集者は、間違いなく成功する。『カーヴィーダンスで部分やせ!』（学習研究社）、『DVDで完璧にわかる!美木良介のロングブレスダイエット』（徳間書店）、『体脂肪計タニタの社員食堂』（大和書房）、いずれも大ベストセラーである。

もちろん、話題を編集者自身がつくる、ということも大切だ。『もし高校野球の女子マネージャーがドラッガーの「マネジメント」を読んだら』（岩崎夏海／ダイヤモンド社）のオタクムー

## なぜ話題になったのか?>>>

### 『カーヴィーダンスで部分やせ!』

(樫木裕実/学習研究社)

★

DVD付きのムック本。1日3分で痩せたいところを狙ってエクササイズできる「部分やせ」レッスンと、楽しく踊って痩せられる「ダンス」レッスンを収録。

**話題ポイント**

◎雑誌「FYTTE」でダイエット特集に取り上げられる
◎パーソナルトレーナーとして活躍していたので、有名人がブログで効果を紹介した
◎口コミで痩せると評判になり大ベストセラーに

### 『DVDで完璧にわかる! 美木良介のロングブレスダイエット』

(美木良介/徳間書店)

★

1日5分のロングブレスダイエット。基本のロングブレスからハードなものまで、自分の体力に合ったエクササイズを選べる。短時間で効率よく痩せられる。

**話題ポイント**

◎3秒息を吸って7秒で長く息を吐くだけ、という新しいダイエット法を提唱した
◎もともと美木良介が俳優であり知られているので、信用性がある
◎自身の腰痛を直し痩せたことで注目された。結果200万部以上の大ヒット

### 『体脂肪計タニタの社員食堂』

(タニタ/大和書房)

★

メイン・副菜2品・汁もの・ごはんの計5品で約500キロカロリーという低カロリーを実現し、実際に社食として提供。おいしくてボリュームのある定食31日分のレシピを掲載。

**話題ポイント**

◎おいしくてしっかり食べられるのに低カロリー。食事を変えるだけで痩せると評判に
◎体脂肪計の会社ということで説得力がある
◎リアル店舗「タニタ食堂」がオープンしたことでさらに大人気に。累計400万部以上

ド満点の女子高生イラストとドラッガーの組み合わせに度肝を抜かれた編集者も少なくないはずだ。しばらくは似たような本が次々と発売された。

『人生がときめく片づけの魔法』（近藤麻理恵／サンマーク出版）の編集者ははじめて著者と出会ったときに「この人はテレビに出て有名になると直感した」という。編集者にはこの嗅覚が必要なのである。もちろん、編集者は著者が売れていくのを指をくわえて待っていたのではない。ありとあらゆるプロモーション戦略を全力で遂行している。ベストセラーは著者と編集者の二人三脚で実現するものなのだ。

同じ編集者のもうひとつのベストセラー『病気にならない生き方』（新谷弘実／サンマーク出版）の売り方もすごい。「牛乳は飲むな」「マーガリンは捨てろ」「緑茶の飲み過ぎは胃癌の原因となる」など、センセーショナルな内容で読者を驚かせたところへ、孫正義、野村克也、江崎玲於奈という超大物からの応援メッセージを新聞に大々的に掲載した。正直、小出版社には到底マネのできないやり方だが、自身の担当した本をなにがなんでもベストセラーにしてみせるという並みはずれたパワーには脱帽するしかない。

著名人を使って話題をつくるのか、著者を有名にして話題をつくるのか、衝撃的な企画内容で話題をつくるのか、プロデューサーとしての編集者はいずれかの方法でベストセラーをつくる努力をするべきである。

**『もし高校野球の女子マネージャーがドラッガーの「マネジメント」を読んだら』（岩崎夏海／ダイヤモンド社）**
萌え系のイラスト×ビジネス書という今までにない視点がウケて、累計発行部数250万部以上の大ベストセラーに。アニメ化・映画化も話題になった。

**『人材活用に大事なことはすべて少年野球から教わった』（渡邊昌俊）**
恥ずかしながら雷鳥社も「もしドラ」に影響を受けた書籍をつくっている。ちなみに雷鳥社のベストセラー「大事なことはみんなリクルートから教わった」にもあやかっている。おかげ様で結果は良好である。

## 02 13 タイトルは企画の「命」

企画に欠かせない重要な要点に、独自性、具体性、話題性の三つをあげた。この他にも、企画の3Tと呼ばれる考え方がある。タイトル、タイミング、ターゲットの三つだ。

正直、タイトルこそ企画の最重要ポイントと考える編集者は多いはずだ。どれほど中身がよい本であっても、タイトルによっては、まるでダメということにもなりかねない。タイトルは雑誌の企画においても書籍の企画においても「命」なのである。

企画書の書き方については後述するが、いいタイトルなら、長々と説明する必要はない。

1枚の紙にタイトルだけがデカデカと書きなぐってあればいいのだ。タイトルを読んだだけで、中身が想像できる本、面白そうだと思える本は、売れる可能性大である。

タイトルが気になったベストセラーをいくつかあげてみよう。

『東京に原発を！』（広瀬隆／集英社文庫）
『金持ち父さん貧乏父さん』（ロバート・キヨサキ／筑摩書房）
『話を聞かない男、地図が読めない女』（アラン・ピーズ、バーバラ・ピーズ／主婦の友社）
『B型自分の説明書』（Jamais Jamais／文芸社）
『食べるな、危険！』（日本子孫基金／講談社）
『声に出して読みたい日本語』（齋藤孝／草思

『五体不満足』（乙武洋匡／講談社文庫）
『老人力』（赤瀬川原平／筑摩書房）
売れてしまった後から考えれば、この2点も強いタイトルである。ただ、タイトルだけで中身がわかるかといえば難しい。「五体不満足」は表紙のインパクト、老人力は赤瀬川原平に対する読者の信頼が大きなポイントといえるだろう。

社）

『女医が教える本当に気持ちのいいセックス』（宗美玄／ブックマン社）

『医者に殺されない47の心得』（近藤誠／アスコム）

『嫌われる勇気』（岸見一郎・古賀史健／ダイヤモンド社）

『学年ビリのギャルが1年で偏差値を40上げて慶應大学に現役合格した話』（坪田信貴／KADOKAWA／アスキー・メディアワークス）

どうだろうか。いずれも大ベストセラーなので、内容を説明しなくても中身がなんとなく想像できてしまうかもしれないが、タイトルだけで読んでみたくなるはずである。

これらのタイトルは、他の編集者の心をつかんだに違いない。その後、類似タイトルが山ほど発売されている。

『磯野家の謎』（東京サザエさん学会／飛鳥新社）の大ベストセラーは衝撃的であった。

「磯野家の……」というタイトルは今では「一般家庭にあてはめてみると……」の定番表現である。『磯野家の相続』『磯野家の年金』『磯野家の介護』などなど。いくらでもタイトルをつくれてしまう。『買ってはいけない』（「週刊金曜日」編集部）も強いタイトルだったのだろう。「……はいけない」というタイトルの本もかなり出版された。『食べてはいけない添加物』『やってはいけない風水』『クスリは飲んではいけない!?』など、ヴァリエーションは無限といっていい。『人は見た目が9割』（竹内一郎／新潮新書）も使いやすいタイトルだ。『伝え方が9割』『女は見た目が10割』『男はお金が9割』など。『人は「そとづら」が9割』という、ほぼそのままのタイトルまである。

**『買ってはいけない』（「週刊金曜日」編集部）**
食品、飲料、洗剤、化粧品などなど。オススメできない商品ばかりを紹介し、なぜ買ってはいけないのか科学的に検証した一冊。賛否両論を巻き起こした。

## 類似タイトルの派生図 >>>

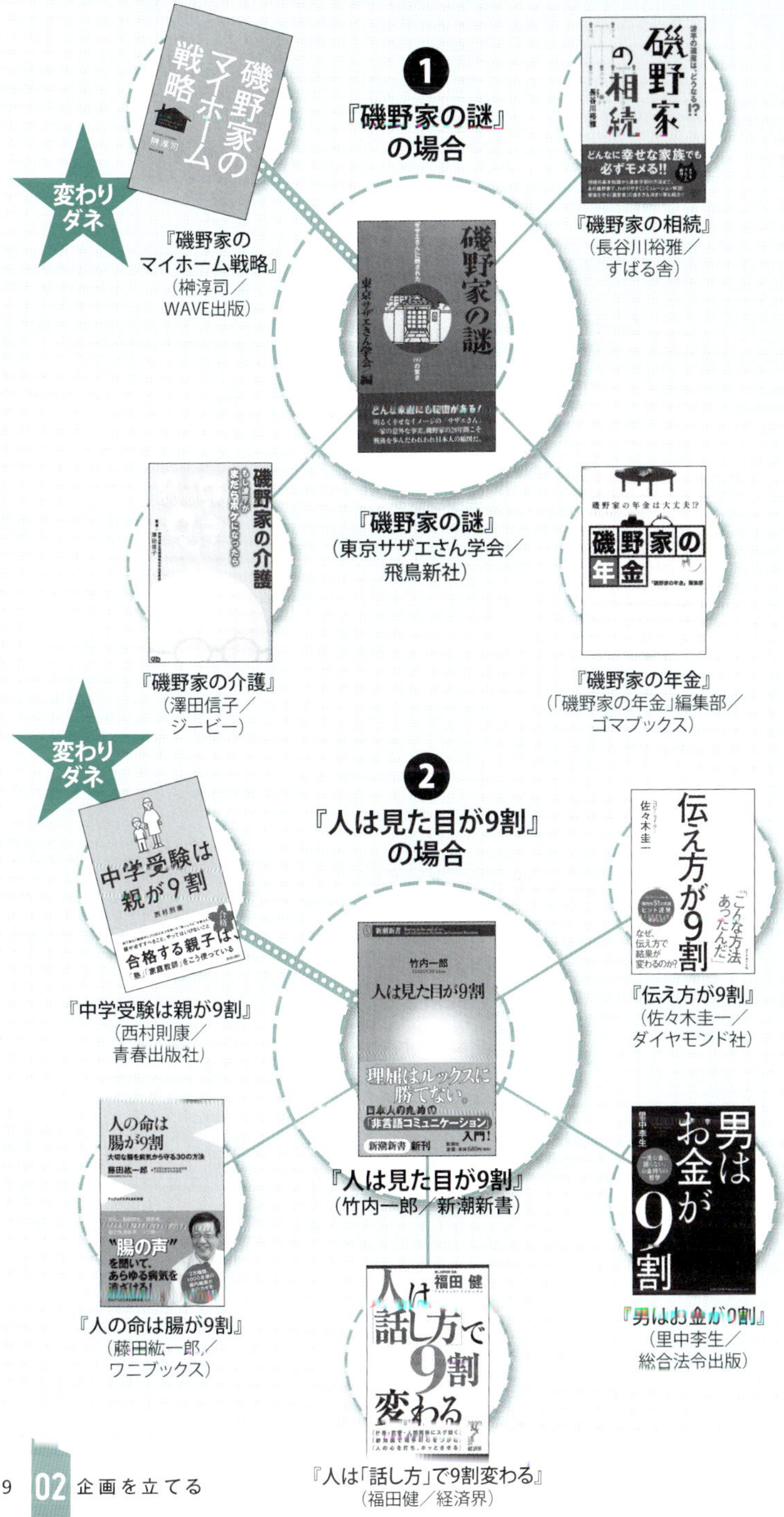

1
『磯野家の謎』の場合
変わりダネ
『磯野家のマイホーム戦略』（榊淳司／WAVE出版）
『磯野家の相続』（長谷川裕雅／すばる舎）
『磯野家の謎』（東京サザエさん学会／飛鳥新社）
『磯野家の介護』（澤田信子／ジービー）
『磯野家の年金』（「磯野家の年金」編集部／ゴマブックス）
2
『人は見た目が9割』の場合
変わりダネ
『中学受験は親が9割』（西村則康／青春出版社）
『伝え方が9割』（佐々木圭一／ダイヤモンド社）
『人は見た目が9割』（竹内一郎／新潮新書）
『人の命は腸が9割』（藤田紘一郎／ワニブックス）
『男はお金が9割』（里中李生／総合法令出版）
『人は「話し方」で9割変わる』（福田健／経済界）

雷鳥社のベストセラーの中からタイトルで売れた本をひとつあげるとするなら『大事なことはみんなリクルートから教わった』（柳谷杞一郎・藤田久美子）だろうか。このタイトルを思いついた時点で売れると確信した。後にも先にも、タイトルだけで売れると確信できたのはこの本以外にない。この本のタイトルが『リクルート出身者成功者列伝』では、さすがにパッとしないだろう。このタイトル自体『人生に必要な知恵はすべて幼稚園の砂場で学んだ』（ロバート・フルガム／河出文庫）からヒントをいただいた。ただし、「学んだ」より「教わった」の方がインパクトが強かったのだろう。「大事なことはリクルート……」以降ほとんどの本は『グーグルで必要なことは、みんなソニーが教えてくれた』『人生で必要なことは、すべて「ドラえもん」が教えてくれた』と、「教えてくれた」を使ったタイトルが主流となっている。

『声に出して読みたい日本語』。日本の名作といわれる作品の一節を暗誦することで、美しい日本語を覚え日本語力を身につけることができる本である。解説と声に出すときのポイントが載っている。実は似たような企画の本を雷鳥社でも『声に出して読みたい日本語』の発売前につくっている。タイトルは『はじめての声優トレーニング』（松濤アクターズギムナジウム監修）。声優になりたい人のためのトレーニング実用書である。『声に出して読みたい日本語』がダブルミリオンセラーなのに対して、『はじめての声優トレーニング』の実売はその200分の1ほどである。日本の名文を見やすく並べて、「声に出して読みたい」と煽られたら、手に取って中を見てみたくなるような実に巧妙なタイトルである。あまりにも数が多すぎて、ここで実例は出さないが「声に出して読みたい」の類似タイトルも大量発生した。

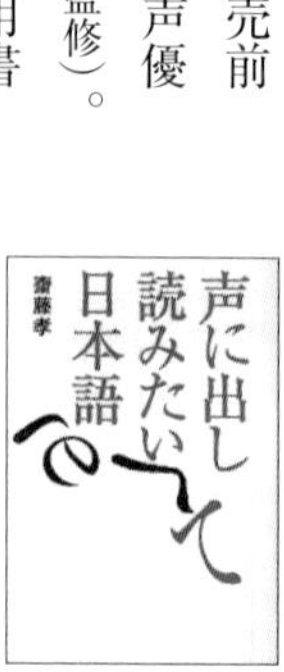


**『声に出して読みたい日本語』（齋藤 孝／草思社）**
古典の名句を集めた暗誦するための本。朗読ブームを巻き起こした大ベストセラー。累計部数は250万部以上。

02 14

# タイミングに後れをとらない編集者は負けない

三つのTの二つ目、タイミングはほぼ「話題性」と同義だが、ひとつだけ例をあげておこう。『磯野家の謎』は200万部を超えたダブルミリオンセラーだが、この本が話題になり始めた直後に、データハウスから『サザエさんの秘密』『ドラえもんの秘密』が発売された。著者名も世田谷サザエさん研究会と世田谷ドラえもん研究会。類似本のきわみともいえるが、結果としては売れたようだ。出版業界に二匹目のドジョウはいるのである。驚いたのはその販売開始までのスピードだ。「磯野家の謎、面白い」と思った瞬間、編集に取り掛かったとしか思えない。製作期間もびっくりするくらい短かったはずだ。

「話題になり始めた直後」というタイミングが成否の鍵を握っている。映画やテレビ番組のヒット作の動向にも心を配っておきたい。

「家政婦のミタ」「半沢直樹」「妖怪ウォッチ」など高視聴率になると予測されるテレビ番組の放送が始まったとたん、関連本出版の編集を入ートし、放送期間中または放送期間終了直後に販売開始できたとしたら、まず惨敗という結果にはならないだろう。「他人のふんどしで相撲をとるな」という批判はあるだろうけれど、直感が働き、スピード感のある編集者はけっして負けることがないのである。

02 ⋙ 15

# ターゲットを具体的にイメージすることが成功への道

三つ目のTはターゲットである。これは重要だ。

はっきりとターゲットを見定めることができるなら、正しい企画立案ができるはずである。雑誌の広告収入を除けば、出版物の売り上げは「販売数」×「販売価格」によって決まる。1、000円の本を1万冊売っても1、000万円。1万円の本を1、000冊売っても1、000万円である。10万円で買ってくれる読者が確実に100人確保できるなら、それも1、000万円の売り上げになる。つまり、刷部数が100であっても十分すぎるほどの利益を出せるのである。

ある古武術の流派に門弟が300人ほどいるとする。その古武術の秘伝を詳細に解説した本を1冊2万円で売り出したとしたら、どうなるだろうか。門弟300人中180人が購入してくれると、売り上げは360万円。360万円の製作予算があれば、かなりクオリティの高い本づくりが可能である。ターゲットがしっかり絞り込めれば企画立案がずっと楽になるのだ。

「古武術流派の話」は極論だが、中小出版社における書籍の出版企画では、販売価格1、500円程度、購入者数3、000人程度というマーケットをイメージしてつくる場合が多い。ここで大切なのは3、000人一人ひとりに「私

**古武術の秘伝**

上記の例だと、出版社サイドは黒字になるが、古武術の家元には印税（10%だとして36万円）しか入らない。果たして、家元は36万円で秘伝の詳細を解説してくれるだろうか。こうなると、これは「具体性はあるか」という問題になってくる。

のためにつくられた本」と思ってもらうことだ。

例えば、「弁当」をテーマに企画を考えるとする。ただいくつもの弁当を見せるだけでは弱い。「美人妻がつくる愛妻弁当」「シングルマザーの特製まごころ弁当」のように条件づけをしていく必要がある。

誰だって「選ばれたアナタ」「限定されたアナタ」になることが好きなのである。「誰でもどうぞ」より「女性のために」の方がいい。「女性だったら誰でもどうぞ」より「30代の働くママのために」の方が興味をそそるだろう。お金を出して買っていただかなくてはならないのだ。対象者をギュッと絞って、「アナタのための本ですよ」と読書の購買モチベーションを上げなければならない。編集者が購読者（ターゲット）を具体的にイメージできていればいるほど、企画の完成度は高くなるのである。

## ターゲットの具体化>>>

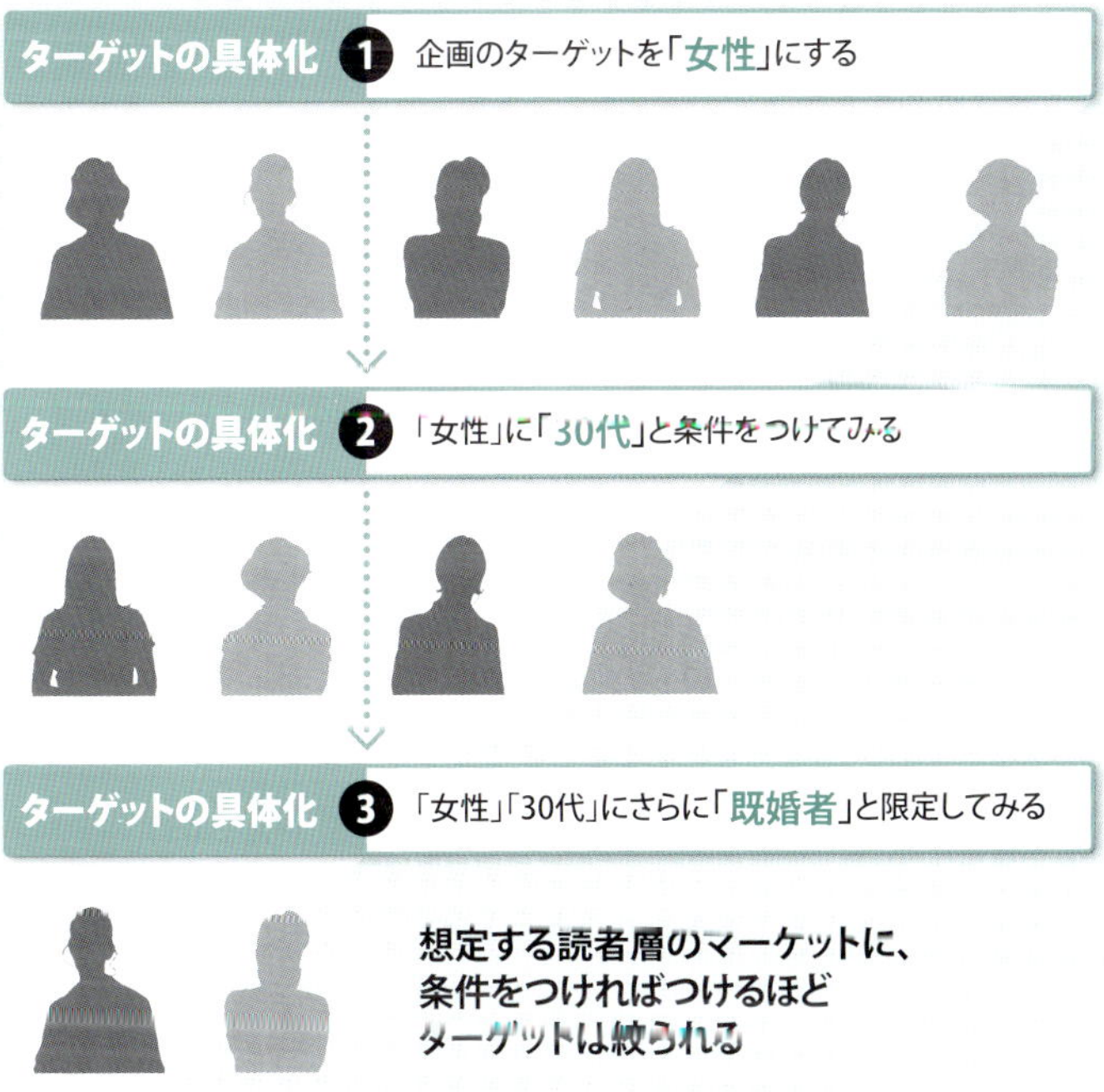
ターゲットの具体化 1 企画のターゲットを「女性」にする
ターゲットの具体化 2 「女性」に「30代」と条件をつけてみる
ターゲットの具体化 3 「女性」「30代」にさらに「既婚者」と限定してみる
想定する読者層のマーケットに、
条件をつければつけるほど
ターゲットは絞られる

02 >>> 16

# 企画脳を育てるコツ

さて、実際に企画の考え方・コツについて解説していこう。

企画を考えるとなると、難しいイメージがついてまわる。誰かを楽しませる、誰かのタメになる、人生にまで影響を与える企画を思いつく……、とてもじゃないが、自分の頭からそのような企画がポーンと出てくる気がしないのではないか。しかし、日頃からの意識の仕方ひとつで想像力や発想力は鍛えられ、企画を思いつくようになってくる。企画は日常に溢れている、というと反発を受けるだろうか。毎日代わり映えしない生活を送っていたとしても企画のネタは溢れているというのか！　との声が聞こえてきそうである。実際は、自分の考え方ひとつであって、視点や見方を変えればいくらでも企画につながるネタは見つかるはずだ。

通勤電車で、ランチに入った定食屋で、ふらっと寄った書店で、いくらでもネタは落ちている。任天堂の開発者は、電卓を使って遊んでいたサラリーマンをたまたま新幹線の中で見たことが、ゲーム機「ゲーム&ウオッチ」の企画を思いついたきっかけだといっている。ふと目についた人の行動が、大ヒットを思いつくきっかけになり得るのだ。

あらゆる物事に疑問を持ってみるのも大事なことである。これだけメディアに溢れ、なにも

**ゲーム&ウオッチ**
任天堂が1980年に発売した携帯型のゲーム機。後に開発されたゲームボーイの前身。社会現象になるほど売れ、「任天堂のゲームの原点」となった。

しなくても情報が入ってくる現代では、なんの疑問も持たず、ただ流れてきた情報を受け取り肯定する。日々その繰り返しではないだろうか？　そうすると、なにも考えずに見たもの、聞いたものをそのまま受け入れてしまう。これでは、企画を考えるどころか、想像力も働かないし、直感や発想力だって鈍ってしまう。

**例**えばこういうレッスンはどうだろう。あるカフェに入ったとして、店内のデザインやおいしい料理に満足するだけでなく、「私チェック（自分ならこうする）」という視点をいれてみる。「このカフェは照明が暗めで落ち着いた雰囲気だけど、自分ならもう少し照明を明るくして、会話のしやすいカフェにしたいな」とか、「料理が全部一口サイズで物足りない。自分ならワンプレートに盛り付けて満足感を演出するな」とか考える癖をつける。自分なりに判断することが企画脳にとって刺激になってくる。

日常を過ごす中で、ちょっと考え方を変えるだけで視野はだいぶ広くなる。企画を思いつくには、まずは視点や見方を変えることを常に意識することだ。行動も少しずつ変えてみてはどうだろう？　帰り道をいつもとは違う道筋で帰ってみたり、たまに左手を使ってみたり、打ち合わせの場所を毎回変えてみたり。脳に毎日少しでも刺激を与え続けてあげるのが、企画脳を育てるコツといえる。

あらゆることが企画を考える、思いつくために役立つだろう。想像することにムダなことなんてなにもないのである。まったく思ってもみなかったもの同士がある日結びついて、企画になるかもしれない。

02

17

# 企画書の書き方

それでは、最後に企画を考えた後に待ち構える、企画書の書き方について解説しておこう。せっかくよい企画を考えたとしても、企画会議に通らなければ、その企画はなかったことになってしまう。自分が「これはいい！」と思っていた企画がボツになってしまう、こんなに悲しいことはないだろう。しかし、企画書がわかりやすく、印象に残るものであれば企画は通りやすくなる。

　企画書に必要な基本的要素は「タイトル」「企画内容（ねらい）」「構成内容」「本の体裁（書籍の場合）」の四つ。どんな企画にしても、タイトルが魅力的でなければ、誰も興味を持たない。企画内容も漠然とただ長いだけの文章が書かれていたら見る気も失せる。構成がしっかり練られていれば、内容を想像しやすくなる。本の体裁を具体的に書くことで、サイズ感と発売までのスケジュールもわかりやすくなる。

　企画書の参考例としてＰ58に、ＮＰＯ法人企画のたまご屋さんから毎朝配信されてくる企画書のひとつ（後に雷鳥社から『相続コンサルタント入門』として出版）を掲載させてもらった。企画のたまご屋さんの企画書は「ここまで詳細でなくても」というくらい、情報満載である。ここまで書けば完璧という例だと思ってくれていい。

**企画のたまご屋さん**

本を出したい人と出版社の最適な出会いを創造する場として2004年にスタートしたＮＰＯ。月曜～金曜の毎朝、新鮮な出版企画を200社、1000人以上の編集者に一斉配信している。大ベストセラー『ねこ背は治る！』（小池義孝／自由国民社）をはじめ、出版点数はすでに400点を超えている。

実際に企画会議に企画書を出す場合や、著者候補に見せる場合は、相手の意見も十分に尊重して受け入れることが大切だ。最初の企画書が、本や記事ができあがるまでに大きく変更されていることも多々ある。結果的に企画書と違う内容に仕上がったけど、いいものができたということになればいいのだ。自分でも思ってもみなかった視点や感想、企画の盲点などが聞けるかもしれない。企画をボロクソにいわれてしまって落ち込むかもしれない、イチャモンをつけられ憤慨するかもしれない。だが、その第三者からの欠点の指摘が企画のブラッシュアップにつながるのである。しっかりと企画をプレゼンした後は、みんなの声に耳を傾け、企画のために利用しよう。

企画に「これでいい」も「ゴール」もない。読者のために最良の本を届けたいという強い気持ちを持ち続けよう。

### 「企画のたまご屋さん」とは?>>>

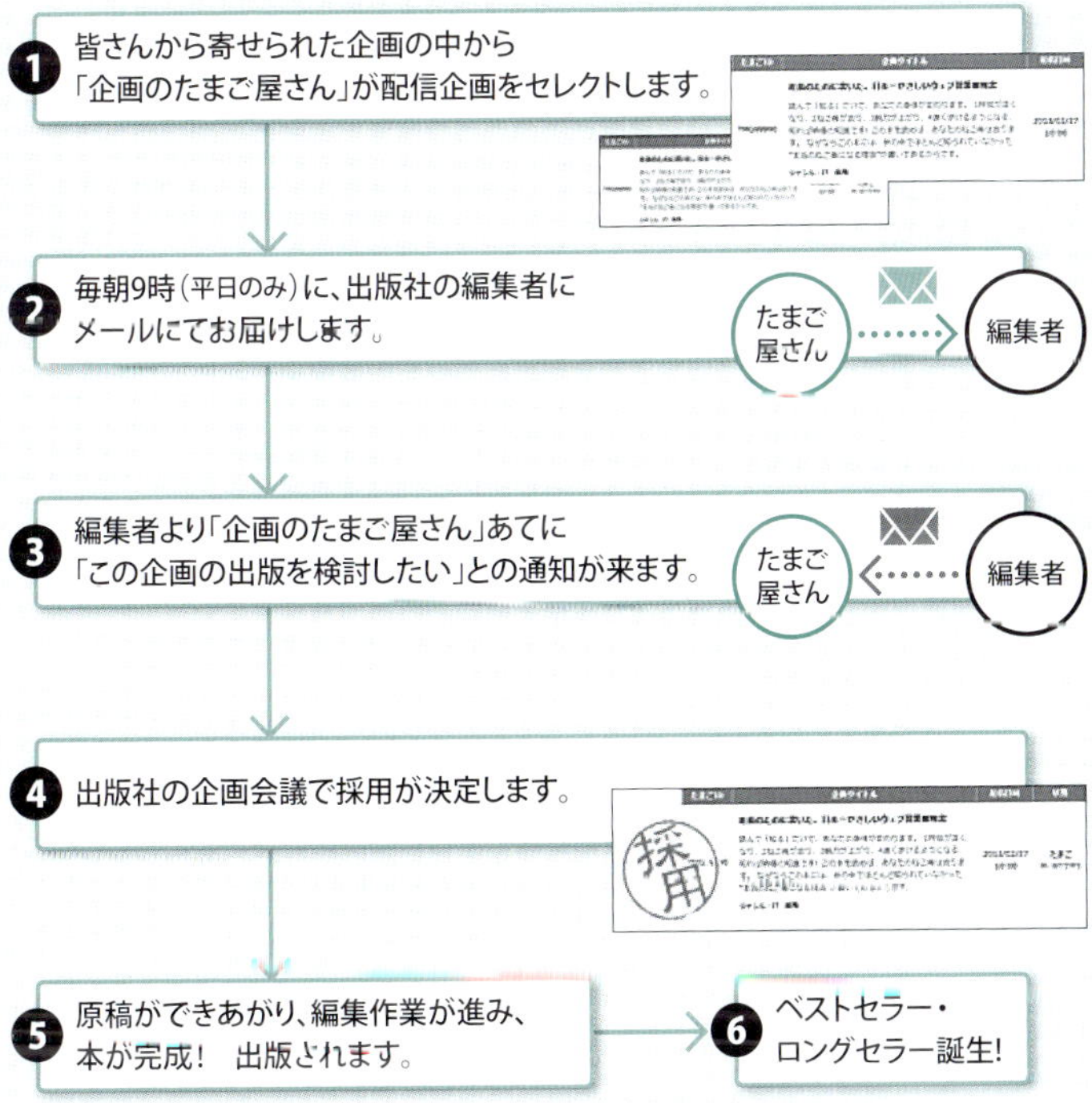

1 皆さんから寄せられた企画の中から「企画のたまご屋さん」が配信企画をセレクトします。
2 毎朝9時(平日のみ)に、出版社の編集者にメールにてお届けします。
たまご屋さん
編集者
3 編集者より「企画のたまご屋さん」あてに「この企画の出版を検討したい」との通知が来ます。
たまご屋さん
編集者
4 出版社の企画会議で採用が決定します。
採用
5 原稿ができあがり、編集作業が進み、本が完成! 出版されます。
6 ベストセラー・ロングセラー誕生!

# 出版企画書

❖**タイトル**

知識ゼロから相続コンリルタントになる方法

❖**サブタイトル**

〝相談窓口〟として専門家をコーディネートして稼ぐ

❖**キャッチコピー**（帯文）

税制改正で〝相続バブル〟がやってきた！
知識なし、経験なしからたった3年間で売上10倍、資格10個の相続コンサルタントに成長したノウハウを初公開。

1年間努力をすればすべてが変わる。
税理士、司法書士、ＦＰ、行政書士……。
相続問題を扱うすべての職業必見の相続バイブルの決定版。

❖**本書の内容**

ビジネス書。

相続問題を扱うＦＰや税理士、行政書士、司法書士、不動産業などの専門家を対象に、クライアントから信頼される相続コンサルタントになる方法。33歳で知識ゼロ経験ゼロから、たった1年で相続相談件数ひとケタを１２０件↓２００件↓３００件と倍々ゲームで顧客を獲得した相続コンサルタントの仕事を初公開。新規事業の仕組みづくり、受託するコツ、並行して行う資格取得術などを紹介。

❖**著者名**

毛利　豪（もうり・ごう）

❖**著者プロフィール**

埼玉県相続サポートセンター専務理事
相続上級アドバイザー、米国公認不動産経営管理士

１９９６年に大学卒業後、外食産業（レストランチェーン）に就職。入社2年で新規店舗の店長に抜擢され、店舗運営マネジメントに携わり、レストランで一番大事な料理の提供時間を競うコンテストで全店ＴＯＰを幾度も獲得。33歳で不動産業界に転職後、「相続」の新ビジネス事業の担当を任命される。「知識なし。経験なし。論理力なし。営業力なし。経営戦略思考なし」から新ビジネスを

成功させるため、相続知識、経営戦略、資格取得など同時並行で習得。半年間で反響たった3件から、現在は年間３００件以上の相談を受けるまでに成長させる。

入社年に宅地建物取引主任者（国家資格）、相続上級アドバイザーを取得、翌年フィナンシャルプランナー、米国公認不動産経営管理士、不動産賃貸経営管理士、大家検定1級など不足したスキルを仕事と並行して取得。現在20個以上の資格を取得。経営についても知識ゼロだったため入社2年目に経営大学院にも入学。

現在も埼玉県さいたま市を中心に活躍。大和不動産相続相談課課長の顔、不動産投資会社ＣＦネッツ埼玉デスクの不動産コンサルタントの顔、埼玉県相続サポートセンター専務理事の顔と多岐に渡り業務をこなす。２０１１年、埼玉に相続の革新（イノベーション）を興すべく埼玉県相続マーケティング研究会を発足。また埼玉県相続対策協会の設立も計画している。

### ❖監修者／監修者プロフィール

特に予定していません

### ❖企画意図

相続相談を行う税理士や司法書士、行政書士が増えてきているが、その本質は自分の仕事の獲得のためであることが大半だ。税理士は税務の仕事、司法書士は司法書士の仕事、不動産会社は売るか買うかの仕事、弁護士は依頼者の代理人の仕事といったように、タスクが細分化されているためだ。

著者の毛利氏は33歳で外食業界から不動産業界への転職に成功。知識ゼロ、経験ゼロから相続ビジネスの新規事業立ち上げに携わり、わずか1年で相続コンサルトとしてのスタイルを確立。そこで、相続全体をコーディネート出来るコンサルタントがほとんど存在しないことに気づく。相続に対する顧客のニーズは多様化し、片手間で出来る職種ではなくなったにもかかわらず、その状況は今も変わらない。

毛利氏の特徴は、中立的な立場でクライアントに向き合い、各専門家をコーディネートして一番合理的な方法で相続問題を解決する点にある。初回の相談料は無料ということもあり、現在では年間３００件以上の依頼が舞い込むようになっている。相続業界では、このような「相続コンサルティング」という明確なポジショニングで仕事を行う人間がほとんどいない。上記の依頼件数が物語っているように、クライアントは中立的な立場でまずは話をじっくりと聞いてもらえるコンサルタントを求めている。

本書では、相続コンサルタントの仕事内容はもちろん、出来るコンサルタントを「デキコン」、ダメなコンサルタントを「ダメコン」と定義し、クライアントから信頼される〝デキる〟相続コンサルタントになるための本質を伝える。上記のような各専門家も毛利氏のような相続コンサルタントになることができれば、相続問題はもっと簡単に解決するはずだと思っている。

### ❖企画の背景

平成23年度の税制改正により、「格差是正」の観点から高額所得者に負担が集中する内容になり、影響を受ける世帯は少なくない。これによって、都心に家が1軒あるだけで非常に高額な相続税が発生し、物件を手放さざるを得ないという事態に直面する人たちも現れている。これまでの仕組みでは1人当たりの課税遺産額が3億円を超えた場合の50%が最高税率だったが、新制度では6億円を超えた場合の55%となるからだ。これが「相続バブル」と言われるゆえんである。すでに首都圏を中心とした資産家は相当あわてており、「相続対策セミナー」はどこも超満員だ。

クライアント側も「どこに相談にいけば良いかわからずずっと困っていた」と言われる方が多い。そこで、上記のような専門家が「相続コンサルタント」としての心構えや幅広い知識をもつことで、これらの問題に対処できるようになる。実際、専門家が入ったとしても相続問題にトラブルはつきない。社会問題化する前に、信頼できる相続コンサルタントの育成が社会的にも必要とされている。

### ❖構成案

はじめに

**第1章　相続コンサルタントとは何か**

◎相続バブルがやってきた!?
◎相続問題を中立的に扱えるコンサルタントの不在
◎出来る相続コンサルタントと出来ない相続コンサルタントの違い
◎あなたは「ダメコン」かもしれない
◎求められているのは作業ではなく〝提案力〟
◎相手が話している事に自分の意見をかぶせていませんか
◎税法は組み合わせてこそ生きるもの
◎相続コンサルタントこそ〝人脈〟が必要
◎資格を取得した時の動機が全てを決める
◎お客が集まるには3つの理由しかない
◎相続コンサルタントは4タイプに分かれる
◎出来る相続コンサルタントの3つの特徴

◎出来る相続コンサルタントの人心掌握術
◎お客様の利益を90％に設定する
◎儲かるかで判断しない、正しいかで判断する
◎ボランティアはやらない～仕事のマトリックス
◎頭を下げられないならTOP相続コンサルタントにはなれない

**第2章　顧客分析力を鍛える**

◎紳助の「XY理論」に学ぶ
◎顧客の悩みを細分化出来なければ成果は出ない
◎顧客の悩みを4つに分ける
◎顧客分析4文法（解決と費用のマトリックス）
◎コーチングとティーチングを使い分ける
◎図解で説明する
◎理解していない時のお客様の顔を見抜け
◎シンプル思考が大事
◎論理思考は3つで充分
◎シンプルに分解する
◎言葉を大事にする
◎わかりやすさにこだわる
◎聞く力が全てを変える
◎説明は相手により変化させる
◎言い訳をしない
◎顧客は比較でしか判断できない

**第3章　相続実務力を鍛える**

◎200事例を扱い始めて一人前
◎10億円以上の資産家のコンサルが出来なければ半人前
◎税務と不動産知識を制す
◎予測力、ゴールイメージの重要度
◎成功は失敗の土台に成り立つ
◎ポジティブ思考の重要性
◎失敗を笑うものは相手にしない
◎悩んだ回答はどちらも正しい
◎仮説思考のススメ
◎本番で力を発揮するには「調査と折衝」
◎時には他人の時間を借りる
◎描いた場面を得るには交渉力が必要
◎チャンスは他人が運んで来る
◎交渉と説得の違い
◎説明マンにはなってはいけない

◎交渉とは協調
◎人は敬意を払った人の話は聞く
◎環境次第でスキルは身につく
◎営業力ゼロからでもオンリー1にはなれる
◎2年で1000人に出会う訓練をしたわけ
◎世の中に偶然はない

## 第4章　話す力を鍛える

◎交渉術、トーク力がなければ全てがゼロ（デリバリー力）
◎描いたものを紙に落とせるか
◎頭に描いたものを語れるか
◎本番の想定のない準備は意味がない
◎目的のないインプットは100%役に立たない
◎定量化出来ない事は実現しない
◎見える化しない事は実現しない
◎本番と準備の割合の勘違い
◎インプットとアウトプットは使う脳が違う
◎議事録で訓練
◎交渉のコツは相手の土俵にのらない事
◎仕切れる力が上がればアウトプット力が上がる
◎ゴールから決める事のメリット
◎ディベートのススメ
◎ファシリテーターを務める
◎失敗の定義
◎人生は付き合う人で決まる
◎自分のタイプを知る

## 第5章　時間管理力を鍛える

◎年間8760時間を操る時間管理術が必要（知識力）
◎相続コンサルは一生勉強
◎手ぶらで動く人に優秀な人はいない
◎自分のリソースを明確にする
◎自由時間は15%に抑える
◎資格取得のススメ
◎10個準備しても1つも使わないのがベスト
◎「準備したから出す」は大間違い
◎休日に3回遊んだら成長はしない
◎仕事の人脈だけでは人生はうまくいかない
◎ブレた時のガソリンスタンドを作っておく
◎自分の計画グセを見抜く

◎仕事時間の細分化で能力が2割上がる

**第6章　ブランディング・プロモーション力を鍛える**

◎自分をブランディング出来なければ依頼はされない
◎面談は必ず2人で行う
◎書籍は効果が高い
◎雑誌記事、新聞連載などの効果
◎HPの重要性を認識する（24時間労働してくれる従業員）
◎自分のポジショニングを決める
◎自分のファイブフォースを検証する
◎商品を確立する
◎報酬について
◎売り上げと人員コストを決める
◎ビジネスパートナーを選定する
◎自分の特化するものを決める
◎1年で軌道に乗らなければ何年でも同じ

**第7章　実践編　アライアンスが全てを変える**

◎その道のプロを発見する
◎仕事を持っていく事にこだわれ
◎相手のベネフィットを探れ
◎経験のない仕事はゼロ円でもやれ
◎すぐに聞ける仲間を作れ
◎異業種交流会では意味がない
◎100%仕事になる話以外はもっていくな
◎セミナーで縁をつなぐ
◎モデリングを大事にする

**おわりに**

**❖読者ターゲット**

メインターゲット／税理士、行政書士、CFP、不動産コンサルタント、司法書士、不動産鑑定士など。資格取得はしたがコンサルタントとして独り立ちを目指す人
サブターゲット／相続問題予備軍の地主や賃貸経営オーナー

**❖類書**

『もう、資格だけでは食べていけない』横須賀てるひさ［すばる舎］
『セミナー講師になって稼ぐ方法』松尾昭仁［同文舘出版］
『行政書士開業初月から100万円稼いだ 超・営業法』金森重

樹［PHP研究所］

『一生かかっても知り得ない 年収1億円思考』江上治［経済界］

### 類書との差別化

相続の基礎知識、相続税対策の本は数あれど、「相続コンサルタントになるための本」は存在しない。したがって、各ジャンルの〝開拓者〟的存在として著名な本が類書にあたると思われる。これらの本にはコンサルタントとしての心構えや具体的な営業方法などが詳細に書かれているのが特徴である。本書は、史上初となる「信頼される相続コンサルタント」になる方法が凝縮されている。仕事が取れずに悩んでいる専門家や依頼は来たもののその解決方法がわからない専門家にとって必ず役に立つ内容になっている。

### 体裁など（案）

定価1400円／224ページ／ソフトカバー／縦書き1色

### 原稿完成の予定

出版決定から3カ月以内

### 企画者の要望

イメージは類書の様にイラストや図版を多く取り入れたいと思います。

### この本を制作するために有利な条件

◎年間20回程度の相続セミナーを開催しており、会場での販売が期待できる。既に大手都市銀行での講演、大手証券会社での講演なども行っている。また賃貸住宅フェア（ミニフェアで来客1000人、東京1万人）での講演も決定。週刊賃貸新聞社が発行する月刊誌への執筆、「さいたま朝日」への執筆など広告の間口は多い。

◎所属している相続アドバイザー協会の会員1000人、大宮を拠点に開催している埼玉県相続マーケティング研究会、当社の親会社である大和不動産のオーナー様500名、入居者7000名などに直接告知が可能。

◎セミナープロデューサーA氏が主催する商業出版を目的としたメーリングリストに参加中。常時100人以上が積極的に活動しているため発売時にはある程度まとまった組織買いとソーシャルメディアを中心とした大量のネット告知が期待できる。

# 03 取材をおこなう

03

18

# 取材ってなに？　あらためて取材する意味を考えよう

書店に行って、ぱらぱらと雑誌をめくってみる。巻頭の人物インタビュー、話題の店の紹介、トレンド解説など、誌面には取材に基づいて書かれた文章が溢れている。それらの記事は、対象が人であれ、物事や事象であれ、取材者が情報を集約・編集した後に掲載されたものである。〝取材〟とは、読んで字のごとく「材料（情報）」を「取る（集める）」ことに他ならない。

今や、テレビやインターネット、SNSなど、情報過多ともいえる時代。ここであらためて、取材する意味を考えてみたい。例えば、旬の人物であれば、多くの媒体が、彼／彼女のことを話題にするから、公開されている情報は山とある。マスコミの情報を拾えば、記事ひとつ分くらいは書けてしまうかもしれない。

しかし、それぞれの媒体にはコンセプト（主となる考え方・テーマ）があり、そこに共感する読者がいることを忘れてはいけない。読者の期待に応える記事を書いてこそ、プロというもの。どこにでも掲載されている情報のみの記事は、面白くないし、読者を飽きさせてしまう。たとえ周知の内容であっても、どこかに「なるほど……」と思わせる言葉や新たな発見がほしい。だからこそ、取材者は、自分の目で見て、話を聞いて、今、読者に伝えたい内容を、自信を持って記事にするために奔走するのだ。

## 取材アプローチまでのワークフロー>>>

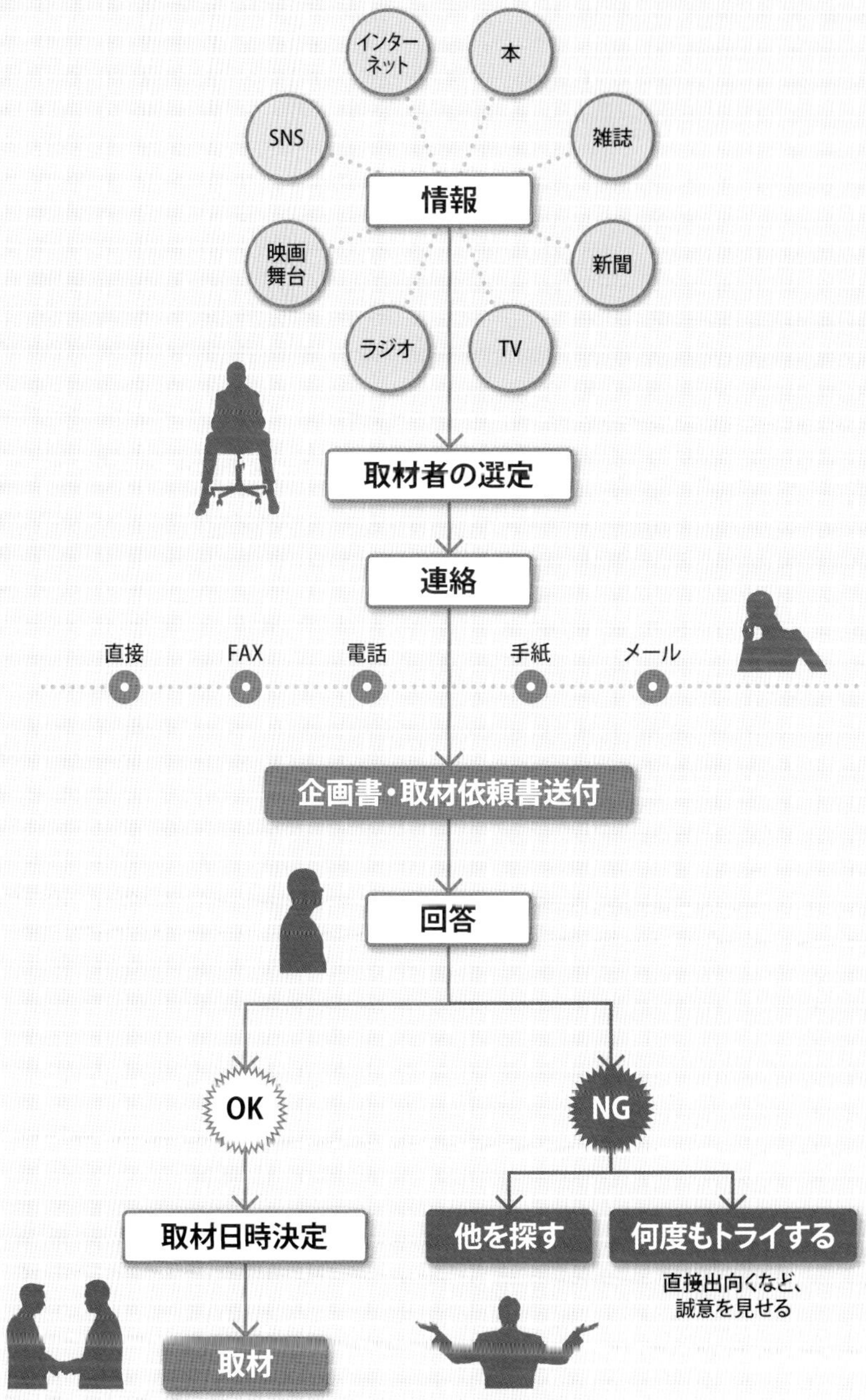

03

## 19 取材を依頼する

取材依頼にあたっては、先方に必ず伝えるべきことがある。

①自分が何者か（どこが発行するなんという媒体の編集者か、連絡先も忘れずに書く）
②掲載誌の内容（掲載誌のコンセプトと対象読者）
③取材の主旨（どんなテーマで、なにを取材したいのか）
④取材日程の提案（○月中旬など、先方の都合を伺って調整する姿勢を見せる）
⑤撮影許諾のお願い（プロフィールカット、作業工程など、撮影したい内容を具体的に書く）

以上を「取材協力のお願い」として簡潔に文書にまとめ、メールなどで送るのが通例だ。

仮に人気のスイーツ店に取材を申し込むとしよう。先方は営業時間中に対応してくれるのか？ 作業工程を撮影したいけれど、許可が下りるだろうか？ 編集者は、さまざまに思いをめぐらせるが、大切なのは、できるだけ先方の状況に配慮し、熱意を伝えることだ。よく「なぜ、うちの店を選んだのですか？ どこで知ったのですか？」と訊ねられることがある。編集者は、最低限、先方の「なぜ？」に答えられなければいけない。「〜だから、ぜひ取材したい」という明確な意思を伝えるために、事前に店を訪れて混雑する時間帯を下調べしたり、商品を味わったりしておくことも役立つだろう。

**撮影許諾**
芸能人が撮影対象である場合、ヘアメイク、スタイリングをどうするかは大きな問題となる。不要であればいいが、必要だとすれば、それは編集部サイドで用意するのか、それとも先方が用意する（指定の専属ヘアメイク、スタイリストがついていることも多い）のか。その場合ギャラはどちらが、どのように負担するのか。スタイリングを任された場合、コマーシャル契約による制約（NGブランドなど）はないかなど、詳細な事前打ち合わせが必要となる。

## 取材依頼書の例>>>

2014年10月10日

中元　麻子　様

「美しい手仕事」編集部
担当　吉川　秀樹
〒000-0000　東京都港区○○○○—○
電話　03-0000-0000／FAX　03-0000-0000
E-mail 00000@00000.ne.jp

取材協力のお願い

拝啓
時下ますますご清栄のこととお喜び申し上げます。
月刊「美しい手仕事」は、日本の手仕事の魅力を再考し、その素晴らしさを伝える雑誌です。現在企画を進めております弊誌15号の特集「暮らしに刺繍を取り入れる」におきまして、下記の概要で取材にご協力いただきたく、お願い申し上げます。
敬具

■企画概要テーマ　「暮らしに刺繍を取り入れる」
取材コンテンツ　・刺繍の歴史と魅力
・さまざまな日本刺繍と技法
・暮らしの中で楽しむ刺繍（読者に向けた提案、アドバイス）

■取材場所と撮影につきまして
中元様のアトリエにて取材させていただけますと幸いです。なお、中元様の作品、つくる過程、アトリエの様子、インタビュー風景、お顔写真、の撮影許可をお願いいたします。

■取材希望日　10月下旬（ご都合の良いお日にちをご指定ください）

■掲載予定　「美しい手仕事」15号
発売日2014年12月15日（特集8Pを予定）

お忙しいところ恐れ入りますが、何卒ご協力のほど宜しくお願い申し上げます。
※後日、担当の吉川よりお電話にてご連絡いたします。

### 取材依頼書の注意点

▼「美しい手仕事」編集部を名乗っただけでは、相手の理解が得られないと思われるときは、自分が何者であるかを説明する文章、資料も添付する。

▼相手が取材に対して前向きでない場合は、なぜアナタを取材したいのか（あるいは、なぜアナタでなければならないのか）その理由を明示した手書きの手紙も同封するとよい。相手の気持ちを動かす必要があるからだ。もちろん、口頭で口説いても悪くないが、手書きの手紙による口説きはかなり効果的。

例えば、次のように取材を申し込んでみよう。
「お菓子のおいしさはもちろんですが、先日、貴店に伺った際、スタッフの方の丁寧な対応と笑顔がとても印象的でした。きっと、お菓子づくりに対する姿勢が接客にも表れているのだろうと感じ、ぜひその作業の様子を取材させていただきたくお願いする次第です」

先方は、少なくとも嫌な気はしないし、私（編集者）がこう感じたから、ここを取材したい、という具体的な動機と意思が伝わる。味わってもいない商品を「クリームの滑らかさが他店とは一味違い……」などと、軽薄な言葉で取材を申し込むのは大変失礼だ。

作家に対する原稿依頼やカメラマンに対する撮影依頼と同様に、取材依頼に関しても、なぜアナタにお願いしたいのかという理由を編集者が取材対象者に明確に示せることがきわめて大切である。自分のことをよく理解してくれていて、「好きです」「高く評価しています」「興味があります」とアピールしてくる相手を邪険にできるものではないからだ。

**ま**

また、悩ましいのが謝礼である。通常の取材であれば、お礼の気持ちを伝える手みやげ程度ですむものだが、取材対象によっては取材費を求められることがある。その場合は「編集部内で検討のうえ、ご連絡差し上げます」と伝え、後日、返答すればよい。

無事に取材が終わり、掲載誌が完成したら、お礼状を添えて献本するのが礼儀だ。

## お礼状の例>>>

2014年12月10日

中元　朝子　様

お礼状

拝啓

時下ますますご清栄のこととお喜び申し上げます。

この度は、弊誌制作につきまして大変お世話になりました。おかげさまで、12月15日発行「美しい手仕事」15号が無事に完成いたしました。

お力添えに深く感謝し、掲載誌をお送りいたします。ご高覧くださいませ。今後とも何卒よろしくお願い申し上げます。

敬具

---

過日はお忙しいところお時間を頂戴し、誠にありがとうございました。中元様にご教示いただいた刺繍の歴史と、拝見した日本刺繍の美しさに感動しました。

また機会がございましたら、楽しいお話をお聞かせください。では、師走の候、ご自愛専一にお過ごしくださいませ。

「美しい手仕事」編集部
担当　吉川　秀樹
〒000-0000　東京都港区○○○○—○
電話　03-0000-0000／FAX　03-0000-0000
E-mail 00000@00000.ne.jp

**お礼状のポイント**

▼編集部が協力者宛に発行する定型文（お礼状の上部）に加えて、担当者が直筆でお礼の言葉を添えると、より相手へ感謝の気持ちが伝わるのでよい。

03

20

# 重要！スタッフミーティング

取材の了承を得たら、記事の具体的な内容や当日の流れについて、スタッフミーティングをおこなう。スタッフとは、主に編集者、ライター（取材者／インタビュアー）、カメラマンだが、場合によっては、編集者がライターを兼務することもある。

このミーティングで大切なことはなんだろう？　スケジュールなど事務的な連絡はもとより、共有しておくべきは記事の方向性である。すなわち、誰に、なにを聞き、読者に伝えたいことはなにか？　ということだ。

例をあげよう。取材対象Aさんは、医師だが、芸能関係の仕事もしている。掲載誌の読者は、主に中高年であり、病院の待合室にも置かれている「健康」をテーマにした雑誌だ。このとき、考えられる記事の方向性を2通りあげてみる。

①医師でもあるAさんが、芸能の分野でいきいきと活躍する姿をクローズアップして、読者に元気を与える明るい記事（主となるのは芸能人としてのAさん）。

②医師という難しい仕事に取り組みながら、芸能の仕事も両立しているAさんの、日々実践している健康法を教えてもらう記事（あくまで二つの仕事は並列）。

さほど変わらないと思うかもしれないが、①と②ではインタビュー記事としての構成や、行間から伝わる（伝える）雰囲気はまったく違う。もし、打ち合わせ不足で、編集者は②を、ライターは①を想定していたら、両者が納得する原稿にはならない。この場合、掲載誌の特性やAさんの医師としての立場から、①という選択は配慮に欠けるだろう。

同様に、別の例について考えてみよう。

**ex）**

［媒体］種苗会社のPR誌の創刊号
［記事］巻頭インタビュー
［テーマ］私の庭づくり
［取材対象者］有名ガーデナーBさん
記事①：ガーデナーBさんが庭づくりに興味を持った経緯や、植物に対する愛情、庭づくりの楽しみ方などを読者に伝える記事。
記事②：創刊号の巻頭インタビューであるから、華のある記事にしたい。ゆえに、有名ガーデナー

**スタッフミーティング>>>**

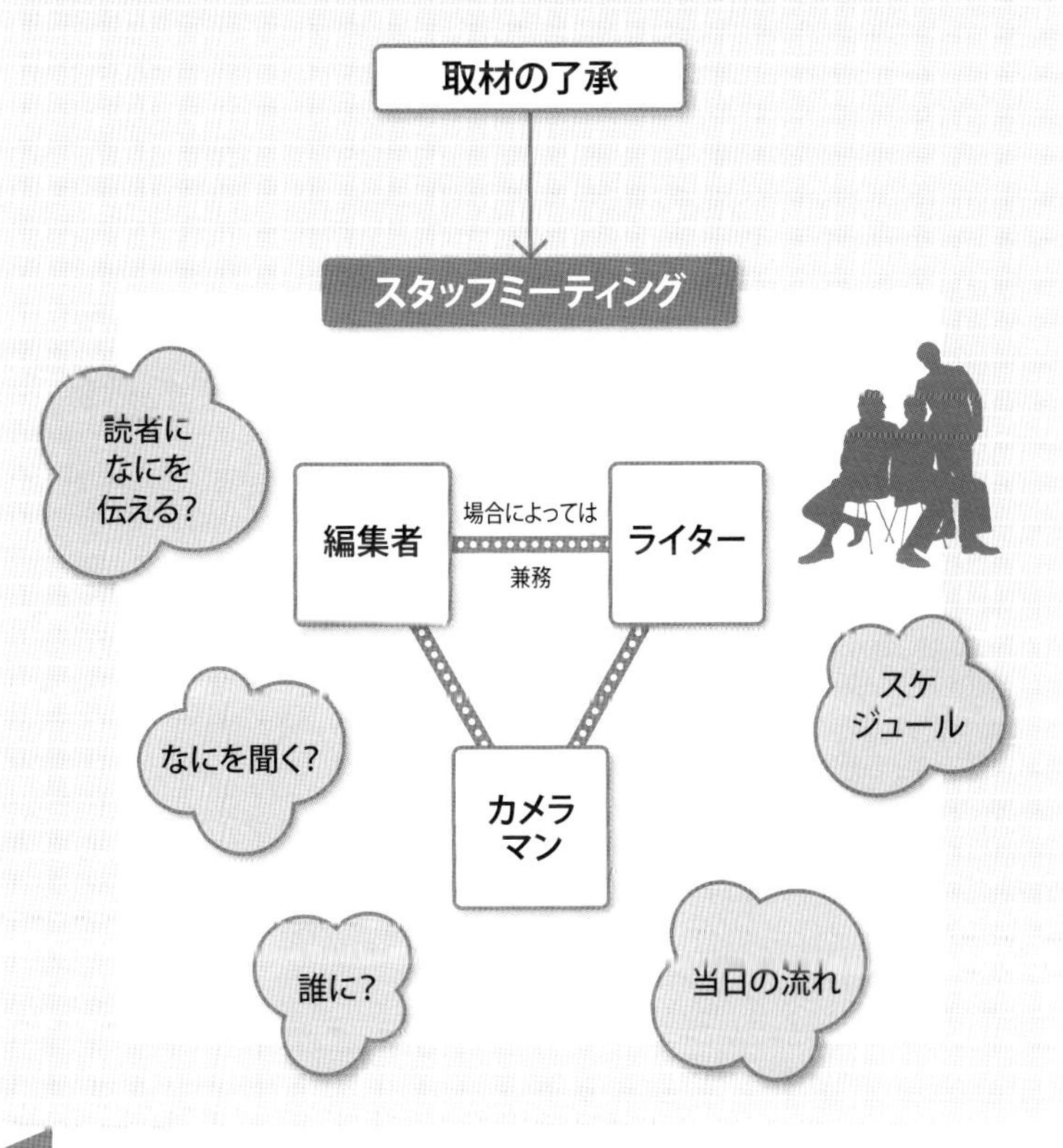

Bさんが手がけた仕事のすばらしさや庭づくりのテクニックを読者に伝え、上質な媒体であることを印象づける記事。

この場合は、どちらもNGとはいえない。では、誰が記事の方向性を決めるのか？　最終的な判断はクライアント（この場合は発行元である種苗会社）である。〝創刊号の巻頭インタビュー〟という特別な記事を任せられたときは、編集者はいつも以上にクライアントの意向をしっかり把握しておくことが必要だ。

**ex）**
［媒体］住環境を考える雑誌
［記事］古民家の特集記事
［テーマ］私たちの暮らしＡ to Ｚ
［取材対象者］都会のマンションから里山の古民家へ移住したCさん一家（一般人）

記事①：Cさん一家の住環境の変化に着目し、実際に、都会を離れて里山で古民家暮らしを始めてみて感じたこと、よい点や不便な点も含めて素直な声を読者に伝える記事。
記事②：風情ある古民家と、Cさん一家の充実した暮らしぶりを伝え、読者に古民家暮らしのすばらしさを伝える記事。

これは、媒体のコンセプトとテーマ「住環境を考える」「私たちの暮らしＡ to Ｚ」から考えて、読者にとって役立つ情報が盛り込まれた①の選択が正しい。もし、お宅訪問といった趣旨で憧れの住空間を伝える媒体であれば②でよいだろう。

編集者は、媒体のコンセプトや周辺事情を俯瞰して、スタッフと共通認識を持って記事を成立させる、重要なガイド役だと自覚しよう。

03

21

# 取材当日までに調べておくべきこと（NGワードは要チェック）

取材の下調べに取り掛かろう。対象が「人」の場合は、まず、できるだけ多くのプロフィールをチェックする。芸能人や文化人、スポーツ選手なら、たいてい公式プロフィールがあるが、加えて著書やブログなどを読んで、最近の仕事や考え方などを知っておくべきだろう。雑誌等に掲載された最新記事、インタビューなどに目を通しておくというのも礼儀だ。

また、有名人の場合、マネージャーや事務所を介して〝NGワード〟を聞いておくことも重要だ。家族の話など、プライベートに関する事項にはNGがつく場合もある（とはいえ、ご本人が話し出したらGO！である）。なお、事前に質問項目の提出を求められる場合もある。

一方、「注目される六次産業」というテーマについて専門家に話を聞く場合、聞き慣れない〝六次産業〟という言葉そのものを理解していなければ、取材にならない。六次産業とはなにか？　取り組んでいる例はあるのか？　問題視されている点は？……など、広く浅くて構わないから、最低限の要点をおさえておく。

取材者が、少しの予備知識もない状態では会話（＝取材）が成立しない。大ベテランか、よほど知識豊富なインタビュアーでない限り、下調べなしで取材に出向くのは大変失礼で危険だということを覚えておこう。

03
22

# どうやって情報を入手する？

取材に必要な情報、例えば「この資料だけは読んでおいてほしい」というものについては、編集者がまとめてライターにわたす。しかし、詳細についてはライター本人が情報収集して取材に臨むことが多い。

今や情報入手の手段はいくらでもある。インターネットで検索すれば、大抵の情報は得られるだろう。とても便利ではあるが、一方で、無料で得られる情報には不確実なものも多いということを、認識しておきたい。取材対象者本人のブログ、店舗や市区町村のホームページはよいとしても、発信者がわからない情報は参考程度にするのが賢明だ。

確実なのは「本」だが、図書館では、目的の本が貸し出し中の場合もある。取材日まで時間がないときは、もっとも蔵書が充実している国立国会図書館や大宅壮一文庫（雑誌）をあたるのがよいだろう。その他、博物館の資料室などを利用することも有効だ。

また、もしも取材日まで時間的余裕があって、取材対象者が芸能人やアスリートなど、自分の目で「観る」ことが可能な人物であれば、舞台などに足を運ぶことをお勧めする。もちろん、基本情報と併せて観るからこそ、より理解が深まるのだが、〝百聞は一見にしかず〟。体験に勝る情報はない。

## 特徴のある図書館一覧>>>

| 国立国会図書館 | http://www.ndl.go.jp/ |
|---|---|

日本国内で出版されたすべての出版物を収集・保存している。

| 大宅壮一文庫 | http://www.oya-bunko.or.jp/ |
|---|---|

雑誌専門の図書館。雑誌記事をデータベース化しているので、記事検索ができる。

| 明治大学現代マンガ図書館 | https://sites.google.com/site/naikilib/ |
|---|---|

マンガ専門図書館。マンガの単行本や雑誌など、国内最大級の蔵書数を誇る。

| 食の文化ライブラリー | http://www.syokubunka.or.jp/library/ |
|---|---|

食専門の図書館。食文化情報を発信している「食文化展示室」も併設されている。

| 農文協図書館 | http://nbklib.ruralnet.or.jp/gaiyou.html |
|---|---|

都内唯一の農林水産専門図書館。食べ物、健康、家庭園芸から、農政経済の専門書、古典まで、農業関係の本が揃っている。

| 航空図書館 | http://www.aero.or.jp/koku_toshokan/koku_toshokan.html |
|---|---|

日本で唯一の航空専門図書館。空に関する国内外の出版物の他に、新聞航空記事の切り抜き、ビデオテープもある。

| 自動車図書館 | http://www.jama.or.jp/lib/car_library/ |
|---|---|

自動車専門の図書館。自動車に関する国内外の図書や文献、雑誌、過去10年分のカタログなどを保存している。

| 森の図書室 | http://morinotosyoshitsu.com/ |
|---|---|

夜（18：00頃～25：00）に営業するお酒が飲める図書館。

03

23

# 質問する項目を決める

**質**

問項目を決めるとき、まずは打ち合わせた内容に沿って、聞かなければならないことを優先的に列挙する。仮に「大切にしている言葉」というテーマで話を聞くのであれば、事前に知らされていたとしても「Dさんが大切にしている言葉を教えていただけますか？」という質問から入ると、次の質問へスムーズに導くことができる。いつ、どんな場面で、誰にいわれた言葉なのか？　もしくは本で読んだ言葉なのか？　どんなところに共感したのか？……など、テーマにかかわる基本的なことは必ず質問する。これだけでも、ある程度の質問数になるだろう。

ただし、これらの質問はDさんにとって想定の範囲内であるし、その答えだけでは記事にならない。会話の中から、Dさんの人柄や生活の一端が垣間見られるような言葉やエピソード、読者に与える新鮮な驚きがほしい。そのときに役立つのが、収集した情報だ。

**例**

えば「その（大切にしている）言葉に出会う前後で、Dさんの生活は変わりましたか？」という質問をしてみる。前述した基本的な質問の他に、もう一本、Dさん自身を知るための柱を立てるのだ。取材者はDさんのプロフィールを調べているはずだから、仕事の変遷や趣味、公開されている範囲のプライベート情報も承知している。自分が得た情報と照らし合わせながら質問項目を考え、自分が疑問に思ったことや知りたいことを聞いてみよう。

難しい質問は必要ない。相手が答えやすい質問をして、より多くの言葉をもらえるよう心がける。項目数は、与えられる時間にもよるが、最低でも15以上は考えておくと安心だ。

## 質問項目の例>>>

### テーマ：大切にしている言葉

❖大切にしている言葉はなんですか。

❖いつ、どんな場所で、誰にいわれたのですか。
それとも本や映画？

［人の場合］

・その方とは、どのような関係ですか。

・どこで出会ったのですか。

・いつ頃からのお付き合いですか。

［本や映画の場合］

・本や映画から影響を受けることは多いですか。

・その作家（監督・俳優）の本（映画）はよく読ま（観ら）れるのですか。

❖その言葉を聞いて（知って）どう思いましたか。

❖どうしてその言葉が心に響いたのでしょうか。

❖言葉に出会う前と後では生活や考え方は変わりましたか。

❖その言葉を思い出すときはどんなときですか。

❖どんな場所で思い出すことが多いですか

❖最近は思い出しましたか。

❖その言葉を誰かに伝えたことはありますか。

❖その言葉はあなたにとってどんな存在ですか。

03

# 24 取材に必要な道具をチェックする

必要な道具を以下にあげる。

①**レコーダー**……自分が使いやすいものが一番だが、録音中であることがはっきりわかるものがよい。考えたくないが、途中で止まってしまったら一大事だ。取材前には、録音の容量が足りているか、電池残量は十分かどうかを確認しておこう。予備の電池も必携だ。

②**ペン**……これも好みだが、話を聞きながら走り書きすることを考えると、滑らかに書けて線が細いものを選ぶと後で読みやすい。

③**ノート**……取材時に使用するノートは、Ａ５サイズ程度のものがよい。腰を落ち着けて話を聞いているうちはよいが、「見てもらいたいものがあってね」と、取材相手が突然席を立ち、外へ移動ということもある。取材先によっては立ったまま話を聞くこともあるだろう。なにはともあれ、持ち運びしやすいサイズのものをお勧めする。

④**カメラ**……メモをとりきれない細かな情報（飲食店のメニューや価格表など）や、印象的な景色、相手のセンスや好みがわかるものなどを撮影しておくと、執筆の際に役立つ。撮影する場合は、必ず先方の許可を得て、個人的に使用しないことがマナーである。

**取材の道具**

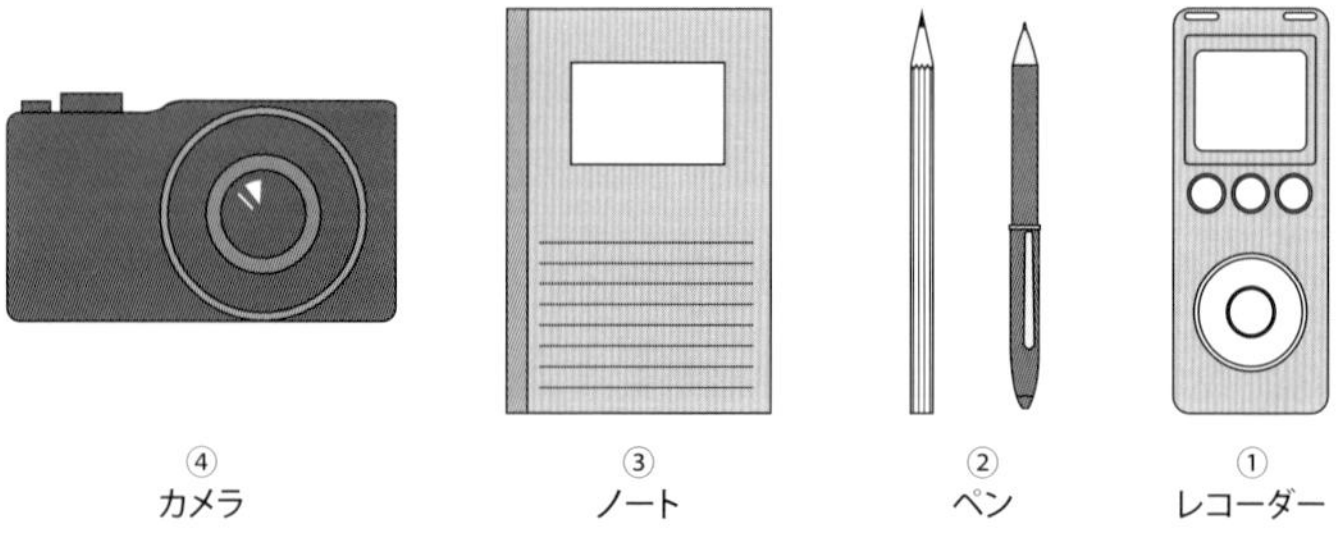

03 >>> 25

# 気をつけたい身だしなみと言葉遣い

編集者や取材者は、直接、人とかかわる仕事である。日ごろの身だしなみや言葉遣いは、常に試されているということを覚えておこう。

例えば、次にあげる取材に相応しい服装はまったく違う。

①一流ホテルのラウンジで／ベテラン女優に／新作映画について取材する

↓同席する相手の立場を考え、ジャケットを着用するくらいの配慮が必要。

②山中に住む／若手陶芸家に／作陶と田舎暮らしの楽しみについて取材する

↓山中を歩くことも予想して、動きやすい服装が好ましい。

取材は対面したときから始まっている。気持ちよく話してもらうために大切なのは、相手を不快にさせない、不安にさせない、緊張させない、余計な気を使わせないことだ。

取材者の言葉遣いや応対についても同様だ。目上の人に対して、「よろしくお願いしまーす」「テープ回しまーす」「新作見ました！」といった調子では取材者としての資質を疑われるだろう。自分の言葉遣いや立ち居振る舞いが、媒体そのもののイメージを左右する場合もあるということを忘れてはいけない。

状況に合わせた身だしなみ

03 26

# いざ取材。その場の空気を読むことから始めよう

はじめて会う人と話をするのは、誰だって緊張する。打ち合わせや下調べが完璧でも、限られた時間内に〝聞き出す〟ことができなければ、今までの苦労も水の泡だ。ガチガチに緊張して、何度も質問項目のメモに目を通しているあなたに、ひとつアドバイスする。ぜひ、現場の雰囲気を感じとり、観察してもらいたい。よく「その場の空気に呑まれる」というが、編集者や取材者は、逆に「空気を呑んでおく」ことが必要だ。

ある人気女性アナウンサーEさんを取材したときの例をあげよう。

取材日は、まだ肌寒い3月のはじめ、外は雨と強風。しかし、掲載誌の発行は夏である。予定では、太陽の下でハツラツとしたEさんの表情を撮影することになっていたが、あえなく変更となった。カメラマンは別の撮影アングルを考え始め、先方のスタイリストも、室内でも映える衣装やメイクに変更しなければならない。

さて、予定時間をだいぶ過ぎて、双方のスタッフに焦りが見え始めたころ、Eさんが、ふわりと揺れる黄緑色のワンピースを着て現れた。その瞬間、現場の空気が変わった。そして取材は次のような会話から始まり、和やかに進行した。

取材者：「外はあいにくのお天気ですが、E

さんが入られて部屋が一気に明るい初夏の雰囲気になりました」

Eさん：「そういっていただけると嬉しいです。すっかりお待たせしてしまって」

もし、取材者が現場の動きを見ていなかったら、スタッフの焦りや、衣装の変更をはじめさまざまな配慮に気づかなかっただろう。取材はチームプレーである。当日の現場全体の空気を読み、よい流れをつくることは、取材者にとって最重要ともいえる仕事のひとつだ。

**取材の現場>>>**

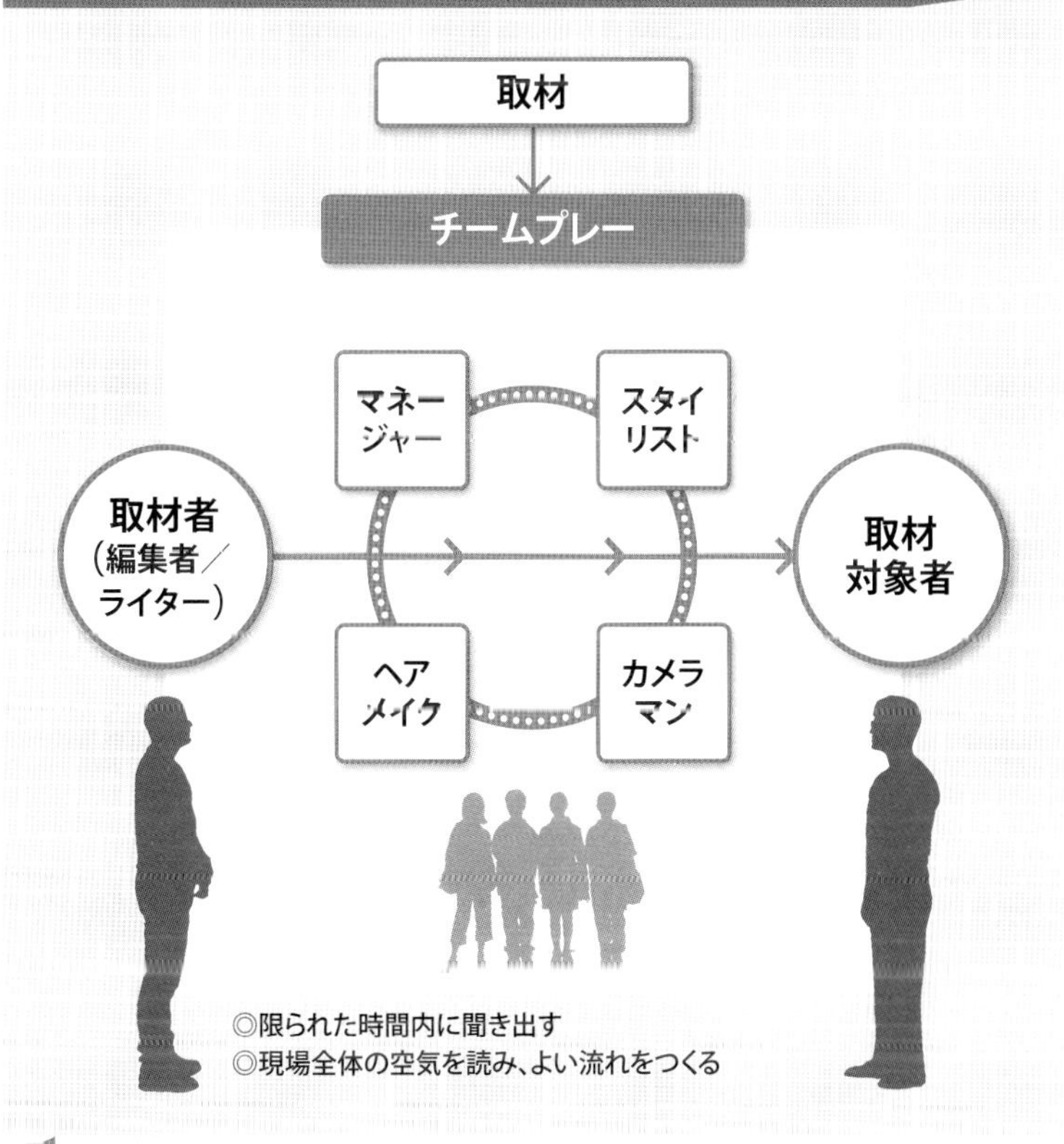

03

## 27 基本的なインタビューの流れ

人から話を聞くという意味で、ここでは、あえて取材ではなく〝インタビュー〟と題して説明する。まず、インタビューに入る前には、必ず掲載誌と記事の主旨・内容について説明する。そして、レコーダーのスイッチを入れるときには「お声を頂戴します」「録音してもよろしいでしょうか」など、一言ことわるのがマナーだと覚えておこう。

　さて、インタビューは、どのように話を進めるのがよいのだろう。基本的には、今の話（主題）↓過去の話↓将来の話、という順番で話を進めるとわかりやすい。テレビなどでよく見る記者会見でおこなわれる質疑応答は、たいていこれに当てはまる。

「実際のところどうなんですか？（今現在）なぜそうなったのですか？（過去・経緯）今後はどうするおつもりですか？（将来）」といった具合だ。

　この流れに沿って話を聞くと、相手が話しやすいだけでなく、物事の大筋が理解できる。しかし、あくまでこれは基本的な流れであって、記事を書くには不十分だ。

インタビューの目的は、読者に伝えたい言葉を引き出すことだから、ポイントを絞った質問をタイミングよく投げかけ、話を膨らませる会話力が求められる。メモをとるのは最低限（名前や地名の漢字や、数字、相手の表情など）でいい。会話に集中し、インタビュー中に余裕があれば、相手を注意深く観察することもできる。言葉だけでなく、仕草や表情などからも、さまざまな情報が入手できるはずだ。

ちなみに、インタビュー終了後もしばらくテープを回しておくと、一息ついたところで、思わぬエピソードが聞けることもある。ただし、インタビュー後の発言を記事にする場合は、必ず先方の了承を得るのがマナーである。

## インタビューの流れの例>>>

03

# 28 不測の事態に対処する方法

十分準備をしていても、取材中には予想もしなかったことが起きる。

例えば、取材相手が寡黙な人だったとしよう。おそらくは一問一答……そして沈黙、刻々と過ぎる時間、という恐ろしい状況である。さて、どうするか？　まず、これだけは聞きたいという質問を、なるべく具体的に小分けにして訊ねる。

「日々お忙しいと思いますが、気分転換はどのようにしていますか？」―「散歩です」―「お一人ですか？」―「犬と一緒です」―「それは楽しそうですね。お気に入りの散歩コースがあるのですか？」―「よく川沿いを歩きます」―「何時頃でしょう？」―「毎朝」―「朝の散歩は、とても気持ちよいのでしょうね？」―「すっきりします」……。

これだけでも、取材相手は「毎朝、愛犬と川沿いを散歩すると、気分がすっきりしてよい気分転換になる」ということがわかる。もちろん、犬の話が出てきたら、「犬種は？」「名前は？」「いくつ？」「飼い始めて何年？」といくらでも話を発展させていくことができるはずだ。

注意しなければいけないのは、きちんと相手の様子を見て、答えに共感しながら質問することだ。こうした短い質問をくり返すちに、話すことに慣れてくる人もいる。決して早口でまくし立てず、相手の答えをさえぎらないよう注意しよう。

また、ときには取材相手から、自分の作品や仕事について「あなたはどう思いますか？」と逆に質問される場合もある。もちろん、知らないことについて語ってはいけない。しかし、下調べの段階で、自分が取材相手に共感した部分や、興味を抱いたことを整理しておけば、自分なりの返答ができるし、次の質問へと導くこともできるはずだ。

**取材者が寡黙な人の場合>>>**

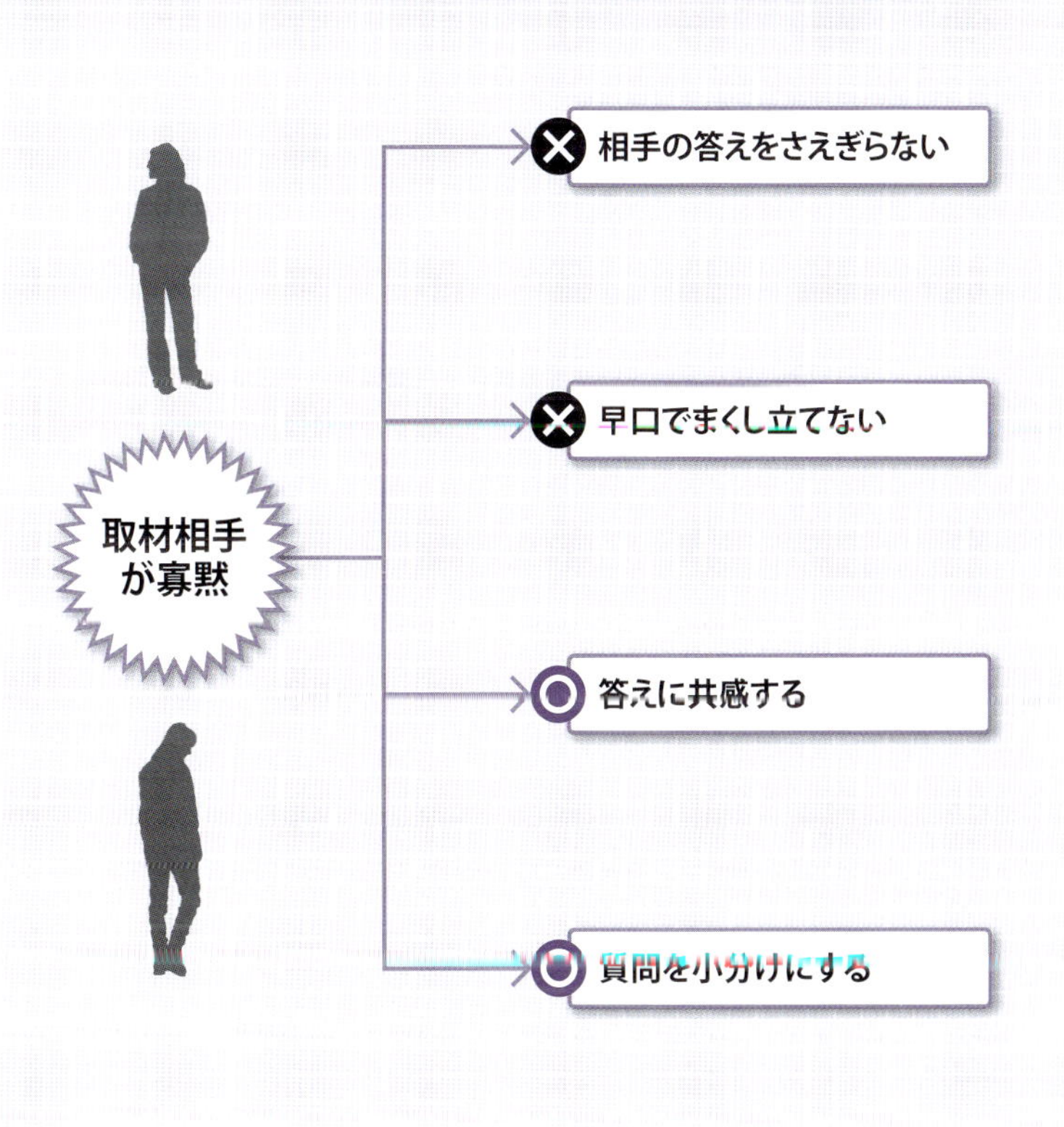
取材相手が寡黙
相手の答えをさえぎらない
早口でまくし立てない
答えに共感する
質問を小分けにする

03 29

# 五感を使って取材する

**「視」**「聴」「嗅」「味」「触」。これらの感覚を五感という。すべて、取材に必要な感覚だ。もしも五感を使わずに取材しているとしたら、それはとてももったいない。

一例をあげる。取材対象は、都心の高層マンションにオフィスを構える敏腕アートディレクターFさんである。

これだけを聞けば、さぞ都会的でお洒落な生活をしている人なのだろうと想像する。いわゆる先入観というやつだ。

しかし、実際にオフィスに行ってみると、Tシャツにジーパン姿のFさんご本人が笑顔で迎えてくれた。そしてなにやら醬油のよい匂いがする。なんだろう？　気になりつつ着席すると、お茶が運ばれてきた。Fさんは、愛用の大きな湯飲み茶碗で日本茶をすすっている。

すかさず質問する。「日本茶がお好きなんですか？」――「実家が茶どころでしてね、送ってくるんですよ。うまいと思いますよ」とFさん。飲んでみると、たしかにおいしい。

**本**題に入る。「健康法について教えていただけますか？」と訊ねると、ポケットからゴルフボールをとり出して「これで腕や顔をコロコロとマッサージするんです。時間もお金もかからない健康法です」。なるほど……と感心したところで、実際に触らせてもらい、体感してみる。適度な刺激が心地よく、仕事中でも実践できる優れものだとわかる。

　最後に、はじめから気になっていた醤油の匂いについて聞くと、正体は〝肉じゃが〟であった。食べ物の好き嫌いが多いFさんは、オフィスでも奥さんの手料理を食べているのだという。

「これが一番の健康法かもしれません」と、照れくさそうに話してくれた。

　さて、この取材では五感すべてを使っている。だからこそ、取材テーマに対する二つの答え（ゴルフボール、奥さんの手料理）だけでなくFさんのパーソナリティまでを知ることができた。やり直しがきかない貴重な取材時間。自分の感覚と想像力、察する気持ちをフル回転させて臨もう。

**取材は五感を使う>>>**

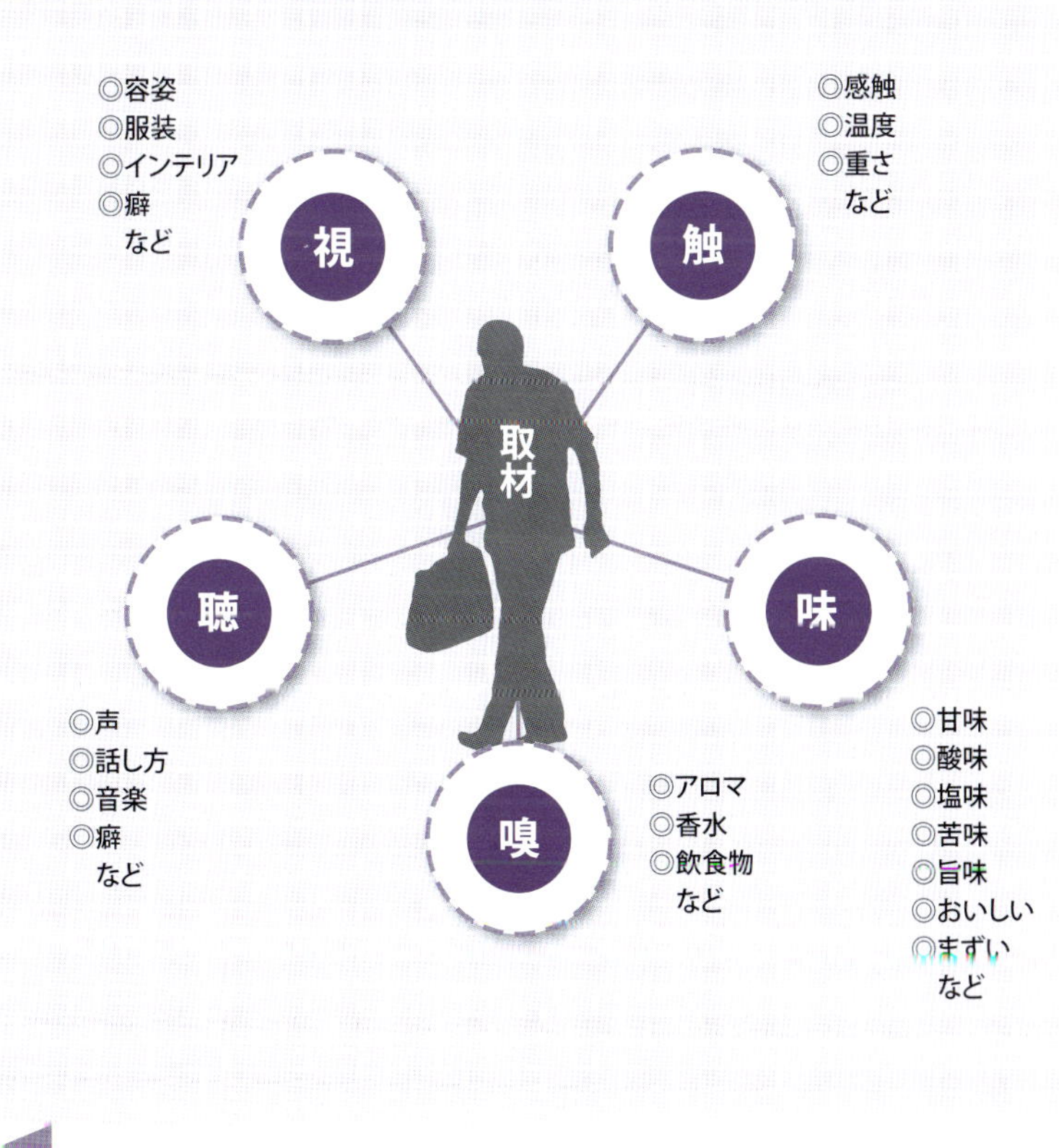

03 >>> 30

# 記事のスタイルとテープ起こしの方法

無事に取材を終えたら、原稿執筆の準備をする。

ここで確認しておきたいのは、記事のスタイルである。よく目にするのは以下の三つのスタイルだろう。①取材対象者の言葉「………」+取材者の地の文（発言や会話以外の部分）で構成するルポ風のスタイル　②取材対象者が「私」として話すモノローグスタイル　③Q&A、もしくは対談のスタイル。

どんなスタイルで書くかは事前のミーティングで決めておきたい。

どの記事にもいえることだが、とくにモノローグスタイルであれば、「私」として語られる分、取材者は、目に入る光景や気持ちの変化について の詳細を取材し、取材対象者について深く理解することが求められる。対談形式の場合は、会話に両者の個性が表れるよう配慮し、全体にメリハリをつけることが必要だろう。

一方、執筆前の準備でもっとも厄介なのがテープ起こし（録音素材を文章化すること。今、録音にテープを使う人は少ないと思うが、言葉は残っている）だ。

録音データに収められた内容のすべてが記事になるわけではないが、テープ起こしされた原稿は、最終原稿を書き上げるためには必要不可欠な素材となる。テープ起こし専門の業者もい

## 文章スタイルの例 >>>

| ① | ルポ風のスタイル |
| --- | --- |
| | 地図が頭の中に入っているというのはパン屋の仕事をする上では必須なのでしょうか。<br>「うちは配送もしているので大事です。パンを送るときに、地名や地図を見て、"もうすぐ桜も咲きますね"など、一筆添えるんです。そういうことって大切でしょ」。<br>Aさんにとっては、商品だけじゃなく、地図もお客さんとのコミュニケーションに役立っているようです。 |

| ② | モノローグスタイル |
| --- | --- |
| | 地図が頭の中に入っていることが、パン屋の仕事をする上で必須なのかと疑問に思う人もいると思います。でも、うちは配送もしているのでそれをすごく大事にしています。パンを送るときに、地名や地図を見て、「もうすぐ桜も咲きますね」など、一筆添えることもあります。そういうことが大切だと思うんです。私にとっては、商品だけじゃなく、地図もお客さんとのコミュニケーションに役立っています。 |

| ③-a | 対談のスタイル |
| --- | --- |
| B | 地図が頭の中に入っているというのは、パン屋の仕事をする上では必須ですか? |
| A | うちは配送もしているので大事です。パンを送るときに、地名や地図を見て、「もうすぐ桜も咲きますね」など、一筆添えたりするんです。そういうことって大切でしょ。 |
| B | なるほど。それは、受け取ったお客さんも嬉しくなりますね。 |
| A | 私にとっては、商品だけじゃなく、地図もお客さんとのコミュニケーションに役立っているんです。 |

| ③-b | Q&Aスタイル |
| --- | --- |
| Q | 地図が頭の中に入っているというのは、パン屋の仕事をする上では必須ですか? |
| A | うちは配送もしているので大事です。パンを送るときに、地名や地図を見て、「もうすぐ桜も咲きますね」など、一筆添えるんです。そういうことって大切でしょ。私にとっては、商品だけじゃなく、地図もお客さんとのコミュニケーションに役立っているんです。 |

るほどだから、取材時間が長ければ相当な時間を要する作業だ。

**テ**ープ起こしの方法は、ライターによって、一言一句正確に書き起こした生原稿をつくる人もいれば、話の大筋と重要な部分を中心に書き起こす人もいる。また、メモと記憶だけを頼りにおおよその原稿をつくり、録音データは取材対象者のしゃべり方の癖や語尾の確認のためにだけ使うという人もいる。もちろん、どの方法が正解ということはない。

大切なのは、後で文章を構成する際、話の流れやポイントがわかりやすく、発言や事実関係が正確であることだ。

**仮**にテープ起こし専門業者に依頼したとしよう。一般的には録音時間で料金を算出しているところが多い。料金の目安は、中3日の納期で、300円／分 前後、中1日納期で400円／分 前後である。最近は、起こした文字数で算出する業者もあり、中1日納期で全角1文字1円というところもある。60分の録音を中1日納期で依頼したとすると、20、000円〜30、000円くらいとみていいだろう。また、「あのー」「えー」など、意味のない口癖や相槌を取る〝ケバ取り〟、ケバを含めた一言一句をすべて起こす〝素起こし〟、「です・ます調」など、書式や形式を指定する〝整文〟のどれを選ぶかによっても、料金が変わってくる。

03 >>> 31

# 原稿を構成して執筆する。大切なのは情報の取捨選択

原稿を書くためには、まず情報の取捨選択をして、構成を考える。

情報の取捨選択とはなにか？　取材で得た情報の、どの部分を記事に生かすのかをピックアップして決めることである。文字量にもよるが、取材時に多くの話題が出ても、記事として使う内容は半分程度というのが現実だ。

そしてライターは、選択した情報をもとに、読者に伝えたい内容を、読みやすく加工して原稿を仕上げる。さらに、その原稿を編集者が校正するのだから、最終的に読者が読む記事は、再編を重ねて練り上げられたものということになる。

誤解のないように説明するが、前述した〝原稿を加工する〟というのは、事実関係を曲げるということではない。例えば、「そうそう〜」「〜だよねぇ」など、気になる口癖や語尾の特徴を、話し手の個性を生かす程度に調整したり、曖昧で伝わりにくい部分を具体的に書き替える作業だと理解してほしい。

次に、構成のポイントは、一番伝えたいこと（読ませたい部分）を際立たせることだ。

内容が散漫で漠然とした記事は、魅力に欠け、読者の心になにも残らない。基本的な構成方法であるが、タイトルと小見出しから決めていく

と、記事の核となる部分と内容のポイントになる部分を、はっきりさせることができる。タイトル（核になる部分）は、テーマに答えるような、話し手のインパクトある言葉や考え方を立てる。小見出しは、２、０００字程度の記事であれば、盛り込めるのは二つか三つくらいだろう。

しっかりと構成が決まれば、執筆も進む。そして最後に必ずチェックしたいのは、記事として媒体の雰囲気に合っているか、読者の「知りたい」欲求に応えているかどうかである。書いているときは、のめり込んでいることが多いものだ。客観的に原稿を読んで（編集者に指摘してもらって）最終確認したい。

**原稿完成までの流れ>>>**

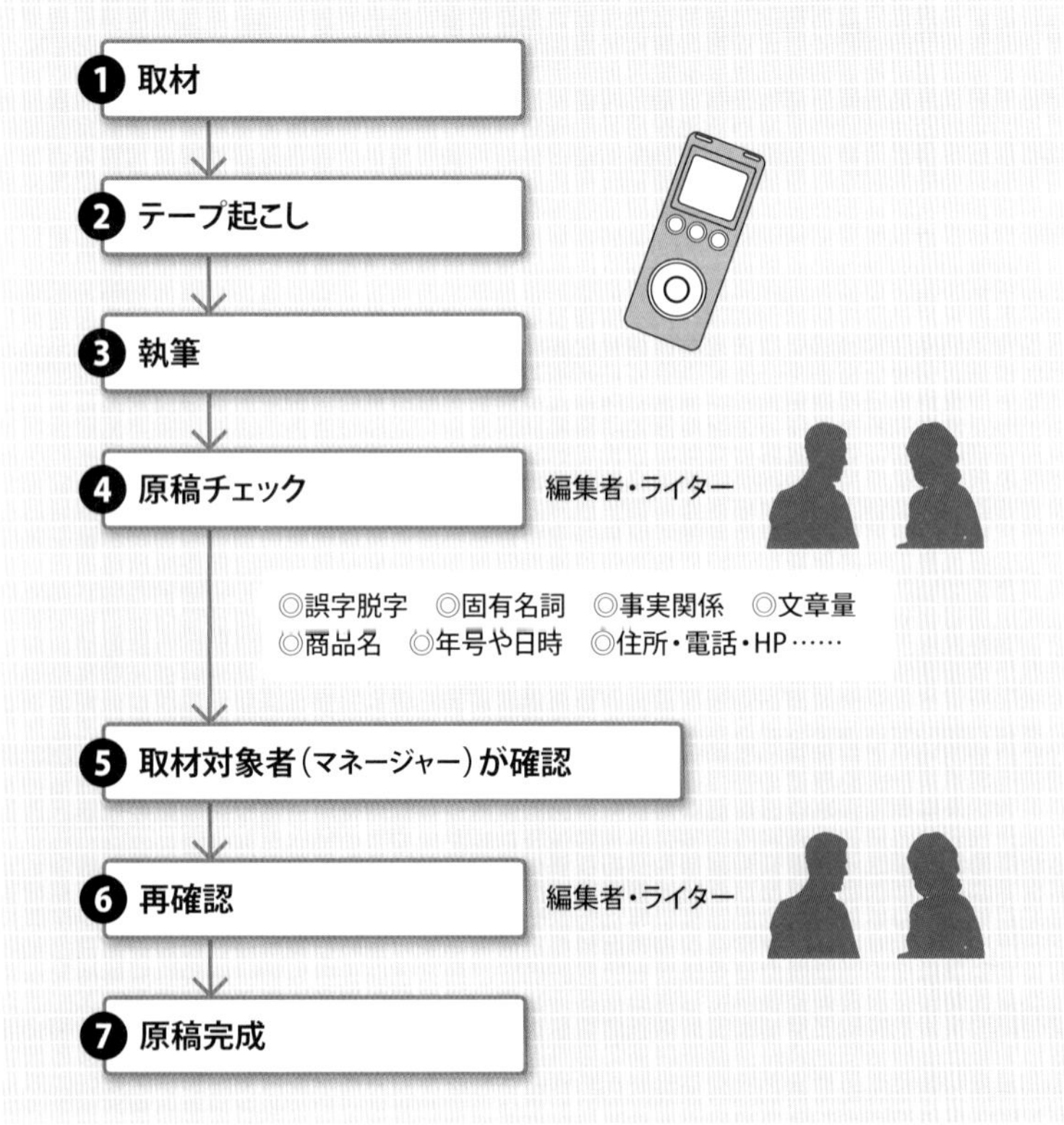

## テープ起こしの文章調整例>>>

| 原文 | |
|---|---|
| C | だからね、ここへ越してきたの。駅まで歩いたら30分かかるから車は必須だけど、駅名もいいでしょ。眺めもいいし、となりのおばちゃんが、たまに畑で採れた野菜を持って来てくれたりね。これがおいしいの。やっぱりね、もの書きには、見るものとか人とのふれあいとか、そういう時間って大事だと思うんですよね。 |

| 調整後 | |
|---|---|
| C | だからね、この町に越してきたの。移動はもっぱら車ですけど、最寄りの駅は"宝を積む寺"と書いて、宝積寺って読みます。自宅からは徒歩30分! でも、いい駅名でしょ。ここで山や空、田畑を眺めながら仕事をしていると清々しいし、たまに、となりのおばちゃんが「小松菜採れたよ」って持って来てくれるんです。これが本当においしいの。もの書きにとっては、見る景色とか、日々の人とのふれあいが作品に表れることが多くあります。そういう意味でも、私は、ここでいい時間を過ごしているなと思いますね。 |

| 要点 | |
|---|---|
| ① | Cさんの語尾「〜ね」を削り、読みやすく調整する。 |
| ② | 駅名、いい眺め、おばちゃんからもらう野菜などを具体的に書き加える。そうすることで、Cさんの今の暮らしの情景が読者に伝わりやすくなる。 |
| ③ | 作家であるCさんがいう、原文の「そういう時間」を明確にする。移住したことで得たことや、大事な時間とはなにかがわかるように書き加える。 |

# 04
# 原稿の書き方

04

# 32 編集者が名文家である必要はない

編集者の仕事は「第三者に原稿を書いてもらうことだ」と考えている人は多いようだが、そればかりではない。編集の現場では編集者自身も文章を書かなければならない場面が多々存在する。

「タイトル」「大見出し」「小見出し」「リード」「キャプション」「クレジット」「帯コピー」などは通常編集者が書くものである。編集者が小説家のような美文名文を書ける必要はないが、コピーライターや取材記者としての文章作成能力は必要かもしれない。

本づくりにおける「タイトル」「大見出し」「小見出し」「帯コピー」は、広告におけるキャッチコピーと同様である。商品の魅力を効果的に伝える名コピーは、売れ行きに大きな影響を及ぼすのだ。「タイトル」の重要性はすでに第2章でも触れたが、「帯コピー」についても手を抜くことはできない。印象的なタイトルの実例については第2章でいくつかあげたので、帯コピーの実例も2例だけあげておこう。『医者に殺されない47の心得』（近藤誠／アスコム）の帯コピーは「病院に行く前に、かならず読んでください。」、『薬が病気をつくる』（宇多川久美子／あさ出版）の帯コピーは「それでもあなたは薬を飲み続けますか」である。タイトルもうまいが、それと呼応する帯コピーもうまい。

**ギャップを活かしたコピー**

「医者」と「殺される」という言葉のギャップを活かしたうまいタイトル。このタイトルにこのコピーがあれば、「いったいどんなことが書かれているのだろう」と、つい読んでみたくなる。

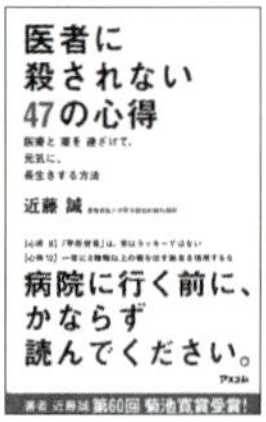

## 見

見出し（大見出し）とは縦書きであれば右上、横書きであれば左上に載る文字のことである。もっとも目立つ大きなフォント（字体）になっていることが多い。また、本文が長い場合に小さな見出しをつけて区切ることがある。これを大見出しに対して小見出しという。

編集者は見出しにも気を配る。タイトルだけで本を選んでくれる読者もいないわけではないが、それだけではなかなか購入には至らない。読みたくなるような見出しがたくさん並んでいて、はじめて財布の口が開くのだ。いくら中身に自信があっても、その魅力を読者に伝えることができなければ、本づくりは失敗に等しい。見出しの実例として『カラスの教科書』（松原始／雷鳥社）の目次を掲載した。「お金を出しても読みたい」と考えてくれた人が数万人はいたのだ。この面白そうな見出しがこの本が売れた理由のひとつだと確信している。

### 『カラスの教科書』目次>>>

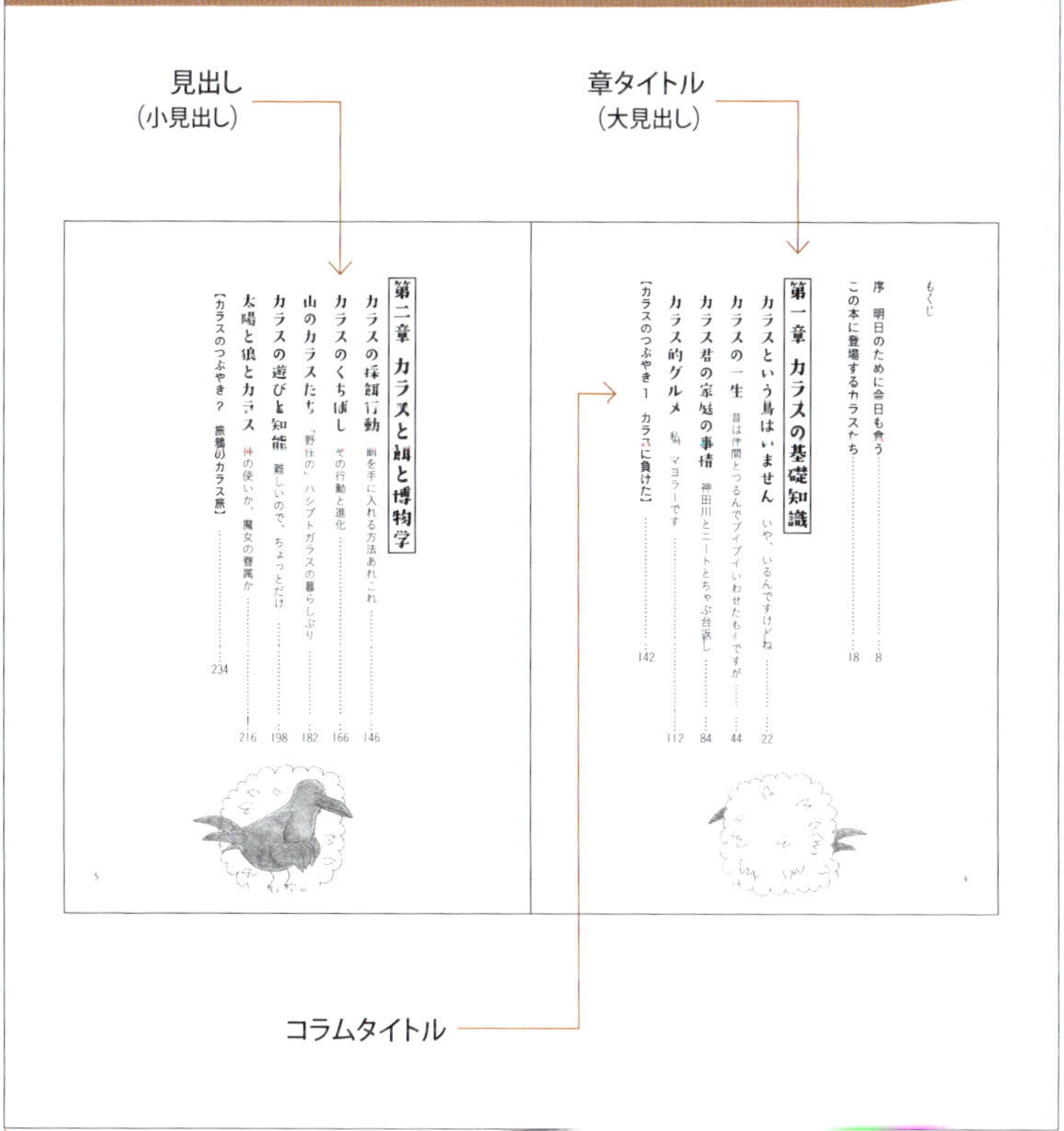


もくじ

04

# 33 リードは記事の顔

「リード」とは、本文と切り離されて独立した導入部分のことである。基本的には本文内容の概要が書かれる。文字通り、読者を先導（lead）していく役割を持つ文章だ。書籍における「はじめに」の文章もリードといっていいかもしれない。

雑誌に一通り目を通したとしても、じっくり読み込む記事は数本。パラパラめくって、目に留まった面白そうな記事だけ読むのが普通だ。見出しと同様にリードも、記事を読んでもらえるかを決定づける重要な役割を担っている。読者の興味を引きつけるリード原稿が書けなければ、せっかくの記事も読まれる可能性が低くなってしまう。

そのため、ただ単純に本文を要約しただけではリードとして不十分だ。その先の本文を読んでもらうためにも、読者をハッとさせるインパクトのある文章が求められる。数字や問いかけを入れたり、アナタの知りたいことの答えがここにあると煽ったり、読者の悩みに対する解決法が書かれていることを提示したりするなど、読者に食いついてもらうためのさまざまな工夫をしなければならない。

**リードの例>>>**

**［×例］**

近年、町の書店が減少している。その要因となっているのが、オンライン書店や電子書籍だ。書店の未来と書店がなくなって起こり得る問題点を書店員に聞いてみた。

**［○例］**

町の書店が次々と消えている。この15年間で減った書店は8000店以上。オンライン書店や電子書籍が登場する中、書店に未来はあるのか？　町の書店がなくなったらどのようなことが起こるのか？　最前線で働く書店員を直撃してみた。

**本文の面白さを伝える**

［×例］は記事の内容を要約しただけの文章になっており、本文を読みたくなるような仕かけがない。［○例］では具体的な数字を明示することで説得力が増し、その後の問いかけによって読者の不安感や好奇心を煽る文章になっている。最後の一文では疑問の答えが本文にあると誘導している。

04

## 34 誌面の第一印象を演出するキャプション

キャプションとは誌面に載った写真や図版に対する説明文のことである。現代の誌面では写真やイラストといったヴィジュアルが占めるウェイトは重い。なぜなら誌面を広げたときに最初に目につくのは写真や図版だからだ。キャプションはそれらを演出する役割を担っているといえる。

キャプションは写真などの横に添えられるものなので、文字数は少ない。編集者、ライターには、そのわずかな文章で本文を読みたくなるようなキャプションをつける技術も求められているのである。

キャプションは写真がどのような意図を持って載せられているのかを明確にできる文章でもある。内容がある程度本文と重なってもかまわないので、読者が本文を読みたくなるような、もっといえば、キャプションだけを読んでも面白いものにしたい。また、読者の理解に役立つ正確な情報提供を心がけるべきだ。

ある大手出版社の入社試験で「この写真にキャプションをつけなさい」という問題が出されたことがある。例えば「夕焼けの海岸線に立つモアイ」の写真（左写真参照）が課題だとする。この写真に「オレンジ色の夕空に浮かび上がるモアイ。モアイの向こうには果てしなく続く海と空ばかりである」とキャプションをつけたとしたら、ほぼ0点である。このキャプションは写真を見ただけの読者にも書けるからだ。なにも伝えていないということになる。「タハイの儀式村は観光客だけでなく、島民にとっても夕焼けを愉しむための一等地だ。頭上の飾り物プカオ（髷《まげ》もしくは帽子）が印象的である」と、読者の知らない情報を提供するのが正しい。このキャプション、モアイあるいはイースター島に関する知識がなければ書けないということになってしまう。で、受験者のほとんどの人が0点だったかというと、そうでもない。「写真を見ただけでキャプションを書くことはできません。読者の知らない情報を提供すべきですが、私はその情報を持っていません」と書けば、それはそれで正解だったのである。

編集者の書く文章が文学的に優れている必要はない。読者にとって役立つ情報を提供し、読者が喜んでくれればいいのだ。

ちなみに「クレジット」というのは、記事提供者名、著作権者名、スポンサー名、店舗情報、スタッフ名などの必要情報を本文原稿とは別に記載すること。通常は本文の文字よりも小さな文字で表記される。スタッフクレジット、店舗クレジットなどと呼ばれる。店舗情報の店名、連絡先などが間違っていたら大変なことになる。編集者がもっとも神経を使う原稿のひとつだ。

**課題：**
**「この写真にキャプションをつけなさい」**
あなたなら、どんなキャプションをつけるだろうか？

大見出し
リード
記事タイトル
スタッフクレジット
ノンブル
自然塩の栄養とおいしさのバランス
向後千里
塩の極意
教えてくれる人
向後千里
(こうご・ちさと)
"食"専門の編集者を経て、フードクリエイターとして独立。雑誌、書籍の制作、広告、TV、CFの製作、器のデザインやコーディネート、レストランの企画、メニュー開発など多方面で活躍中。
http://www2k.biglobe.ne.jp/~chisatos/welcome.html
料理の基本は「塩梅」「だし」「火加減」の3つだといわれる。
そのなかでも味付けの基本になるのは
「塩梅」、つまり塩加減である。
かないシンプルな調味料だけに、塩の使い方はもっとも難しい。
塩を最大限に生かす料理を、技術的側面だけでなく、
や食べる側の心理もふまえ、塩づかいのプロに教わろう。
塩の極意
教えます
[材料] 4人分
イカ刺身用(あれば、アオリイカ) 1/2杯
活タコの足 1/2本
にんじん 1/2本
きゅうり 1本
セロリ 1本分
エンダイブチコリ 1/8株
アルファルファ 1/4パック
キウイ 1個
ライム 1/2個
サラダ油 適量
生姜の薄切り 3枚
シナモンスティック 1本
a
こしょう・パプリカ・クミン 各少量
小麦粉 適量
塩(石垣の塩) 少量
煎り塩 少量
セルフィーユ 少量
1
塩はさらさらになるまで煎る。
3
4
にんじん、セロリは炒め塩を軽くふる。器に3の野菜を盛りつける。
5
4にのせる。
250g ¥480
写真=内藤サトル
Naitoh Satoru
(p16-p33)
スタイリスト=佐藤朝子
Sato Tomoko
(p16-p21/p28-p33)
16

## 誌面構成>>>

本文

小見出し

写真
キャプション

魚介のフライと
カラフル野菜の
サラダ

パリパリとした野菜の食感が楽しめる、和え物感覚のサラダ。味付けはフライの衣についている胡椒、パプリカ、クミンと素材全体にもみ込まれた塩のみ。キウイのような酸味のものやフライの油分が味のアクセント。塩を過剰に使い過ぎるのを防ぐ効果もある。

自然塩の魅力

「ひとくちに"自然塩"といっても、産地や製法によって味や性格は異なります。自分の舌に合った塩を見つけたら、浮気せずにとことん使い込んでみること」と語る向後さん。長く使い続けることで、塩の味が自分の舌や料理になじんでくるという。10年以上も前から塩の勉強会に参加し、あらゆる塩を試し、使い込んできた向後さんならではの言葉である。

自然塩の魅力といえば、豊富に含まれるミネラル成分。しかしこれも、ただ多ければいいというものではない。ミネラル分が強い塩はニガリの味が強すぎて料理に向かない場合もある。また、塩だけなめてみて美味しいと感じても、素材に合わないこともあるというから要注意だ。

「サラダのようにそのままかけて食べる場合には、塩が直接歯に当たるわけですから、粒子の細かいものが適しています。粒の大きな塩はフライパンで乾煎りしたり、すり鉢ですったりして粒子を細かくすれば使いやすくなります」

04

## 35 媒体の特性を把握し、適した視点で

さて、以下に編集者が書き手として原稿を書くときの注意点をいくつかあげていこう。

雑誌に原稿を書くときには、掲載される媒体の特性を把握しておく必要がある。なぜなら、同じテーマであっても、媒体によって読者が求めている情報が異なるからだ。書き手は、それに合わせて視点や表現方法を変える必要がある。

一般誌では、幅広い読者に興味を持ってもらえるような内容を求められるのに対し、専門誌ではテーマに対してある程度の知識を持った特定の人に向けた切り口でなければならない。

例えば、同じ「サッカー選手」を取り上げた記事でも、専門誌であれば取り上げる選手の詳細な成績や特徴についての記述が求められる。しかし、一般誌では、そこまで詳細な情報は必要ない。この場合は、その選手の人気の秘密やファッション、グッズや観戦ツアーを絡めたエンターテインメントとしての楽しみ方の提案を求められるのだ。

読者は数ある雑誌や書籍の中から、より自分の求める情報に合ったものを選択する。そのため、あらかじめその媒体にしっかりと目を通し、この媒体の読者が求めている情報はどのようなものなのかを把握しておくことが重要である。

### 媒体による視点の変化>>>

**【専門誌の場合】**

- ▼読者は特定の層（例：10代後半～20代前半の女性、40代のサラリーマン）
- ▼読者はある程度の知識を持っている
- ▼深く掘り下げた情報を記事に

**【一般誌の場合】**

- ▼読者層は若者から年配者まで
- ▼流行や興味本位の内容を提示
- ▼関心のないテーマにも興味を持たせる記事

**読者層を事前に把握**

媒体＝読者層を把握することで、求められる情報が大きく変わってくる。読者目線で物事を考えることは、本づくりにおいて重視すべきことである。

04

36

# 文章の基本は5W1H

掲載される媒体が何であれ、文章の基本は、「いつ」（When）、「誰が」（Who）、「どこで」（Where）、「なにを」（What）、「なぜ」（Why）、「どうしたのか」（How）である。

この5W1Hの基本に沿って原稿を書くと、内容をわかりやすく伝えられるからだ。特に報道記事など正確性が求められる文章を書くときには注意したい。最近はこれに、「どのくらい」（How much）を加えた5W2Hを基本とする場合もある。5W1Hをどの順序で書かなければならないという決まりはない。雑誌などでは、新聞ほど5W1Hが必須ではないが、相手が必要とする情報が抜けてしまうと内容が正確

**取材時には、5W1H（5W2H）を意識してメモを作成する**

いつ　4月3日（木）
誰が　雷鳥食品の鈴木太郎社長が
どこで　渋谷区の雷鳥食品本社で
なにを　新商品の「フライドチキンバーガー」を
なぜ　若年層の顧客拡大を狙って
どうした　発売を発表した
どのくらい　価格は190円（税込）

4月3日（木）に雷鳥食品の鈴木太郎社長が渋谷区の本社で新商品「フライドチキンバーガー」の発売を発表した。これは若年層の顧客拡大を意識したもので、価格は190円（税込）だという。

に伝わらない可能性がある。
自分が知っているからといって読み手も知っているとは限らない、ということを念頭に置いて原稿を書いてほしい。簡単なことのように思えるが、慣れるまでは何度も読み返すなど意識した方がよいだろう。

**5W1Hの例>>>**

**【×例】**
先日、松井選手が引退会見を行い、会場にはたくさんの報道陣が詰めかけた。

**【○例】**
12月28日に、ニューヨーク市内のホテルで松井選手が引退会見を行い、会場には約200人の報道陣が詰めかけた。

**正確な情報を示す**

【×例】では先日とはいつのことなのか、引退会見がどこでおこなわれていたのか、報道陣はどのくらい集まったのか、などがわからない。5W1Hを示すことで正確な情報が伝わる。

04

# 37 事実の積み重ねこそ取材原稿の命

文章の基本は5W1H。それはその通りだが、これに読者が求める（喜ぶ）情報をどれだけ盛り込めるかが重要である。編集はたくさんの客観的事実を集めて、その中から読者が必要とするものを選び出し、必要のないものを切り捨てていく作業である。通常、原稿には字数の制限がある。すべてを書くことはできない。集めてきた事実10のうち、どの三つを使うかが腕の見せどころなのだ。

例えば「深夜においしい味噌ラーメン、ベスト30」という特集記事を担当するとする。

30軒のラーメン屋さんを取材して、それぞれの味噌ラーメンのおいしさを30種類、文学的に書き分けることは不可能だといっていい。そもそも読者の大半は文学的表現など求めていないだろう。

読者が必要としているのは、あくまで客観的事実なのだ。

店名の由来、店の歴史、店主の経歴、味噌・麺の種類、スープへのこだわり。手に入れなければならない情報はいくらでもある。10どころか20も30も入手した事実の中から、読者が興味を持つだろうものを選んでいくのだ。たくさんの情報を手に入れることのできる取材者はいい取材者であり、情報の選び方が正しい編集者はいい編集者である。

## 読者が求める具体的事実の例>>>

**【×例】**

▼他にはない味

▼店主こだわりの正統派スープ

▼オリジナリティ溢れる味つけ

**【○例】**

▼朝4時から仕込む自家製の平打ち縮れ麺

▼長崎産麦味噌と辛味噌の合わせが絶妙

▼スープはまろやかな旨味の信州産白味噌をベースにしたクリーミーな味わい

### 抽象表現は不要

具体的な事実を積み重ねた原稿であれば、読者は原稿から具体的にイメージすることができる。反対に文学的な表現に終始した原稿では『それって具体的にどういうことなの？』と疑問が残ってしまう。それでは結局のところ、なにも伝えていないということなのである。

04

# 38 原稿は書き出しで決まる

雑誌やウェブの記事を流し読みしているときに冒頭の部分だけ読んで興味を持てず、そこで読むのをやめてしまった、という経験はないだろうか？　原稿を書くうえで、「読者が最後まで読んでくれるとは限らない」ということを頭に入れておいてほしい。

原稿の書き出しには細心の注意を払って創意工夫を凝らすべきだ。最初の文で読者の興味を引きつけられるかで、その記事を読んでもらえるかが決まる。ここで読者に逃げられてしまえば、その後にどんな素晴らしい原稿を書いていてもなんの意味もないのだ。

同じ内容の文章であっても、書き出しにインパクトのある内容を持ってきたり、「実は」や「意外に」などの接続語を使い、意外性を演出したりすることで、読者の興味を引くキッカケをつくる。他にも、会話文から書き出す、思わず耳を疑うような意外性のある内容から書き出すなど、読者がハッとするような工夫を考えてみよう。

もちろん、結びも読後感を決める大事な部分だし、中だるみをしていいわけでもない。要は読者を飽きさせない工夫をすることなのである。

## 読者を引きつける書き出しの例>>>

**［意外性のある内容を投げかける］**

▼トルコ石の名で知られるターコイズは、その呼び名からトルコで採れるものかと思われがちだが、意外にもトルコで採れることはほとんどない。

**［結論から書き出す］**

▼吾輩は猫である。名前はまだ無い。（『吾輩は猫である』夏目漱石）

**［疑問文から書き始める］**

▼ママがわたしを殺すとしたらどのような方法で殺すだろうか。（『カザリとヨーコ』乙一）

**最初の一文に力を注ぐ**

いずれもハッとさせられる書き出しである。他にも「春が二階から落ちてきた」（『重力ピエロ』伊坂幸太郎）、「さびしさは鳴る」（『蹴りたい背中』綿矢りさ）など、書き出しが印象的な文章は読者をグッと引きつける。小説の書き出しは一般的な文章にそのまま使えるわけではないが、最初の一文に力を注がなければならないのは同様である。

04

# 39 ひとつのセンテンスにはひとつのメッセージ

基

本的には、ひとつひとつのセンテンスは短い方がよい。人は一度に多くの情報を押しつけられると、読みにくく感じてしまうからだ。文を区切るというのは、水泳に例えるなら、息継ぎをするようなもの。息継ぎがないと水泳も読書も苦しくなってしまうのだ。これは、読点や改行にも同じことがいえる。

一文が長いということは、メッセージを詰め込み過ぎているということだ。長い文は必ずどこかで切ることができる。まずは、「ワンセンテンスにワンメッセージ」を意識してみよう。これにより、文章が簡潔になるはずだ。

また、文章が長くなれば、それだけ読者の理解度は低くなる。もちろん、読み手にわかりやすい文章であれば、すべてを「ワンセンテンスにワンメッセージ」にする必要はない。だが、簡潔な文章にするためにも、メッセージを詰め込み過ぎないように注意しよう。

**一文が長い**
**(ひとつのセンテンスに多くのメッセージ)**
▼情報が詰め込まれていて、読者の負担が大きい

**一文が短い**
**(ひとつのセンテンスにひとつのメッセージ)**
▼情報がひとつだけなので、スムーズに理解できる

## ワンセンテンスにワンメッセージ>>>

**［×例］**

三日間、雨が降り続いた結果、鏡川の水量は1メートルも増し、川の氾濫による洪水の可能性が高まる中、市は会議を開いて周辺地域に避難を呼びかけることを決定した。

**［○例］**

三日間、雨が降り続いた結果、鏡川の水量は1メートルも増した。川の氾濫による洪水の可能性が高まっている。市は会議を開いて周辺地域に避難を呼びかけることを決定した。

**一文に情報を詰め込まない**

［×例］は一文が長く、多くの情報が詰め込まれているため、非常に読みづらくなっている。

［○例］は句読点を打って文章を三つにわけた。これにより、同じ内容の文章でも格段に読みやすくなっている。

04

# 40 なくてもいい接続詞は省き、体言止めの乱発はしない

接続詞は文と文をつなぐための重要な役割を果たす、言葉の潤滑油のような存在である。しかし、過度な接続詞はかえって文章がぎこちなくなったり、くどくなってしまったりする。ひとことでいえば小学生の作文のような稚拙な印象を与えてしまうのだ。

接続詞がなくとも十分に意味が通じる場面では、接続詞は不要である。特に「そして」「それから」「だから」などは省いても問題なく意味が通じるケースが多い。

いきなり接続詞を省略すると、前後のつながりがわからなくなってしまう人もいるかもしれない。その場合は、ひとまず接続詞を使って文章を書き、前後の文脈を確認しながら省いていくようにしてみよう。

体言止めは使い過ぎない方がよい。体言止めは効果的に使うと文章に余韻を残すことができ、リズムのある文章になる。しかし、多用するとこれらの効果は薄れてしまう。連続して使っては、文章がメモ書きと同じになってしまいかねない。日本語は、肯定か、否定か、疑問かが文末にならないとわからないため、体言止めは情報としては不完全であることを理解しておく必要がある。特に強調したいときに限って使うようにするとよいだろう。

## 接続詞の省略と体言止めの使い方の例>>>

**▼接続詞を省略する**

**[×例]**

12時から上野動物園でパンダを見ました。それから浅草に移動しました。そして、雷門の前で記念写真を撮りました。風神と雷神の迫力は凄かったです。それから東京駅で両親のためにお土産を買って、そして新幹線で帰りました。

**[○例]**

12時から上野動物園でパンダを見て、浅草に移動。雷門の前で記念写真を撮りました。風神と雷神の迫力は凄かったです。東京駅で両親のためのお土産を買って、新幹線で帰りました。

**▼体言止めの乱発はNG**

**[×例]**

尾張に向けられた今川の大軍。これは織田家にとって一大事。重臣たちは籠城か野戦かで連日の軍議。そのとき、信長が出陣の声を上げた。

**[○例]**

尾張に向けられた今川の大軍。これは織田家にとって一大事であり、重臣たちは籠城か野戦かで連日の軍議をおこなっていた。そのとき、信長が出陣の声を上げた。

**文章がつながるなら接続詞は不要**

[×例]では「それから」「そして」が2回ずつあるが、そのせいで文章がくどくなっている。[○例]では、これらを省いたことで、文章がすっきりし、読みやすくなった。

**体言止めはここぞというときに**

[×例]は体言止めを使い過ぎて、箇条書きのメモのようだ。体言止めを最初のひとつだけにすることで文章にリズムが出る。

04

# 41 助詞「の」は二つ以上連続で使わない

「友人のお宅のガレージのツバメの巣」。このように「〜の〜の〜の」と「の」が連続した文章は、読み手に負担がかかり、理解力の低下を招く可能性がある。また、間延びした、稚拙な印象を与えることにもなる。「の」を連続して使うのは2回までとし、それ以上は言い回しを変えるべきだろう。

「の」は便利なので多用しがちだが、幅広い意味を含むため、解釈の幅も広がる。場合によっては何通りにも意味がとれる文章になってしまうのだ。所有用法以外の「の」は、他の言葉に置き換えた方がよい。

例えば冒頭の文であれば「友人宅のガレージにあるツバメの巣」とすれば「の」を連続して使う必要はなくなる。

具体的には「友人宅」のように名詞をくっつけたり、「〜にある」のように動詞に置き換えたりすればよい。他にも、句読点を打って文章をわける、なくても成立する言葉を省略する、などの方法もある。

逆に「東京都生息野鳥一覧」のような名詞が連続して読みにくいケースでは、「東京都生息の野鳥一覧」のように「の」を入れることによって読みやすくする工夫も必要だ。

## 助詞「の」の使い方の例>>>

**[×例]**

アメリカの友人の兄の家に遊びに行くことになった。待ち合わせ場所は、新宿駅の西口の改札の前だ。合流後、新宿駅の向かいの大型のショッピングモールの3階のレストランでランチを食べた。

**[○例]**

友人の兄が住んでいるアメリカの家に遊びに行くことになった。友人との待ち合わせ場所は新宿駅西口の改札前だ。合流後、新宿駅向かいにある大型ショッピングモール3階のレストランでランチを食べた。

**何通りもの意味にならないように**

[×例]だとアメリカに住んでいるのは、友人、友人の兄、2人とも、という複数の解釈ができてしまう。「の」を省いたり、言い換えたりすることで、読み手に負担をかけることのない文章になる。

04

# 42 同じフレーズを繰り返し使わない

同

同じフレーズを繰り返し使うと、リズムが悪く、しつこい印象を読者に与えてしまう。例えば「記事を書くために取材へ行った。取材後、メモに書いた内容を整理し、原稿を書いた」というように「書く（書いた）」が連続して出てしまうようなケースである。

日本語には、同じ意味を持つ言葉がたくさんある。「書く」を例にとっても「綴る」「記述する」「筆を走らせる」など、さまざまないい換えができるのだ。その言葉を省いても、正しく意味が通じるのであれば、省略してしまってもいいだろう。

前述の例なら「記事を書くために取材へ行った。取材後、メモの内容を整理し、原稿を仕上げた」のようにすることができるのだ。

語

語彙力を向上させるためには、類語辞典を使ったり、たくさんの文章に触れたりすることが、近道である。日常的に原稿を作成することでも自然と身についてくる。

文章を書いたら、読み返して同じフレーズを繰り返し使っていないか確認し、他の言葉でいい換える、うまく省略するなど工夫してみよう。

## 同じフレーズの連続使用は避ける>>>

**[×例]**

「九十九髪茄子」は、足利義満が所有した茶入だ。その後、戦国武将・松永久秀らの手に渡った茶入でもある。この茶入は天下三茄子のひとつにも数えられ、その中でも最高の評価を得ている。現在、東京の静嘉堂文庫美術館に保存されている貴重な茶入だ。

**[○例]**

「九十九髪茄子」は、足利義満が所有した茶入だ。その後、戦国武将・松永久秀らの手に渡った。この名物は天下三茄子のひとつにも数えられ、その中でも最高の評価を得ている。現在、東京の静嘉堂文庫美術館に保存されている貴重な一品だ。

**読み手の印象も考えて書く**

[×例]では「茶入」が4回にわたって繰り返し使われ、しつこく読みにくくなっている。

[○例]では、これらを省いたり、別の言葉にいい換えたりすることで、くどい印象をなくした。[×例]でも意味は正しく伝わるが、原稿は読みやすさも意識して書かねばならない。

04

# 43 二重表現に気をつける

二重表現とは、「頭痛が痛い」や「約30人ほど」のような同じ意味の語を重ねた表現のことである。「頭痛が痛い」は「頭が痛い」または「頭痛がする」、「約30人ほど」は「約30人」か「30人ほど」が正しい。

このような基本的な二重表現は気をつけていれば防げるが、言葉の意味を正しく理解していないと気づけないことがある。例えば「元旦の朝」や「春一番の風」などだ。「元旦」とは元日の朝のことなので、「朝」は不要である。「春一番」とは立春後はじめて吹く南風のことなので「風」が重複している。

また、外来語も二重表現を使いがちな言葉だ。例えば「クリスマス・イヴの夜」という表現をよく目にするが、「クリスマス・イヴ」は「クリスマスの前夜」という意味なので「夜」は要らない。

二重表現には「過半数を超える」「○○感を感じる」など、慣例上容認されているものもあり、特に話し言葉においては時代とともに容認されつつある。しかし、いまだ二重表現を気にする人も多く存在する。原稿の信頼性を高めるためにも、書籍や雑誌に載る原稿では、二重表現は避けた方がいいだろう。

## 使いがちな二重表現の例>>>

- 一番最初
- 一番最後
- まず最初に
- 車に乗車
- 必ず必要
- 価格を値上げ
- 連続して続く
- あらかじめ予約
- はっきり断言
- 引き続き継続
- 加工を加える
- 返信を返す
- あとで後悔
- 余分な贅肉
- 色が変色
- 日本に来日
- 雪辱を晴らす
- 捺印を押す
- 元旦の朝
- 披露宴のパーティ
- 製造メーカー
- 列強諸国

**言葉の意味を理解しておく**

二重表現を防ぐには、使いがちな二重表現をしっかりと覚えておくことも重要だ。意味をあいまいに認識している言葉を使うときは辞書で確認することも忘れずに。

04

44

# 単調な文章にならないために語尾に変化をつける

文章を書き慣れていない人に、よくあるのが「〜です。〜です。〜です。」や「〜である。〜である。〜である。」という同じ語尾が連続している表現だ。このように同じ語尾が連続して続くと一本調子で読み応えのない文章になってしまう。

読み手につまらない原稿だと思わせないためにも、語尾を変化させてリズムのよい文章にしなければならない。

例えば「私はタクシーの運転手です。勤務歴は5年です。仕事でのやりがいはお客様の笑顔です。将来の目標は個人タクシーの開業です」という同じ語尾が続いている文章があるとする。

これを修正するなら「私は勤務歴5年のタクシー運転手です。仕事でのやりがいはお客様の笑顔。将来は個人タクシーの開業を目指しています」としてみてはどうだろうか？

2文をひとつにまとめる、体言止めを使う、言い回しを変える、などすることで文章にリズムをつけることができる。

あえて同一の語尾を続ける手法も例外としてあるが、それはプロの作家が計算の上でおこなっているからこその技術である。まずは語尾に変化をつけ、時折読み返しながらリズムを確認して書いてみよう。

## 語尾にバリエーションを持たせる>>>

【×例】

サッカーにおいて背番号10番はエースナンバーである。10番が特別な存在になったのは1958年のW杯スウェーデン大会からである。この大会で活躍した17歳のブラジル人選手が偶然10番を背負っていたのである。その選手こそ、のちに〝サッカーの王様〟と呼ばれるペレである。

【○例】

サッカーにおいて背番号10番はエースナンバーといわれている。10番が特別な存在になったのは1958年のW杯スウェーデン大会からだ。この大会で活躍した17歳のブラジル人選手が偶然、背負っていたのが10番。その選手こそ、のちに〝サッカーの王様〟と呼ばれるペレである。

**語尾で文章にリズムが生まれる**

[×例]は語尾に「～である」を繰り返しているため、単調でくどい印象になっている。[○例]では語尾をいい換えたり、体言止めを用いたりすることで、リズムよく読めるようになった。

04

# 45 難しい原稿は誰にも読まれない

原稿を読んでいるときに、知らない単語や読めない漢字が出てくると、途端に難解に感じてしまうものだ。そこで読むのをやめてしまうことだってあり得るだろう。

まずは「自分の常識は世間の常識であるとは限らない」と認識しておくことが大切だ。難しい言葉はわかりやすく噛み砕いて説明する、どうしても難読漢字を使わなければならない場合はルビを振るなど、読者の目線に立った原稿にするよう心がけよう。

また、専門用語を使う際には、その意味が媒体の読者層に広く通じるかを考える必要がある。幅広い層が目にする一般誌では極力使わないようにするべきだろう。どうしても専門用語を使う場合は初出時に説明を入れるようにする。

難しい言葉がなく、どんな読者でもスラスラと読める原稿が、よい原稿の第一条件なのだ。

**難解な言葉や専門用語は読者層を考えて使う**

▼わかりやすい言葉にいい換える。専門用語は読者層を考えて使う。一般的でない専門用語を使うときは、初出時に説明を入れる。

**難読漢字を使わない**

▼いい換えや、ひらがなで表示する。どうしても漢字にする場合はルビを振る。

## 専門用語を使うときの例>>>

**[×例]**

ＯＥＣＤが、16～65歳を対象に実施した「ＰＩＡＡＣ」の結果を公表した。参加した24の国と地域のうち、日本は「読解力」と「数的思考力」の平均得点がトップだった。

**[○例]**

ＯＥＣＤ（経済協力開発機構）が、16～65歳を対象に実施した、大人が社会生活を送る上で必要な能力や学力を測定する「ＰＩＡＡＣ（国際成人力調査）」の結果を公表した。参加した24の国と地域のうち、日本は「読解力」と「数的思考力」の平均得点がトップだった。

**読者に伝わるかが重要**

[×例]は、読者が「ＯＥＣＤ」と「ＰＩＡＡＣ」の意味を理解していると決めつけた文章になっている。これらの意味を知らない読者には、[○例]のように意味を説明する文章を入れる必要がある。読者が意味を知っているのであれば、[×例]の文章でもＯＫだし、[○例]でも説明が足りない文章なら、ダメということになる。

## 難読原稿の例>>>

【×例】
この論文はサーテーションの出処が不明な箇所が多い。

【○例】
この論文は情報の引用元が不明な箇所が多い。

【×例】
畢竟するに、ダヴィンチの業績は絵画だけで語れるものではないということだ。

【○例】
つまり、ダヴィンチの業績は絵画だけで語れるものではないということだ。

【×例】
私の家は3代続く山葵農家です。／三重県にある英虞湾はリアス式海岸として有名である。

【○例】
私の家は3代続くわさび農家です。／三重県にある英虞《あご》湾はリアス式海岸として有名である。

【×例】
陛下は皇子室に玉歩を運ばせられ、皇太子殿下との初の御対顔あり。

【○例】
陛下は皇子室をお訪ねになり、皇太子殿下とはじめてご対面された。

**難しい言葉は避ける**

「サーテーション」「畢竟」など堅苦しく難しい言葉は、同じ意味のわかりやすい言葉にいい換えるべきだ。山葵は読みが難しく一般的でないため、ひらがなに。英虞は難読地名であるため、ふりがなを振った。読者が理解していることを何度も説明する必要はないが、同じ内容を簡単な言葉で説明できるなら、その方がよい。読者目線に立った文章を心がけよう。

# 05 原稿整理と校正・校閲

05

# 46 原稿整理の基本

依頼していたライターあるいは著者から原稿が編集者の手元に届く。残念ながら、原稿が上がってきてなんの問題もなくそのまま使えるというケースは少ない。編集者がチェックすべきポイントがいくつもあるのだ。まずはプロデューサー、ディレクターの視点で、原稿が読者に届く内容となっているかを判断しなければならない。「むずかしいことがやさしく、やさしいことが深く、深いことが面白く」が実現されているかのチェックである。続いて誤字、脱字、事実関係や人名、数字データなどのチェック。いわゆる校正・校閲の作業である。本の信頼性を著しく損ねることにもなりかねないので、丹念にチェックをおこなうことが編集者の責務だ。さらには、不快語や差別語など、名誉毀損や著作権などにかかわる法規上の問題の有無も点検する必要がある。編集者と執筆者の間で、何度も書かれている内容について踏み込んで改良していく作業が続くことになる。こうして仕上がってきた原稿に章タイトル、大見出し、小見出しなどをつけ、デザイナーに渡すということになるのだが、編集者にはもうひとつ大事な仕事が残されている。

「表記の統一」という仕事である。一般の人にとっては馴染みのない仕事かもしれないが、編集者にとっては、もっとも編集者らしい仕事

## 原稿整理の流れ>>>

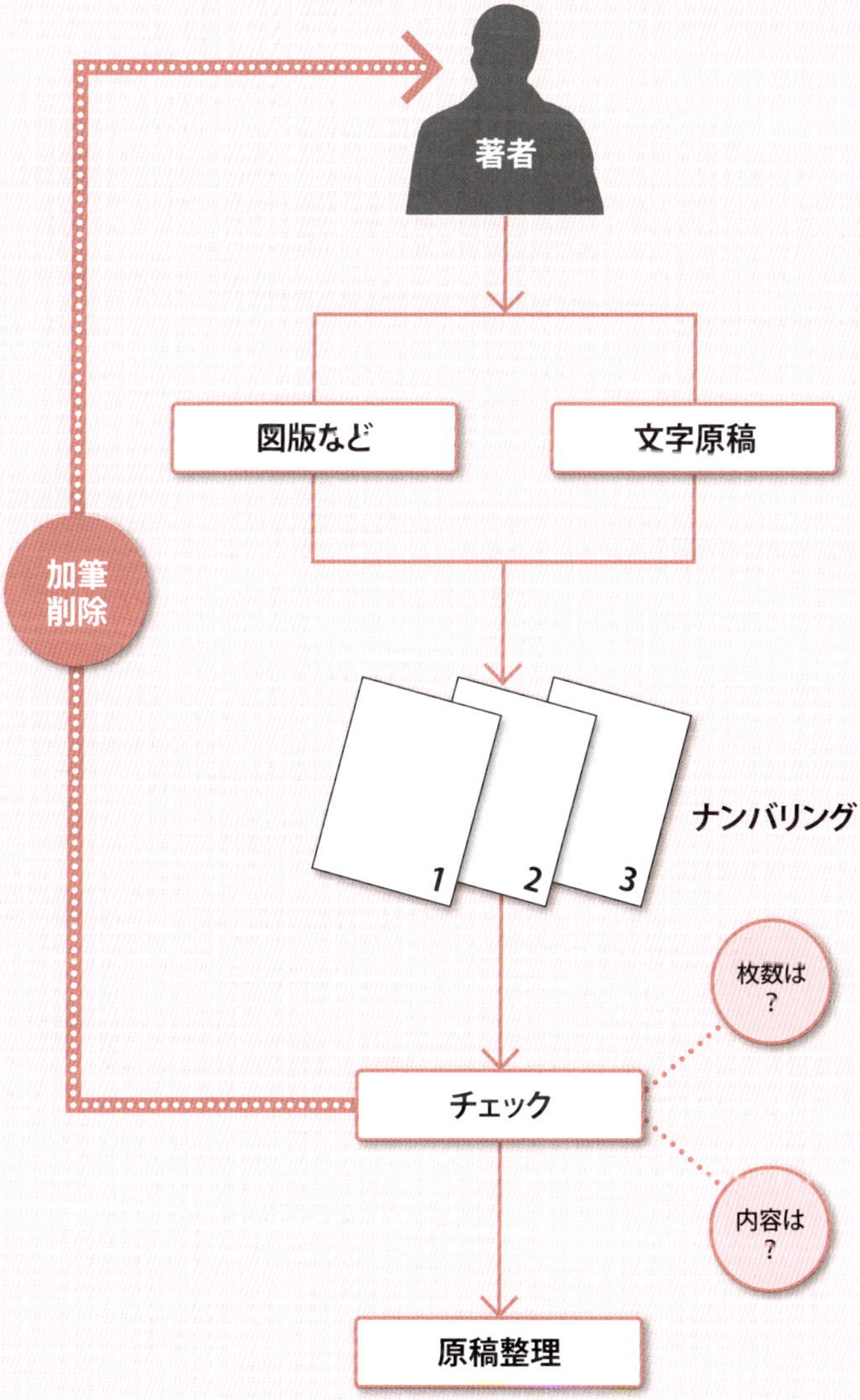

のひとつかもしれない。

ひとつの書籍、ひとつの雑誌（あるいはひとつの記事）の中では、文体、漢字の使い方、送り仮名、数字の使い方、外来語の表記などを統一するというのが、編集の基本である。

例えば、あなたなら「ひとり」をどう表記するだろうか。ほとんどの人が「一人」「ひとり」と書く。「ふたり」も「二人」「ふたり」と書く人が多い。では「さんにん」「よにん」はどうだろう。一人、二人と書いた直後なら三人、四人と書くだろう。しかし、そうでなければ「三人」「四人」派と「3人」「4人」派に分かれるはずだ。「もちろん三人、四人と書きますよ」という人も「じゅうごにん」を迷うことなく「十五人」と書くだろうか。

「ひゃくじゅうににん」になると、「112人」が多数派になる。「百十二人」「一一二人」は少数派になるはずだ。もしかしたら「112人」と表記する人がいるかもしれない。

いずれも間違いではない。ただ、文章の前半では「四人」と書かれていたのに、後半では「4人」と書かれていたら読者はどう思うだろう。読者はひとつの文章の中に登場する「四人」と「4人」にどのような意味の違いがあるのか悩むことになる。

文学作品などにおいて、著者がそれを意図してやるなら許されることがあるかもしれないが、その意図が理解できないならば編集者は「これって変ですよね」と著者に対して疑問を投げかけるべきなのだ。

ちなみに雷鳥社では、出版社として「表記の統一」を定めたルールはない。編集者一人ひとりが、それぞれ担当した書籍ごとにルールを決めていいことになっている。ただし、複数の編集者がかかわる雑誌編集の場合には、ひとつの

**表記の統一**

表記の統一について、あまり厳密にする必要はない、という立場の人たちもいる。あるときは「ふたり」またあるときは「二人」「2人」、あるときは「行う」またあるときは「おこなう」でいいじゃないか、という考え方である。その場の雰囲気、気分、流れを大切にすればいいという方針だ。正直、本書でも厳密には表記の統一をおこなえていない。ただ同じ本の中で「行なう」と「行う」が混在するのは避けたいところだ。

雑誌に対してひとつのルールが定められる。他の出版社でも同様のルールのところが多いはずだ。新聞社では、ひとつの新聞を多くのスタッフでつくるので、表記統一のルールがこと細かに決められている。

この表記の統一のルールを1冊の本にまとめたものが、用字用語集である。そもそも、普通に文章を書くのであれば、国語辞典があればいいはずだ。ところが、雷鳥社の書棚に並んでいる用字用語集だけでも以下の8種がある。『朝日新聞の用語の手引』『読売新聞用字用語の手引』『毎日新聞用語集』『最新用字用語ブック』(時事通信社)、『記者ハンドブック／新聞用字用語集』(共同通信社)、『日本語の正しい表記と用語の辞典』(講談社)、『岩波現代用字辞典』『NHK新用字用語辞典』。用字用語について、もっとも敏感な大手メディアの見解は書籍・雑誌づくりにも大いに参考になる。最低限1冊は手元に置いておきたい。もちろん、複数揃えておくことができれば、なおさらいい。これが読み比べれば読み比べるほどに面白いのだ。意見が一致している部分が大半だが、細部には各社の違いが微妙にあらわれる。それほど、表記の統一というのは奥深く難しい問題なのである。

　編集者であるなら、それぞれの本づくりの現場で表記統一のルールを持たなければならない。以下、各社の用字用語集を参考にしながら、漢字の使い方、送りがな、数字の使い方、外来語の表記など、表記統一に関する基本的な考え方を探ってみる。

05

47

# 「である」調か「です、ます」調か

**文**章を書くときには、文体を揃える必要がある。基本的には「である」調（常体）か、「です、ます」調（敬体）かを選ぶことになる。媒体によって決まっているケースも多いので、掲載される媒体がどのような文体で書かれているかは、事前に確認しておくべきだろう。

「である」調の文章は、物事を簡潔に伝えられ、引き締まった印象になる。しかし、断定調になるため、読み手に堅苦しく受け取られる可能性もある。

「です、ます」調の文章は、柔らかく、丁寧な印象になる。しかし、語尾に変化をつけづらくなってしまうため、文章が一本調子にならないよう注意しなければならない。

**プ**ロの書き手の中には、意図的に、両者を混在させる場合もある。しかし、一般的にはどちらかに統一するようにした方がよいだろう。

どちらの文体を使うかは、「誰にどんな文章を読ませるか」で使い分ければよい。いずれにしてもよい文章にするためには、「である」調では、堅苦しく感じさせない、「です、ます」調でも、一本調子にならない、など工夫をしていくことが大切だ。

## 「である」調「です、ます」調のメリット、デメリット>>>

**「である」調のメリット**

- 簡潔な文章になる
- 断定的で引き締まった印象
- 語尾に変化をつけやすい
- 文章にリズムをつけやすい
- メッセージ性のある文章に適している
- 批評、評論に適している

**「である」調のデメリット**

- 堅苦しく受け取られる可能性がある
- 偉そうな印象を与える可能性がある
- 読者との間に感情的な壁をつくる可能性がある

**「です、ます」調のメリット**

- 柔らかく、丁寧で謙虚な印象
- 意見、主張をぼかすことができる
- 不特定多数に向けた文章に適している
- 顧客向けの文章に適している
- 子ども向けの文章に適している

**「です、ます」調のデメリット**

- 軽い印象に受け取られる可能性がある
- 語尾に変化をつけづらい

---

**[×例]**

1492年、コロンブスは3隻の船を率い、パロス港を出港した。2か月後、ついに新大陸を発見します。だが、そこはインドではなかった。

**「である」調に統一**

1492年、コロンブスは3隻の船を率い、パロス港を出港した。2か月後、ついに新大陸を発見する。だが、そこはインドではなかった。

**「です、ます」調に統一**

1492年、コロンブスは3隻の船を率い、パロス港を出港しました。2か月後、ついに新大陸を発見します。だが、そこはインドではありませんでした。

05

# 48 漢字はひらく？ 開かない？

漢字をひらがなにすることを「ひらく」という。編集作業の中で、「ひらく」か「開かない」かは、悩むべき大きな問題である。

新聞社には漢字使用に関するいくつもの制約がある。例えば朝日新聞では常用漢字から必要がないと思われる66字（畝、膝、又など）を除き、必要だと思われる18字（磯、笠、栗など）を加えた2088字のみ使用可能というルールがある。使用可能漢字の中に「拉致」の「拉」がなかった時代には「ら致調査、日朝が合意」という大見出しが新聞の一面を飾っていた。これには多くの人が違和感を覚えたのだろう。2010年の常用漢字内閣告示の際に「拉」の字は常用漢字に加えられた。

漢字は現在、混乱期を迎えている。パソコンの使用が一般的になった結果、どんな難しい漢字でも簡単に打ち出せるようになったためだ。先の改定で常用漢字の数は1945字から2136字に増えたが、これも「書けなくても打てればよい」という考えに基づくものだ。

また、字体についても、従来は当用漢字を引き継いで新字体で統一されていたが、追加された常用漢字の大半は旧字体のままとされたので、同じ「しんにゅう」でも従来の漢字は一点しんにゅう、追加漢字の「遡」「遜」「謎」は二点しんにゅう、食へんでは従来の「飢」「飾」などに対して追加漢字は「餌」「餅」となるなどの不統一を抱え込んだ。

**新**聞・通信・放送各社が加盟する日本新聞協会には各社の用語担当者による新聞用語懇談会という協議機関があるが、そこでは追加された常用漢字には難読なものが多く、そのまま使用すれば読みにくい文章になってしまうと判断。例えば「挨拶」には造語力がなく、ひらがなで「あいさつ」と書いても紛れがないとして、この2漢字は原則として使用せず、引用などでやむなく使用する場合にはルビを振る。また「鬱」もそのままでは使わず「うつ病」「抑鬱《うつ》状態」などひらがな書きとルビつきに書き分ける。「籠城」は使うが「引き籠もり」とはせず、従来通り「引きこもり」と書く、などの対応を申し合わせている。

出版社には漢字使用に関する制約はないが、新聞社の考え方は参考になるだろう。

どういう単語や副詞、形容詞を漢字で表現するのかによって、文章から伝わる雰囲気は変化するので、漢字とひらがなのバランスにも注意し、出版物の内容と照らし合わせて、じっくりと吟味したい。

**[例]**

A　人は子供を、最も大切にする生き物だ。

B　ひとはこどもを、もっとも大切にするいきものだ。

Bの方が目にも心にも優しい雰囲気になる。半面、論理的な印象が薄れる。

出版社では副詞、形容詞、接続詞などはひらがな使用を原則にしているところが多い。「従って」「続いて」「即ち」「所謂」「全く」「更に」「何時も」「元々」「所で」「或いは」「為に」「沢山の」「に就いて」「迄」「位」ではなく、「したがって」「つづいて」「すなわち」「いわゆる」「まったく」「さらに」「いつも」「もともと」「ところで」「あるいは」「ために」「たくさんの」「について」「まで」「くらい」と表記するのだ。

　また、漢字本来の意味が薄れた言葉にまで漢字を使うと、非常に読みにくくなるので、ひらがなに適宜置き換えるというのが現在の漢字使用ルールの主流である。

**【例】**

A　話して見たら、良くある問題だったと言う事だ。

B　話してみたら、よくある問題だったということだ。

**【例】**

「話し掛ける」→「話しかける」

「元気付ける」→「元気づける」

「成り切る」→「なりきる」など。

**漢**字含有率が高い原稿のことを「黒い」と呼ぶ。黒い原稿は読者に好まれない傾向にある。「挨拶」ではなく「あいさつ」、「頂く」ではなく「いただく」と書く方が、読者からの好感度が高まる可能性が高いのである。ただし、「杜撰」を必ず「ずさん」としなければならないというわけではない。漢字のままの方が理解しやすく、漢字とひらがなのバランスが悪くなければそのままでもいい。要は同じ文章の中で「杜撰」と「ずさん」が混在しなければいいのだ。

　ただ、ほとんどの出版社では「黒い」原稿にならないよう、漢字はなるべく「ひらく」という方向で努力をしているようだ。講談社の用字用語辞典の冒頭には原稿整理の文例が掲載されているが、漢字含有率を下げることが作業の重要ポイントとなっている。

**新**聞社で刊行している用字用語集は新聞用語懇談会での協議を踏まえてつくられているため、漢字表記の基準やかな遣い、送りがなのつけ方、間違えやすい語句、差別語・不快語、外来語の書き方、外国地名・人名の書き方などについての基準は、ほぼ同一内容となっている。とはいえ、言葉は生き物であるので、報道機関の判断が分かれることもある。

例えば、鳩山由紀夫首相（当時）に民主党の小沢一郎幹事長が裁判に専念するため辞任を申し出た際、首相が発した「存分にたたかってください」という言葉は各紙とも1面トップの大見出しになったが、ほとんどの社が「戦ってください」と書いたのに、読売は「闘ってください」と書き、校閲部長が編集局長に呼び出され「うちだけ違うが大丈夫か」とただされたという。本来なら、武器を使うわけでもないから「闘う」が正しいと思われるが、バトルゲームの隆盛のせいか、労働運動の沈滞のためか、「闘う」が使われる機会は目立って減っている。

また、「あらためて検討する」などの場合の「あらためて」について、共同通信の「記者ハンドブック」では副詞であることを理由にひらがな書きと規定している（他社はすべて「改めて」）。共同と時事の両通信社の記事を使用している地方紙からは毎年のように、両通信社に対し、統一するように要請がある。だが時事は共同が「果たして」「重ねて」「追って」などの副詞は漢字書きとしていることをあげ、「日を改めて協議する（動詞）」と「改めて協議する（副詞）」を書き分ける必要が「果たしてあるのか」と拒否している。

05

# 49 かな遣いについて

**原**則としてかな遣いは現代かな遣いによるが、歴史的かな遣い（旧かな）を使用してもよい場合もある、というのが多くの出版社・新聞社のルールである。

つまり基本的には発音通り表記するということだ。ただし「ゐ」「ゑ」は使用しない。助詞の「を」「は」「へ」はそのまま使用する。

「居る」は「ゐる」ではなく「いる」、「植える」は「うゑる」ではなく「うえる」、「踊り」は「をどり」ではなく「おどり」とする。「魚お買った」「今日わ雨」「港え行く」ではなく「魚を買った」「今日は雨」「港へ行く」と書く。

オ列の長音は「う」で表す。発音通り表記すると「おとーさん」「にゅーがく」だが表記は「おとうさん」「にゅうがく」とする。

**「ぢ」**「づ」は原則「じ」「ず」と書く。ただし、2語の連合で濁る場合と同音の連呼の場合は「ぢ」「づ」を使用する。「鼻血」は「はなぢ」、「三日月」は「みかづき」、「縮む」は「ちぢむ」、「綴る」は「つづる」である。ただし、「世界中」を「せかいじゅう」、「稲妻」を「いなずま」と表記するのは2語の連合ではなく1語になりきっているからという理由だ。「人妻」は2語の連合だから「ひとづま」である。また「服地」は「ふくじ」となる。「地」が濁ったとは考えないのである。

**歴** 史的かな遣いが許されるのは、詩歌・俳句の場合、原文または原表記の引用を必要とする場合、曲名・書名など固有名詞などである。いくつか例をあげておこう。

【例】
荒海や佐渡に横たふ天の河
いにしへの奈良の都の八重桜けふ九重ににほひぬるかな

【例】
「シクラメンのかほり」「季刊みづゑ」
※「かおり」の旧仮名は正しくは「かをり」である。

### 間違えやすいかな遣い>>>

それはそれは
では
とはいえ（とは言え）
ねがわくは（願わくは）
いまわのきわ（今際の際）
くるわくるわ（来るわ来るわ）
でるわでるわ（出るわ出るわ）
こぢんまり
そこぢから（底力）
ちかぢか（近々）
ちぢまる（縮まる）
てぢか（手近）
かたづく（片付く）
かなづち（金槌）
かんづめ（缶詰）
こづかい（小遣い）
いえじゅう（家中）

いちじく（無花果）
いちじるしい（著しい）
れんじゅう（連中）
あいず（合図）
うでずく（腕ずく）
おとずれる（訪れる）
くろずくめ（黒ずくめ）
いきどおる（憤る）
おおせ（仰せ）
こおり（氷）
とおい（遠い）
とおる（通る）
おうぎ（扇）
こうむる（被る）
ほうむる（葬る）
ほうる（放る）
ろうそく（蝋燭）

05

50

# 送りがなのつけ方

送りがなの表記の統一もなかなかに難しい。新聞社および多くの出版社は内閣告示の「送りがなの付け方」を基準としている。ただこの基準、「本則」「例外」のほかに「許容」という項目があり、漢字やかな遣いほど目立たないとはいえ、校正する編集者を悩ませる。だが、避けては通れない問題といえよう。送りがなは読みやすくするためのものなので、原稿を生かしながらそれぞれの言葉について柔軟に統一を図るべきである。

まず基本中の基本ルールは「活用のある語」については「活用語尾を送る」である。「荒らい」ではなく「荒い」、「表わす」ではなく「表す」となる。

誤読・難読のおそれがあるものは、前の音節から送る。「危い」ではなく「危うい」、「和ぐ」ではなく「和らぐ」とする。

語幹が「し」で終わる形容詞は「し」から送る。「悔やしい」ではなく「悔しい」、「珍らしい」ではなく「珍しい」である。

その他、送りがなのつけ方については多々ルールが存在するが、パソコンでの文章作成が一般的となった今、送りがなをつけ間違える人はいない、といっていいだろう。その他のルールに関しては用字用語集で確認できるの

**送りがなの役割**

ひとつの語を漢字で書く場合、その漢字の読みを明らかにするために、漢字に添える〝仮名〟が送りがなだ。古くはあまり送らないのが普通だったが、口語文が普及するにつれて、多く送られるようになった。そのため統一が必要となり、送りがな法がつくられるようになった。

で、省略することにする。

表記の統一という編集作業の中で迷うのは、どちらも正しい、さてどちらを選ぶかという場合である。2種以上の送りがなが「許容」されているものをいくつかあげてみよう。

**【例】**

表す（表わす）／行う（行なう）／断る（断わる）／浮かぶ（浮ぶ）／押さえる（押える）／曇り（曇）／当たり（当り）／焼き肉店（焼肉店）／受け付け（受付）

※いずれも前の語が本則、後ろが許容である。

「あらわす」は「表す」でも「表わす」でもいいということだ。「おこなう」も「行う」が基本だが「行なう」でもいい。実際「行なう」という表記を好む人は多い。

もっとやっかいなのは、単独の語がいくつか組み合わされてできている複合語である。

あなたは「もうしこみうけつけきかん」をどう表記するだろうか。「申し込み受け付け期間」それとも「申込み受付け期間」「申込受付期間」。その他、送りがなのつけ方による組み合わせはいくつも可能だ。新聞社では「申し込み受付期間」と表記する。これは複合語が二つ以上重なる場合は、原則として最初の複合語に送りがなをつけるというルールがあるからだ。

複合語が重ならなければ「申込期間」となる。動作・方法に結びつく場合は送りがなをつけるというルールもある。この場合「申し込み開始」「申し込み方法」となる。

**い**ずれにしても、もともと送りがなは読者にとって読みやすい文章になるようにつけるもの。編集者はあまり機械的な運用、四角四面の運用にならないように留意したい。

05

# 51 数字表記の統一

本章の冒頭に、表記統一の難しさの例として数字の表記について述べたのは、これがもっとも困難なテーマだからである。以前は、タテ書き文では漢数字が使用されてきたが、近年では出版社だけでなく新聞各社でも洋数字（算用数字、アラビア数字とも呼ばれる）を使用する例が増えてきている。

新聞の見出しで「福島第一原発」（朝日・読売）と「福島第1原発」（毎日・日経・共同・時事）という違いが気になる人も多いだろう。「一番」もあれば「1番」もあり、「一票の格差」もあれば「1票の格差」もある。

記事に占める数字データの比重が増大する中で、新聞各社は相次いで洋数字の使用に踏み切った（中日・東京新聞のみ未実施）。洋数字の使用には、記事中の数字データを一目で読み取れるというメリットが大きい。本来、横書き文字である洋数字を縦書きの文章で使うことにより、数字がハレーションを起こして突出し、「読みにくいから読み取りやすくなる」わけだ。十、百、千の単位語を省けるため、数字の大きさによって長さがほぼ揃い、数字同士を比較しやすいし、全体として行数が短縮できる。その一方で、デメリットは洋数字にするか漢数字のままとするかの判断に迷う広範なグレーゾーンが存在することである。

**数字表記**
数字表記は、見やすさ・読みやすさを念頭に整理する。箇条書き・見出し・図・注番号などでは連番にすることが多いので、乱れがないかもチェックする。

洋数字化は新聞用語懇談会で一度も議論されたことがなく、各社がばらばらに実施した結果、不統一が一番目立つ分野となっている。

おおまかな基準としては、成句、慣用句、熟語、事物の名前など「他の数字に置き換えられないものは漢数字」（「娘一人に婿八人」「一人芝居」「白髪三千丈」「羽生三冠」「二十四の瞳」など）、「数えた結果は洋数字」（野球記事では「七回に逆転された」「7回を無失点におさえた」と書く）とされている。それでも迷ったときにはどうするか。「迷ったときには漢数字」と慎重姿勢を取る社のある一方で、「迷ったときには洋数字」と積極策を掲げる社があるのも面白い。

リーマン・ショックの際には「100年に1度の金融恐慌」「100年に一度」「百年に1度」「百年に一度」の四つの表記が入り乱れた。「100年」を比喩表現と受け取るか、数字データと見なすか、「1度」を「他の数字に置き換えられない」と考えるか、頻度を表すきわめて数学的概念と考えるかの違いによる。

しかし、なにごとも慣れが解決するもので、洋数字化が浸透した現在では、「100年に1度」が一般的な表記になりつつある。

ただ、幸いなことに、これだけ数字の表記が違っても、読者から苦情が寄せられた新聞社はひとつもないという。ある大手新聞社は「数字表記はいい加減をもって旨とする」としているぐらいだ。

書籍で洋数字を使用する場合、日時や金額、数量など、どの範囲で使用するかをまず明確にする。過度に神経質にならずに、自分が選んだ感覚と方針で一冊の本の中での統一を心がけることが大切だ。

洋数字を使う場合でも、次のような注意が必要だ。

単位語の十、百、千は使わない（万、億、兆はつける）。ただし、千については朝日・共同は「きりのいい場合は使ってよい」としているため、「3000メートル級の山並み」（読売など）と「3千メートル級の山並み」（朝日・共同）と表記が分かれる。

「一つ」「二つ」……「九つ」は報道各社とも、洋数字を使わないことを原則としている。和語という理屈づけだが、これで書き分けの苦労がかなり減る。もちろん、「ひとつ」「ふたつ」……とひらいてもよい。

「十数人」「数十人」など曖昧な数を表す場合には、洋数字を使用しない（「10数人」「数10人」とはしない）。これは「十」は数と位取りの両方を示すが、「10」は位取りを示すのには使えないためだ。「10人程度」「10人有余」「約10人」は洋数字で書ける。

「ひとり暮らし」は「1人暮らし」「一人暮らし」「独り暮らし」の三つの表記ができる。人数に注目すれば洋数字（1人暮らし世帯）、特別な意味を持たせれば漢数字（快適な一人暮らし）、孤独感を強調する場合は「独」（老人の独り暮らし）などとなる。

**連**続する数を示す場合、誤読を避けるため一桁の数字については「2、3億円」とはせず、漢数字で「二、三億円」とすることが多い（「、」を小数点の「・」として、2・3億円と読まれないため）。洋数字を使いたければ、幅を示す「〜」を使い「2〜3億円」と書く。

**年号の表記**

西暦と和暦をカッコに入れて表記する方法もよく使われる。この場合も、方式を決めて整理する。

二〇一二（平成二四）年
二〇一二年（平成二四）
二〇一二年（平成二四年）
二〇一二（平成二十四）年
二〇一二年（平成二十四）
二〇一二年（平成二十四年）

**「ひとつ」と「ひとり」**

本書では「ひとつ」は「ひとつ」とした。ただし、「ふたつ」以下は「二つ」、「三つ」、「四つ」としている。「ひとり」は人数に重きが置かれている場合は「1人」、その他は「一人」とした。

05

# 52 外来語の表記

外来語の表記の統一も難しい。外来の人名、地名などにはこれが正解というものがないからだ。「ロサンゼルス」でも「ロサンジェルス」でも、「ベネチア」でも「ヴェネチア」でも間違いではない。ただし、新聞社では「ロサンゼルス」「ベネチア」と表記する。出版社では逆に「ロサンジェルス」「ヴェネチア」と表記するところが多いはずだ。有名サッカー選手の名前だって、いくつかの表記が混在している。「クリスティアーノ」と「クリスチャーノ」、「シャビ」と「チャビ」、「ジダン」と「ジダヌ」はどちらが正しいのか。これにも正解はない。

新聞社での外来語の表記は、内閣告示された「外来語の表記」を基準にして書く。ただし、日本人が英語の発音に慣れ、パソコンでの表記が普及した結果、ウ濁点（ヴァ、ヴィ、ヴ、ヴェ、ヴォ）は使わない、「ウィ、ウエ、ウォ」「クイ、クエ、クォ」など小さな「ィ、ェ、ォ」は使わない、二重母音の「エイ」は「エー」、「オウ」は「オー」と長音で書くなどの基準は、次第に崩れつつある。

新聞用語懇談会でも、小さな「ィ、ェ、ォ」について「クォーク」「ウェブ」「アウェー」は使用するという例外を許容した。

二重母音の表記についても従来の「メード」を「メイド」、「レーンコート」を「レインコート」

とするなど、約4割のケースで原音表記を認めている。ただし、ウ濁点の使用をめぐっては次第に差異が拡大しつつある。これまで各社はウ濁点の不使用を申し合わせる一方、「ルイ・ヴィトン」などのブランド名や音楽・芸能関係の記事では部分的に使用を認めてきた。背景にはこれらの分野で原音表記が一般的になってきたことがある。朝日新聞は最近、新聞用語懇談会でウ濁点の全面解禁を提案、他社は総じて消極的だが、単独実施に踏み切る構えでいる。

また、外国人名の表記は、新しい人物が登場すると乱れることがある。国連事務総長の潘基文氏の読みは、各社とも原音主義で「パン・ギムン」だが、共同通信だけは「バン・キムン」としており、新聞用語懇談会で統一を求められても応じていない。共同の場合、外国人名の表記は外信部の発言権が強く、英語表記を根拠にしているためと思われる。ちなみに中国人名、韓国・朝鮮人名は漢字で表記する。芸能人などでカタカナ表記が浸透している場合はカタカナ表記でもよい。イ・ビョンホン、チャン・グンソクなど。中国人名は日本語の音読みをひらがなで書く。胡錦濤（こきんとう）、毛沢東（もうたくとう）とする。韓国・朝鮮人名は現地音をカタカナで書く。金日成（キム・イルソン）、朴槿恵（パク・クネ）とする。

外来語表記の慣例が大幅に変動する中で、次のような点にも注意しよう。

従来H音で表記されたF音は、原音表記が増えてきている。例えば「ユニホーム」は原音通りの「ユニフォーム」と表記する人の方が多いはずだ。

「テレホン」「マイクロホン」「サイホン」「プラットホーム」などでも表記は揺れている。

どちらでもよいが、必要な場合は著者と表記について確認しよう。

フランス語起源の「コンシェルジュ」はネット上では「コンシェルジェ」と表記する人の方が多い。「ソムリエ」「パティシエ」「エトランジェ」などに引きずられたとみられるが、明確な誤用である。ネットの傾向に単純に従えばよいというものでもない。

また、耳になじまない専門的な外来語は避け、日本語に置き換えるか注釈をつける。

**【例】**

フレームワークを考え直そう→枠組みを考え直そう

サステナブルであることが必要だ→持続可能であることが必要だ

ステークホルダーの不在→ステークホルダー（※注：企業の利害関係者のこと）の不在

## ローマ字のつづり方>>>

［第1表］

| a | i | u | e | o | | | |
|---|---|---|---|---|---|---|---|
| ka | ki | ku | ke | ko | kya | kyu | kyo |
| sa | si | su | se | so | sya | syu | syo |
| ta | ti | tu | te | to | tya | tyu | tyo |
| na | ni | nu | ne | no | nya | nyu | nyo |
| ha | hi | hu | he | ho | hya | hyu | hyo |
| ma | mi | mu | me | mo | mya | myu | myo |
| ya | (i) | yu | (e) | yo | | | |
| ra | ri | ru | re | ro | rya | ryu | ryo |
| wa | (i) | (u) | (e) | (o) | | | |
| ga | gi | gu | ge | go | gya | gyu | gyo |
| za | zi | zu | ze | zo | zya | zyu | zyo |
| da | (zi) | (zu) | de | do | (zya) | (zyu) | (zyo) |
| ba | bi | bu | be | bo | bya | byu | byo |
| pa | pi | pu | pe | po | pya | pyu | pyo |

［第2表］

| sha | shi | shu | sho | |
|---|---|---|---|---|
| | | tsu | | |
| cha | chi | chu | cho | |
| | | fu | | |
| ja | ji | ju | jo | |
| di | du | dya | dyu | dyo |
| kwa | | | | |
| gwa | | | | |
| | | | wo | |

（　）は重出を示す

05

53

# ルビについて

ルビをつけることを一般的に「ルビを振る」という。常用漢字・人名用漢字外の漢字や音訓を含む言葉、固有名詞や人名、地名、慣用句など読み間違うおそれのあるものには積極的にルビをつけよう。ルビには、漢字のすべてにつける総ルビ、一部の漢字につけるパラルビがあるが、そのどちらにするのかを決める。

パラルビの場合、対象読者・出版物の性格などを考慮してルビをつける語句を選定する。また、ルビを振ると決めた漢字にはすべてつけるのか、初出のみとするのかを決める。初出にも、①書籍全体を通じての初出、②章などブロックごとの初出、③見開きページごとの初出、などがある。また、ルビは語の最小単位につけることを原則とする。熟語のうちの一字だけ、または一部だけにつけるやり方は避けること。

**[例]**
斡旋《あっせん》　回向《えこう》　陽炎《かげろう》　西表島《いりおもてじま》　産土神《うぶすながみ》　黒白《こくびゃく》を争う　一文字《もんじ》　利根《とね》川　愛媛《えひめ》県
（数字や普通名詞などにはルビを省く場合がある）

本文がひらがなの場合はルビもひらがな、カタカナの場合はルビもカタカナを使用するのが原則。外国の翻訳語にルビを振る場合はカタカナを使用する。かな遣いも本文に従う。

05 >>> 54

# 単位記号の表記について

単位記号は、例えば「センチメートル」のようにカタカナ表記とするか、「cm」と単位記号にするか、方針を決める。通常、タテ書きの文章ではカタカナ、ヨコ書きの文章では記号を用いる。どちらにせよ一冊の中で統一させよう。センチメートルとせずセンチとすることもあるので不統一にならないよう注意。

単位記号は立体の欧字を使用し、途中で分割せず、ピリオドもつけない。単位記号の大部分は小文字だが、固有名詞に由来する名称を持つものは、一番目の文字だけは大文字にする。

【例】N（ニュートン、力の単位）、Pa（パスカル、圧力の単位）

## 単位記号の例>>>

| 国際単位系の7個の基本単位 | |
|---|---|
| m | メートル／長さ |
| kg | キログラム／質量 |
| s | 秒／時間 |
| A | アンペア／電流 |
| K | ケルビン／熱力学温度 |
| mol | モル／物質量 |
| cd | カンデラ／光度 |

| 組立単位の例 | |
|---|---|
| $m^2$ | 平方メートル／面積 |
| m/s | メートル毎秒／速さ |
| $m^{-1}$ | 毎メートル／波数 |
| $kg/m^3$ | キログラム毎立方メートル／密度 |
| $A/m^3$ | アンペア毎メートル／磁界の強さ |

| 固有の名前を持つ組立単位の例 | |
|---|---|
| rad | ラジアン／平面角 |
| sr | ステラジアン／立体角 |
| Hz | ヘルツ／周波数 |
| J | ジュール／仕事、エネルギー、熱量 |
| W | ワット／効率、仕事率、動力、電力 |
| C | クーロン／電荷、電気量 |
| V | ボルト／電圧、電位差、電位、起電力 |
| Ω | オーム／電気抵抗 |
| ℃ | セルシウス温度 |
| lx | ルクス／照度 |

05

# 55 差別語・不快語に配慮する

基本的人権を尊重し、さまざまな社会的差別の解消に努力することは報道機関に携わるものの使命であるとして、時事、共同両通信社の用字用語集には「差別語・不快語」の項目が設けられている。出版社の編集者にとっても大事な問題である。いくつか事例を見ておこう。

差別語・不快語を書き出していけば切りがない。出版社の編集者は通信社のガイドラインを守らないといけないわけではない。それぞれの編集者が自身の良心にしたがい、どのような基準で差別語・不快語を排除していくかを決めればいいのである。

各分野の専門用語はそれぞれの学会で決めた表記を基準にするというのもひとつの考え方だ。例えば日本精神科学会では「精神病院」を「精神科病院」、「分裂病」を「統合失調症」、「痴呆症」を「認知症」と改めるなどの見直しを逐次おこなっている。

**[例]**

表日本・裏日本▼太平洋側・日本海側
たこ部屋▼作業員宿舎
床屋▼理髪業
ジプシー▼ロマ・ロマ民族

05 ＞＞＞ 56

# 約物の使用方針を決める

文字・数字以外の各種記号活字のことを約物と呼ぶ。句読点、カッコ、圏点のことである。ひとつの書籍、ひとつの雑誌の中では、約物の使用ルールもひとつであるべきである。以下にその基本的な考え方を示す。

1　会話、語句の引用にはカギカッコ「」を使い、二重に引用する場合は「」の中に二重カギカッコ『』を用いる。以前は、書籍のタイトルは二重カギカッコ『』が使われたが、現在では通常のカギカッコを使うのが一般的（本書では書籍のタイトルに『』を使用した）。『』は「」内でしか使われなくなっている。

[例]
「私は『オオカミを再導入すべき』という意見には反対する」
私は「オオカミと森の教科書」に感動した。
「私の愛読書は『オオカミと森の教科書』です」と彼は明言した。

**圏点**
文字の強調をおこなう場合につける点のこと。﹅（ゴマ）﹆（白ゴマ）●（黒丸）○（白丸）などがある。
[例]
自分を信じ、
家族を愛し、
世界を守り、
生きていく。

2　語句の強調、比喩、造語などにはダブル引用符〝〟を使うが、多用は避けたい。

【例】
彼の学生時代のあだ名は〝夢追い人〟だった。

3　丸カッコ（）は、語句や文の前後に注記したり、説明を補ったり、読みを入れたりする場合などに用いる。

【例】
２０１４（平成26）年

4　山カッコ〈〉は主に丸カッコの中でさらにカッコが必要なときに用いるが、多用しない。

5　引用符、強調符は通常、以下の順序で使用する。
『〝　〟』
［（〈　〉）］

6　名詞（地名や人名）を並べる場合、読点「、」か中黒（中点）「・」かを決める。

【例】
鳥、蝶、花などのモチーフ▼
鳥・蝶・花などのモチーフ

7　繰り返し記号の使い方を決める。

【例】
人々▼人びと
国々▼国ぐに
一人一人▼一人ひとり

## 約物の名称と種類 >>>

| くぎり符号 | |
|---|---|
| 。 | 句点・マル |
| 、 | 読点・テン |
| . | ピリオド |
| , | コンマ |
| ・ | 中黒・中ポツ |
| : | コロン |
| ; | セミコロン |
| ' | アポストロフィ |
| ? | 疑問符 |
| ! | 感嘆符 |

| カッコ類 | |
|---|---|
| 「 」 | かぎかっこ |
| 『 』 | 二重かぎ |
| ' ' | コーテーションマーク |
| " " | ダブルコーテーションマーク |
| ( ) | パーレン・かっこ |
| 【 】 | すみつきパーレン |
| 〔 〕 | 亀甲(キッコー) |
| [ ] | ブラケット・角かっこ |
| < > | 山がた・山かっこ |
| 《 》 | 二重山がた |
| 〝 〟 | チョンチョン |

| つなぎ符号 | |
|---|---|
| - | ハイフン・つなぎ |
| – | 二分ダッシュ |
| — | 全角ダッシュ |
| —— | 2倍ダッシュ |
| … | 3点リーダー |
| ‥ | 2点リーダー |
| ～ | 波形・波ダッシュ |

| 薬量・商用記号 | |
|---|---|
| % | パーセント、百分比 |
| ‰ | パーミル、千分比 |
| £ | ポンド(英) |
| € | ユーロ(EU) |
| $ | ドル |
| ¥ | 円 |
| ® | 登録商標 |
| © | コピーライト |

| しるし物 | |
|---|---|
| ° | デグリー・角度・経緯度・温度 |
| ′ | ワンダッシュ・プライム・分 |
| ″ | ツーダッシュ・ダブルプライム・秒 |
| ※ | 米印 |
| ＊ | アステリスク・スター |
| ⁂ | アステリズム |
| ★ | 黒星・黒スター |
| ☆ | 白星・白スター |
| ▲ | 黒三角 |
| △ | 白三角 |
| ◆ | 黒ひし形 |
| ◇ | ひし形 |
| ○ | 丸印 |
| ◎ | 二重丸 |
| ● | 黒丸 |
| □ | 白四角 |
| → | 矢印 |
| ↔ | 両矢印 |
| ⇒ | 白ぬき太矢印 |
| † | ダガー・短剣符 |
| ‡ | ダブルダガー・二重短剣符 |
| § | セクション・章標 |
| ¶ | パラグラフ・段標 |
| 〓 | げた記号 |
| # | ナンバー・番号符 |

05

57

# 校正の進め方

校正は、DTPデザイナーが出力した、校正紙(=ゲラ、実際と同じ体裁であることが望ましい)でおこなう。通常は編集者・執筆者・校正者がかかわるが、小出版社では予算の都合上プロの校正者が参加しないことも多い。編集者の責任はますます重くなっているといってい い。校正は単に文字の間違いを拾うことではない。書籍・雑誌づくりの品質管理上でもっとも大切な作業である。

大きなミスがあれば刷り直しが出ることはもちろん、そのまま出版されてしまえば出版社や著者の信頼を大きく落とすことになり、さらには第三者の名誉を傷つける場合もあり得る。心して、厳正なる態度でのぞまなくてはならないだろう。

校正では、①印字された文字に誤りがあるか(文字校正)、②レイアウト上の問題がないか(レイアウト校正)、の両面からチェックする。

基本的な校正の進め方を見ていこう。

校正には「引き合わせ校正(突き合わせ校正)」と「素読み校正」の2種類がある。

「引き合わせ校正」とは、著者の原稿(あるいはデザイン入稿したときの最終原稿)と出校してきた校正紙(初校)を、1文字ずつ照合し、正確な印字の確認をするものだ。(再校の場合なら、初校戻しの校正紙となる）。最近では、校正刷りだけを読んでいく素読みが主流になっているが、基本はあくまでも「引き合わせ」だ。以下のことに注意したい。

①自分のペースでゆっくりと引き合わせる
②内容に関与せず、文章を読まない
③誤字脱字、用語の不統一など文字回りを確認する
④朱書きが反映されているかどうか
⑤朱書きを入れていないのに、勝手に変わっていないか

朱書きが反映されていたら、そこにマーカーでチェックしよう。

引き出し線の引き出された場所と、修正文字、両方にチェックを入れるのが確実だ。

「素読み校正」は誤字チェックなどが終わった校正紙を、原稿と対比せずに読み通すこと。通常、引き合わせの後におこなう。まず普通に、頭から終わりまで、通して読む。続いてデータ部分、小見出し部分だけをまとめ読みする。次にデータ部分、小見出し部分だけをまとめ読みする。

具体的には以下のことを最終チェックする（もちろんデザイン入稿前に十分に手を入れておくことが前提）。

①文章表現や文意、言い回しなどの矛盾、不整合、適不適
②文脈の混乱（5W1Hの抜け、文章のねじれなど）
③漢字、かな遣いなどの誤り
④洋数字や漢数字の整理、数量の整合性
⑤年号の確認
⑥引用文と原典との整合確認

⑦各種記号の不統一、誤用
⑧図版や注の挿入位置と本文との矛盾
⑨目次と本文との確認

実作業は以下の通りである。

**1 疑問の箇所を鉛筆でチェックする**

引き合わせ校正や、素読み校正を重ねながら、誤りや疑問の箇所が見つかったら、鉛筆でアンダーラインを引いたり、引き出し線で正しい文字を記入する。

**2 正式な校正指示は赤ペンで記す**

通常複数で校正をする場合、各人は鉛筆で疑問点、修正点を書き込む。予定の全員が校正紙を見終えたら、責任者（担当編集者）が全員の指示をまとめ、判断を加えて赤字を入れる。左ページに基本的な校正記号の用例を示した。ただ、修正担当者に伝わるのであれば独自の指示でもよい。

### 校正作業に必要なもの>>>

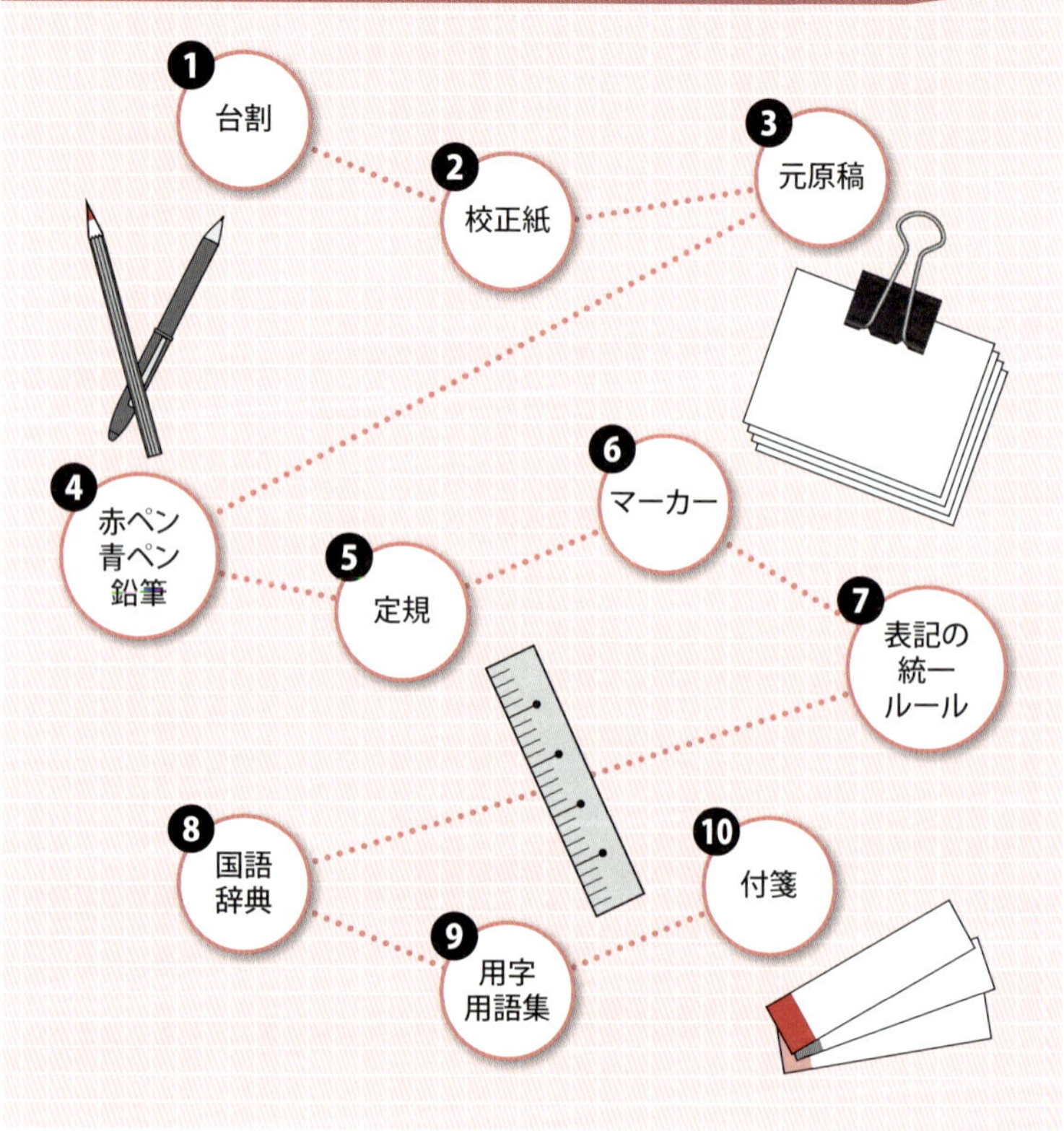

## 校正記号 >>>

| 主記号 | | 意味 | 例 |
|---|---|---|---|
|  | | 文字・記号などをかえ、または取り去る。 | 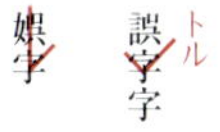 |
| 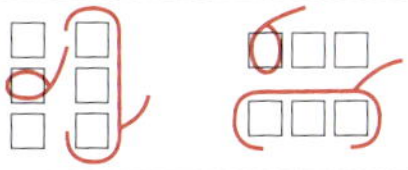 | | 書体または大きさなどをかえる。 | 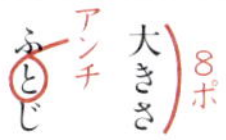 |
|  | | 字間に文字・記号などを入れる。 |  |
| 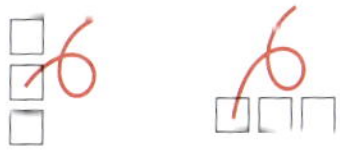 | | 転倒した文字・記号などを正しくする。 |  |
| 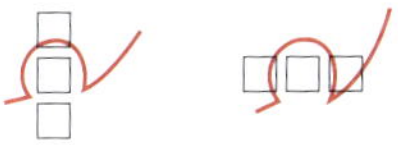 | | 不良の文字・記号などをかえる。 |  |
|  | | 文字を大きくする。<br>文字を小さくする。 |  |
| 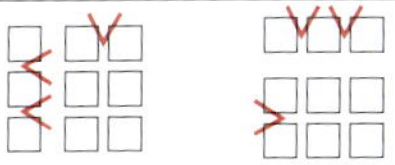 | | 字間・行間などをあける。 |  |
| 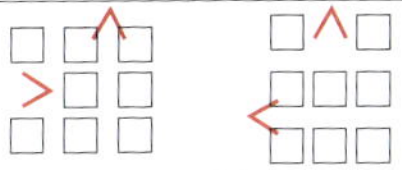 | | 字間・行間などを詰める。 |  |
|  | | 次の行へ移す。 |  |
|  | | 前の行へ移す。 |  |
|  | | 行を新しく起こす。 | 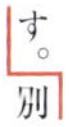 |
| 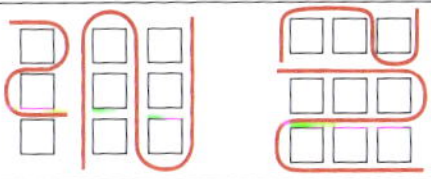 | | 文字・行などを入れかえる。 | 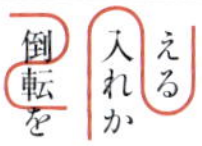 |
|  | | 行を続ける。 |  |

1 誤字の直し方
2 脱字の入れ方
3 削除の仕方

オオカミの絶命の仮定において、欧米各図の森の相対温度、絶体温度など様々
な温度が問われる。オオカミ運命が大きく転換するの、環境保護運動が高まる
１９６０年代のこと。迫害と保護、人間間の思惑にオオカミは弄翻されるばかり
だ。英国のロンドン

滅
過程
の
国
は
△＝湿
トルツメ
トルツメ
トルママ
←

オオカミの絶滅の過程において、欧米各国の森の相対湿度、絶対湿度など様々な
湿度が問われる。オオカミの運命が大きく転換するのは、環境保護運動が高まる
１９６０年代のこと。迫害と保護、人間の思惑にオオカミは翻弄されるばかりだ。
英国　ロンドン

★同じ文字が多数間違っているときは、△や○を誤字につけ、余白に、例えば△＝湿のように注記する。
★単にトルでもよいが、トルツメとした方がわかりやすい。
★削除したあとにあけておくときは、トルアキ、あるいはトルママとしておく。

### ❹ 文字を入れ替える指定

夏目石漱の代表作といえば、『枕草』である。

←

夏目漱石の代表作といえば、『草枕』である。

### ❺ 小さく（大きく）する指定

あつたかい国に生まれればよかつたと、かっての彼は言つた。

←

あったかい国に生まれればよかったと、かつての彼は言った。

### ❻ 訂正をとりやめるとき

### ❼ 書体の直し方

かって、オオカミはどの能力をとつて見てもネコ科の肉食獣に敵わないと思われてきた。自慢の**アゴの力**も、彼らと比較すれば強くない。

モトイキ

猫

ミシ

ゴチ

←

かつて、オオカミはどの能力をとって見てもネコ科の肉食獣に敵わないと思われてきた。自慢のアゴの力も、**彼ら**と比較すれば強くない。

★直しの赤字や赤線を消し、もとの字のそばにモトイキと書く。

### ❽ 文字の大きさの直し方

### ❾ 字間をあける指定

一撃で獲物を倒すパンチ力（図1参照）もそうだ。ウェルカムウルフプロジェクト
では、そんなオオカミを最大限

9ポ　全角　全角　半角　ツメ

←

一撃で獲物を倒すパンチ力（図1参照）もそうだ。ウェルカム　ウルフ　プロジェク
トでは、そんなオオカミを最大限

★注意マークの（　）や（　）で訂正する部分を囲み、ポイントまたは級数で指定。

★全角は□、半角は△であらわすこともある。

### ❿ 字間を詰める指定

台割・校正紙　を用意しよう。

ツメ

←

台割・校正紙を用意しよう。

### ⓫ 上げる（下げる）の指定

### ⓬ 句読点・中黒の指定

### ⓭ 音引きについての指定

### ⓮ ダッシュ・リーダーの指定

だが、僕は声を大にして言う。
オオカミはとても賢く協調性のある生き物だ、と。
そこで私は手をあげたオオカミの保護には心体技が大切だ。イエロトス
トン公園の野生動物は、ハリケンに悩む。だから著書の副題をいまこそオオカミ
とした。だが、考えるとおかしな話だ。

　だが、僕は声を大にして言う。
オオカミはとても賢く協調性のある生き物だ、と。
そこで私は、手をあげた。オオカミの保護には心・体・技が大切だ。イエロース
トーン公園の野生動物は、ハリケーンに悩む。だから著書の副題を――いまこそオ
オカミ――とした。……だが、考えるとおかしな話だ。

15 字送りの指定［1］

そのほか、送りがなののつけ方については、多々のルールが、存在するが、
パソコンの文章作成が一般的となった今、送りがなをつけ間違える人はいない。

他
トルツメ
トルツメ

←

その他、送りがなのつけ方については、多々のルールが存在するが、パソ
コンの文章作成が一般的となった今、送りがなをつけ間違える人はいない。

16 字送りの指定［2］

コルンムーメは穀物を守る精霊で、オオカミに変身して、風になって麦畑を走る
ときには

←

コルンムーメは穀物を守る精霊で、ときにはオオカミに変身して、
風になって麦畑を走る。

17 改行にする指定

畑と森、どちらも植物が育つことは同じだ。植物が育つということは、
改
下ゲズ

←

畑と森、どちらも植物が育つことは同じだ。
植物が育つということは、

★改行して特に字下げをしないときは 改 下ゲズ

### 18 行を続ける（追込）指定

### 19 行を入れ替える指定

### 20 行をあける指定

### 21 ルビのつけ方

オオカミはとにかく走り回る。
本質的に長距離ランナーだ。以前クマ撃ちをしていた老漁師は言う。
「オオカミは神だ
魔物だ」と。
殺戮を愛する？　とんでもない！

［アキ］［ルビ さつりく］

←

オオカミはとにかく走り回る。本質的に長距離ランナーだ。以前クマ撃ちをしていた老漁師は言う。

「オオカミは魔物だ。神だ」と。

殺戮《さつりく》を愛する？　とんでもない！

★注意マークの ) を書き添える。

## ヨコ組校正の例［1］>>>

❶ 誤字の直し方
❷ 脱字の入れ方
❸ 削除の仕方

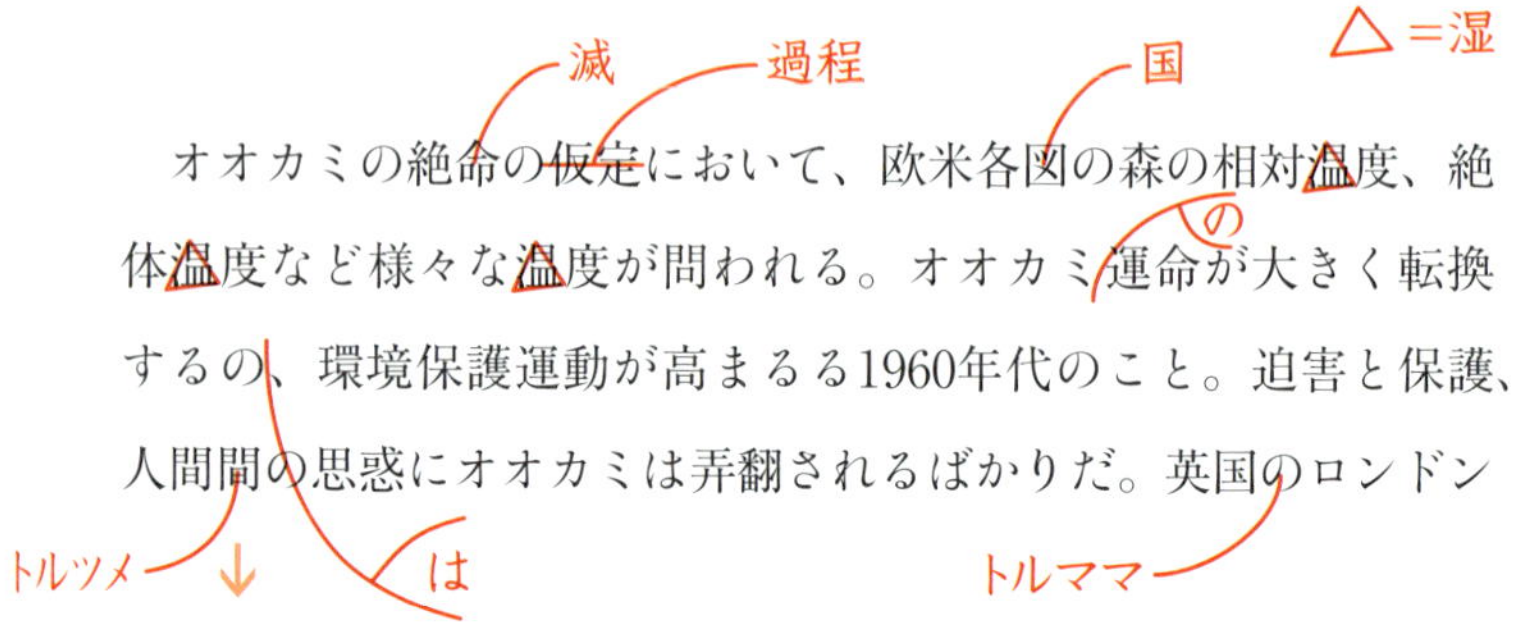

滅
過程
国
△＝湿
オオカミの絶命の仮定において、欧米各図の森の相対温度、絶
の
体温度など様々な温度が問われる。オオカミ運命が大きく転換
するの、環境保護運動が高まるる1960年代のこと。迫害と保護、
人間間の思惑にオオカミは弄翻されるばかりだ。英国のロンドン
トルツメ
は
トルママ

オオカミの絶滅の過程において、欧米各国の森の相対湿度、絶対湿度など様々な湿度が問われる。オオカミの運命が大きく転換するのは、環境保護運動が高まる1960年代のこと。迫害と保護、人間の思惑にオオカミは翻弄されるばかりだ。英国　ロンドン

★同じ文字が多数間違っているときは、△や○を誤字につけ、余白に、例えば △＝湿 のように注記する。
★単にトルでもよいが、トルツメとした方がわかりやすい。
★削除したあとにあけておくときは、トルアキ、あるいはトルママとしておく。

### ❹ 文字を入れ替える指定

夏目石漱の代表作といえば、『枕草』である。

↓

夏目漱石の代表作といえば、『草枕』である。

### ❺ 小さく（大きく）する指定

あつたかい国に生まれればよかつたと、かっての彼は言つた。

↓

あったかい国に生まれればよかったと、かつての彼は言った。

### ❻ 訂正をとりやめるとき
### ❼ 書体の直し方

モトイキ　猫

かっって、オオカミはどの能力をとつて見てもネコ科の肉食獣に敵わないと思われてきた。自慢の**アゴの力**も、彼らと比較すれば強くない。

ミン　ゴチ

↓

かつて、オオカミはどの能力をとって見てもネコ科の肉食獣に敵わないと思われてきた。自慢のアゴの力も、**彼ら**と比較すれば強くない。

★直しの赤字や赤線を消し、
もとの字のそばにモトイキと書く。

## ❽文字の大きさの直し方
## ❾字間をあける指定

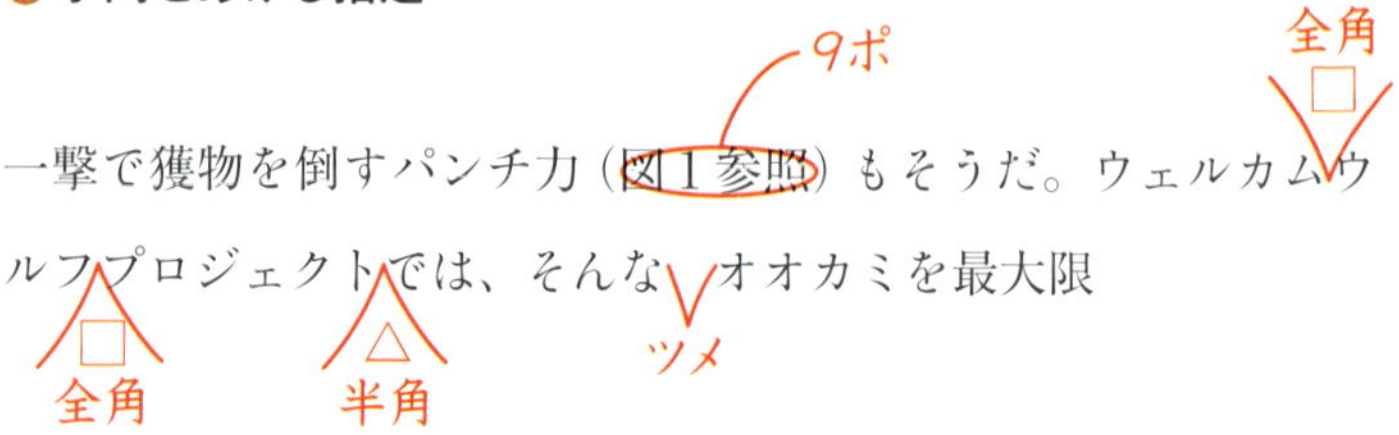
9ポ
全角
一撃で獲物を倒すパンチ力（図1参照）もそうだ。ウェルカムウ
ルフプロジェクトでは、そんな オオカミを最大限
全角
半角
ツメ

↓

一撃で獲物を倒すパンチ力（図1参照）もそうだ。ウェルカム　ウ
ルフ　プロジェクト では、そんなオオカミを最大限

★注意マークの〇や⌒で訂正する部分を囲み、ポイントまたは級数で指定。
★全角は□、半角は△であらわすこともある。

## ❿字間を詰める指定

ツメ
台割・校正紙 を用意しよう。

↓

台割・校正紙を用意しよう。

⓫ 上げる（下げる）の指定
⓬ 句読点・中黒の指定
⓭ 音引きについての指定
⓮ ダッシュ・リーダーの指定

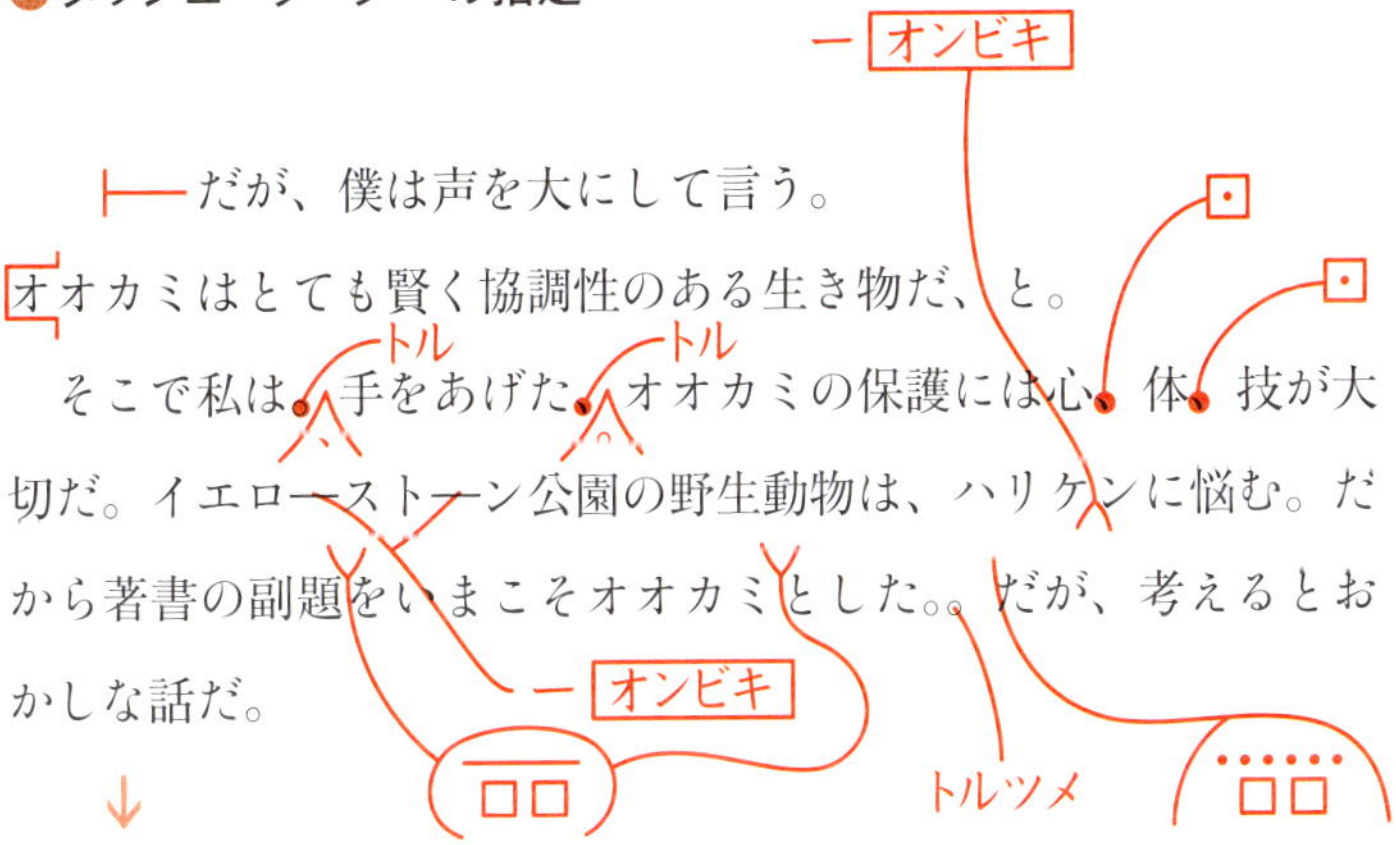

オンビキ
だが、僕は声を大にして言う。
オオカミはとても賢く協調性のある生き物だ、と。
トル
トル
そこで私は、手をあげた。オオカミの保護には心、体、技が大
切だ。イエロストン公園の野生動物は、ハリケンに悩む。だ
から著書の副題をいまこそオオカミとした。。だが、考えるとお
かしな話だ。
オンビキ
□□
トルツメ
□□

↓

だが、僕は声を大にして言う。

オオカミはとても賢く協調性のある生き物だ、と。

そこで私は、手をあげた。オオカミの保護には心・体・技が大切だ。イエローストーン公園の野生動物は、ハリケーンに悩む。だから著書の副題を　　いまこそオオカミ――とした。……だが、考えるとおかしな話だ。

## ⑮ 字送りの指定［1］

他　トルツメ

そのほか、送りがなにについてはルールが多く存在するが、パソコンが一般的になった今、間違える人はいない。

↓

その他、送りがなについてはルールが多く存在するが、

パソコンが一般的になった今、間違える人はいない。

## ⑯ 字送りの指定［2］

ときには

コルンムーメは穀物を守る精霊で、オオカミに変身して、風になって麦畑を走る

↓

コルンムーメは穀物を守る精霊で、ときにはオオカミに変身して、風になって麦畑を走る。

## ⑰ 改行にする指定

畑と森、どちらも植物が育つことは同じだ。植物が育つということは、

改　下ゲズ

↓

　畑と森、どちらも植物が育つことは同じだ。
植物が育つということは、

★改行して特に字下げをしないときは 改 下ゲズ

⑱行を続ける（追込）指定
⑲行を入れ替える指定
⑳行をあける指定
㉑ルビのつけ方

オオカミはとにかく走り回る。
本質的に長距離ランナーだ。以前クマ撃ちをしていた老漁師は言う。
アキ
「オオカミは神だ
魔物だ」と。
殺戮を愛する？　とんでもない！
ルビ
さつりく

↓

オオカミはとにかく走り回る。本質的に長距離ランナーだ。以前クマ撃ちをしていた老漁師は言う。

「オオカミは魔物だ。神だ」と。
殺戮《さつりく》を愛する？　とんでもない！

★注意マークの⌒を書き添える。

# 「単独校正」「読み合わせ校正」「著者校正」校正のいろいろ

校正紙と原稿を引き合わせ、1人で（だいたい、担当編集者）で校正することを「単独校正」という。余力があれば、校正作業は複数でやった方がより効果的である。特に初校では誤りが多いので、2人で読み合わせて校正することが可能なら、そうした方がいいだろう。このやり方を「読み合わせ校正」という。一人が校正紙を音読し、もう一人が原稿を黙読していく。間違いを発見しやすく、確実な方法だ。

「著者校正」は通常、初校（または再校）での1回だが、書籍の性質、または著者の要望により再校・三校とおこなわれることもある。未校正のものではなく、編集者が校正し終えた校正刷りをわたすことが望ましい。その際、編集者の手元には控えを1部コピーしておくと便利だ。著者へ校正刷りを送るときには必ず元原稿も送り、著者校正が返送されるときには原稿も送り返してもらうことが大事だ。

ほとんどの場合1回の校正では完了できず、再度、校正をおこなう。最初におこなう校正を初校といい、2回目を再校、3回目を三校という。

初校の指示を印刷所で直した後の校正紙が再校紙。校正する箇所がなくなった状態を「校了」、印刷会社の責任で終了することを

「責了」という。チェック箇所が修正済になっていることを確認するための部分的な校正紙を「念校」という。

校了作業は、最後の点検になるので、以下のことを再確認する。

① 本文の見出しと目次の照合
② 前付と後付の確認
③ 注番号と注記の確認
④ 見出しの順序の確認
⑤ 各ページのノンブルと柱を通覧
⑥ 奥付や定価を確認

## 校正作業の流れ>>>

❶ 初校校正
↓ （主に原稿引き合わせ）
● 著者校正
❷ 著者校正の点検・整理
↓ （要再校）
❸ 再校校正
↓ （主に赤字引き合わせと素読み）
● 著者校正
（著者校正の点検・整理）
（要三校）
❹ 三校校正
↓ （主に赤字引き合わせ）
❺ 念校 → ❻ 校了 → ❼ 責了

# 05 59 校閲について

校正が主に、誤字脱字の修正、文体の統一など、「文章を読みやすくする」ことを目的にするのに対して、校閲は、前後の文章に矛盾点がないか、事実関係が正しいかなど、原稿の内容そのものにまで踏み込んで作業をおこなう。外部の校閲者に依頼することもあるが、編集者が兼ねることも多い。

書かれている内容と事実が異なる場合、その旨を原稿に記載し、該当する書籍などをコピーして校正刷りに添付する。

校閲で大切なことは、なにより、信頼できる情報で確認することだ。数値のデータなどは、書籍よりも速報性の高いインターネットの使用がとても便利だ。だが、信憑性の確認には、より神経質になる必要がある。特に、ほかの著作物、インターネットからの引用については心を配ろう。著者の中には、出典も曖昧なまま安易に引用してしまっていることがある。原文そのままの引用文に、誤植や脱落があっては大変な事態になる。校閲のときに「あやしい」という部分を見つけ出したら、必ず原典を入手し、手元において校閲を念入りにおこないたい。

ノンフィクション作家の石井光太氏がツイッター上で「小説の描写でただ『まぶしいほどの月光』と書いただけで、校正の際に

『OK　現実の2012、6／9も満月と下弦の間』とメモがくる。このプロ意識！」とつぶやいたことがきっかけで話題が沸騰、新潮社の「神校閲」ぶりがネット上を賑わせた。

神のような校閲は、新潮社に限らない。本文にあればどんな僻地のローカルバスでも時刻表をチェックし、外国の知られていないハーブ類なども念のため調べあげるという校閲者もいる。

また、犯人がホームの階段を下りて電車に飛び乗ったという小説のシーンに対して、「この駅でこの時刻の電車は階段の近くにドアが来ないので飛び乗れない」という指摘が入ったという話や、時代小説で、登場人物がある場所から別の場所を見やる描写に、「この時代ここにこういう建物があったので、よってこの場所から本文のものは見えません」といわれ恐れ入った話など、「神校閲」のエピソードには事欠かない。

新書などを大学教授が執筆すると、弟子の論文や海外論文の翻訳を丸写しにするようなケースも、まれにあると聞く。出版社（版元）としては気づきにくく、非常に怖い話だ。それを神のごとく超越した勘で察知し、原文を探し出してしまう校閲者もいるのだそうだ。

もちろん、著者も負けてはいない。校閲から「この時代、ここにこの種は生息していない」という指摘が入り、すかさず飛行機でその地方に飛び、「生息の証拠」なるマイナーな資料を見つけ出し、コピーに添えて校閲に差し戻したとか。著者と校閲者との、素晴らしいドラマである。

校正・校閲を編集者自身がおこなう場合は、なかなかそこまで精査できないかもしれない。だが、上記にあげたような「神校閲」に及ばずとも、その心意気で原稿に向かい合うことが肝心である。

**新潮社校閲部**
新潮社には校閲部という部署が存在し、その採用HPでは「誤植のチェックのみならず、文章の内容まで踏み込んで矛盾や間違いをチェックして、新潮社の出版物のクオリティをしっかり支える、プロ中のプロともいうべき凄腕の校閲者が揃っています」とうたっている。

# 06 デザインする

06 >>> 60

# いいデザインとはなにか

デザインによって本の外見は決まる。『人は見た目が9割』（新潮社）という本がベストセラーになっていたが、目的買いの場合を除くと、「本も見た目が9割」といえるだろう。毎日200点以上の新刊が出版される中、書店で本を手にとってもらえるかどうかは、その見た目にかかっている。どんなに内容の濃い良本でも、読者がそれを手にとらなければ、中身を知ってもらうチャンスすら与えられない。買う、買わないのふるいにすらかけられないのだ。また、なにかのきっかけである本に出会ったとき、その見た目が気に入らず、読みたくても買うのをためらってしまうことだってある。

では、いいデザインとはなんだろう。今まで誰もしてこなかった斬新なもの？　書棚に並べておきたくなるような美しいもの？　読みやすくて手に馴染むもの？　書き手の意図をくみとったもの？　どれも正解といえる。どうしてこの造本設計、書体、配置、配色、紙になったのかに、きちんとした意味があり、それぞれの目的に合った一番いい方法でレイアウトされているデザインのこと。そのためには、「いつ、どこで、どんな人に」読んで欲しいかを考えながら、デザインの方向性を決めていくことが重要だ。

06 >>> 61

# デザイナーはどうやって決めたらいいのか？

まずは本の内容をもとに、どんなイメージの本にしたいかを考えていく。例えば、『デジタルカメラの教科書』という雷鳥社の本は、まず20代後半の女性が電車の中で読んでも、恥ずかしくないデザインにしたいと考えた。書店に行って自分がイメージする本に近いものを探していく。つくりたい本のイメージが強いときは、そのイメージに近いデザインをしているデザイナーを探すのが一番の近道になる。

　本の奥付には、その本をデザインしたデザイナーの名前が記載してあるので、それをチェックし、他にどんなデザインをされているのか、HPなどで確認する。それぞれのデザイナーによって、得意なジャンルとそうでないものがあるので、デザイナーだったら、誰にお願いをしても同じというわけではない。かといって、急に探してもなかなか見つからない場合がある。そのためには、普段からいろんな本に目を通し、自分がいいなと思う本のデザイナーは、ジャンルごとにリストにしておくとよい。

　そうやって意識していると、デザインが好みだなと思って手にとった本が、毎回同じデザイナーで驚いたりする。さらにいくと、本のデザインを見ただけで、これはあのデザイナーの仕事ではないかと予測ができるようになる。

**『デジタルカメラの教科書』（西原和恵／雷鳥社）**
カバーを外すと、右上にある箔押しのカメラマークだけが残り、手帳に見えるシンプルなデザイン。表紙だけでなく、カバーの裏側も見返しもすべて黄色で印刷している。

06 >>> 62

# デザイナーへの依頼方法

お願いしたいデザイナーが決まったら、連絡先を調べて電話、もしくはメールをする。連絡先はHPに掲載されている場合が多いが、わからない場合は、出版社に電話をし、担当編集者に連絡先を聞く。デザイナーに依頼をする場合は、本の概要が書かれた企画書を添付し、ギャランティー、納期を明記の上、どうしてそのデザイナーにデザインをお願いしたいのかを具体的に伝える。電話で手短に用件を伝え、詳細はメール（手紙という手もある。手書きの文章を添えることで強い熱意が伝わることも）というのが一般的だ。さらに、1週間経っても返事がない場合は、再度電話をする。

会ったことも話したこともないデザイナーに突然依頼するのは、とても緊張することかもしれない。だから、その出版社がいつもお願いしている人や以前からの顔見知りに依頼するという方法もある。ただ、こうやって一つひとつ新しい人脈をつくり、横のつながりを広げていくことはとても楽しく、編集者としてのスキルアップにつながる。最初のうちはいろんなデザイナーと一緒に仕事をし、そのデザイナーのデザイン、仕事の仕方、自分との相性を考慮した上で、やりやすい人にお願いしていくのがいいだろう。

# 06 63 デザイナーとの打ち合わせ

デザイナーが決まったら、つくりたい本のイメージを共有するために打ち合わせをする。編集者とデザイナーだけでおこなう場合もあれば、著者やカメラマン、イラストレーターなど、制作に関わるすべての人が同席する場合もある。このときに大切なのは、イメージをより具体的に相手に伝えること。「ポップで明るい雰囲気」「パリ風のオシャレな感じ」「落ち着いたシックなデザイン」「木目調のナチュラル系」「パステルカラーのガーリー風」など、イメージを言葉にすることはとても大切だが、それだけではまだ不十分である。自分が想像する「ポップ」「シック」のイメージが、他人と同じとは限らないからだ。それをイメージする本や雑誌、パンフレットなど、目に見えるものを見せながら伝えるとよい。そして、持参したそれらが依頼するデザイナーが手がけたものだとなおよい。他人がデザインしたものだと機嫌が悪くなってしまうデザイナーがときどきいるからだ。「そんなにその雰囲気がいいのならば、そのデザイナーに依頼すればいいのではないか」とデザイナーも思ってしまうのだろう。ただし、過去の仕事と同じようなモノを求められることを嫌うデザイナーもいる。

仕事の依頼は、注意深く、慎重におこないたい。

もうひとつ大事なのが、データの受けわたしや、印刷会社に入稿するときの条件についてである。とくに以下の3点はデザイナーに必ず確認しておきたい。「写真の切り抜きは可能か」「RGB画像をCMYKデータに変換（P216参照）して印刷入稿できるか」「デザイン後に文字修正もしてもらえるか」。有名デザイナーは、これらの作業を普段やらないことも多く、提示されたギャランティーにそれらの作業費は含まれていないと考えている可能性がある。これらを別に外注すると、まとまった金額になるので、予算オーバーになることも。のちのちのトラブルを防ぐためにも、お金にかかわることは事前に確認しよう。

## 本のデザインイメージの共有>>>

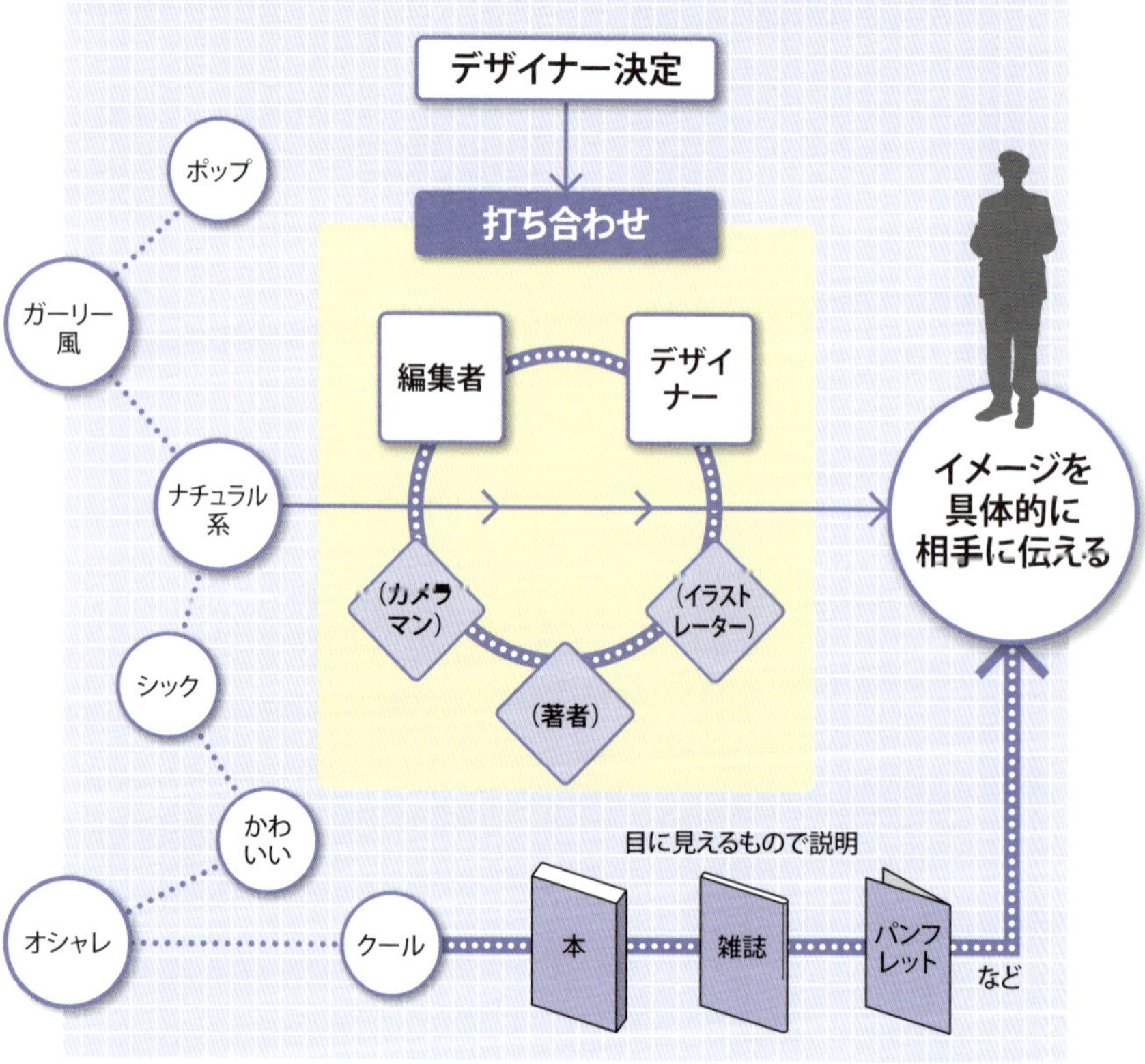

# 06 64 本やページの各部の名称

一般の人はあまり耳にする機会はないが、本の各部分には細かく名前がついている。これらの名称は電話やメールでのやりとりの際にとくに効力を発揮する。「表紙と見返しはA紙、カバーと帯はB紙、袖は80㎜に」「背（束）幅は10㎜以上で、のどが開きにくくならないように本文紙はやわらかめに」「天地、小口のチリは、通常3㎜のところを5㎜に」などは、よく使う。もし、名前がわからないとしたら、「固い表紙と中を開いてすぐの紙はA紙、固い表紙を上からすっぽりと覆っている紙と下の方だけに巻いている小さな紙はB紙、その紙を折り返したところの長さは80㎜に」というなんともまわりくどい感じになる。これできちんと通じているのかも怪しい。また、とくに説明が難しいのは「花ぎれ」「チリ」「みぞ」などだろう。これらの名前を度忘れしたときは、一度電話を切って確認した方が早い。

ページの各部分にもそれぞれに名前がある。写真や挿絵、図などに添えられた説明文を「キャプション」、ページ番号を「ノンブル」、紙面の上部もしくは下部にあり見出しなどが入っている「柱」など。また紙（誌）面を縦や横にいくつか等分した、ひとつ分を「段」といい、2段で構成されている場合は「2段組」、3段は「3段組」と呼ぶ（本書は2段組）。

## 本やページの各部の名称>>>

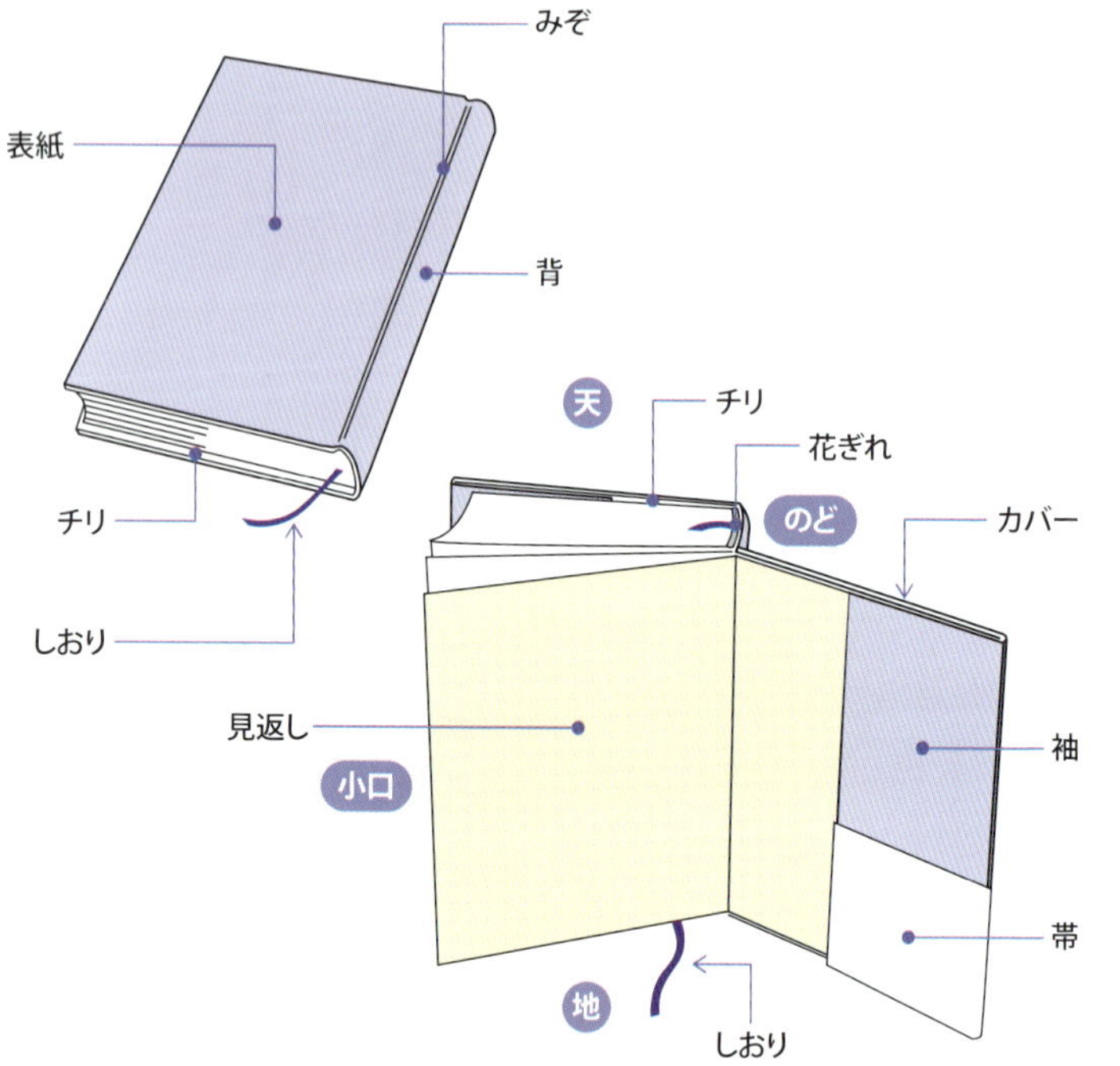


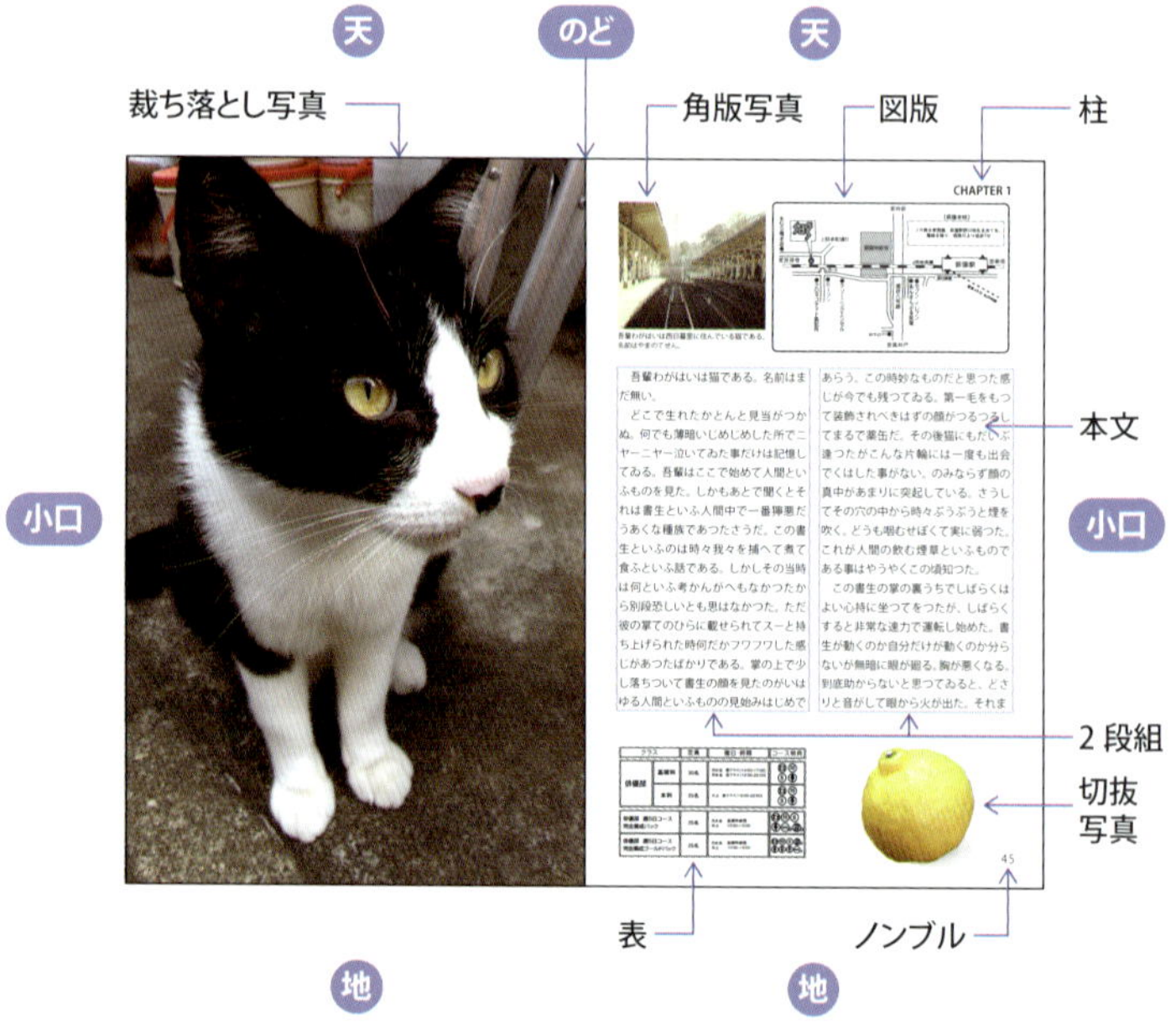

06
65
# 製本と綴じ方

書籍のつくりでもっとも多く目にするのは、「上製本」と「並製本」である。上製本はいわゆるハードカバーといわれるもので、固く丈夫な芯紙を表紙の紙でくるんでいるのが特徴である。さらにその中に、背が角ばった「角背」と丸くなった「丸背」がある。並製本はソフトカバーといわれ、表紙に芯紙を使わずに1枚の厚紙で仕上げた、上製本を簡略化したものをさす。それ以外に、特殊製本として、表紙の四辺を折り込んで糊《のり》づけした「フランス装」、綴じた背がそのまま見えることから、綴じっぱなし製本とも呼ばれている「コデックス装」もある。

本の綴じ方もさまざまで、週刊誌やパンフレットなどでよく見られるのが、「中綴じ」という、2つ折りにした紙の折り目に針金で綴じる方法。少年週刊誌や教科書などで用いられているのは「平綴じ」で、紙の端から5㎜程度のところを針金で綴じる。上製本や百科事典は、「糸綴じ」と呼ばれる、折丁（P228参照）を順に糸でかがっていく方法が多い。文庫や雑誌、並製本などで幅広く使われているのが、「無線綴じ」と「アジロ綴じ」。針金や糸を使わず、3㎜ほど背をカットし接着剤で固めて綴じるのが無線綴じ。背はカットせず、切り込みを入れ、そこから接着剤を浸透させていくのがアジロ綴じ。

## 書籍のつくりと綴じの名称>>>

### 製本の種類

上製本[丸背]

上製本[角背]

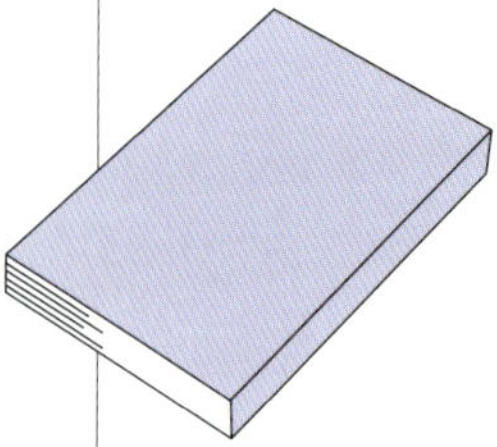
並製本

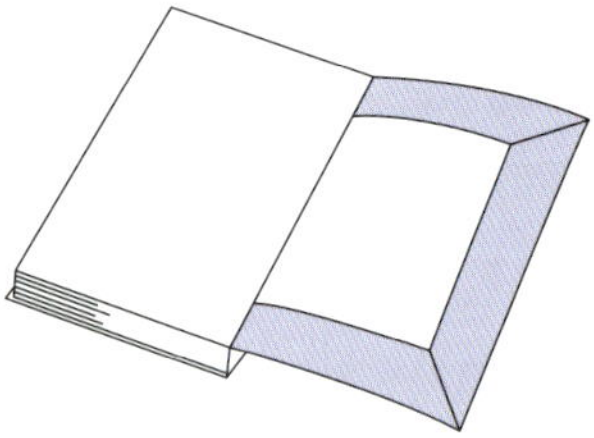
フランス装

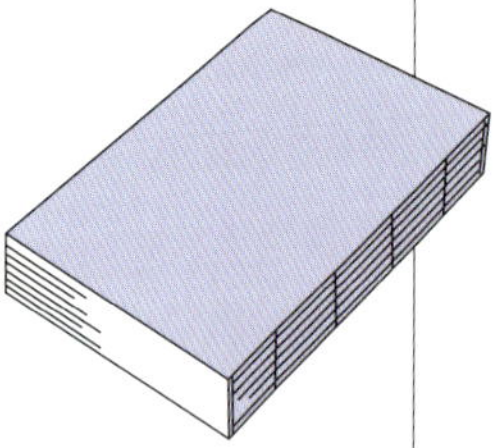
コデックス装

### 綴じ方

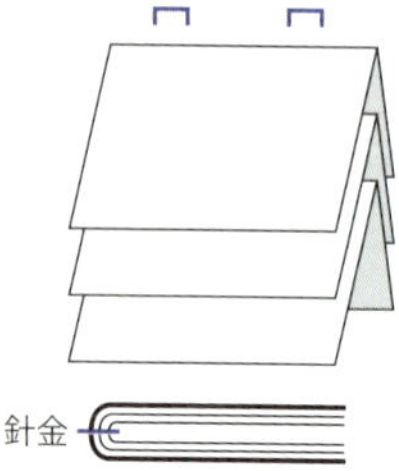

中綴じ

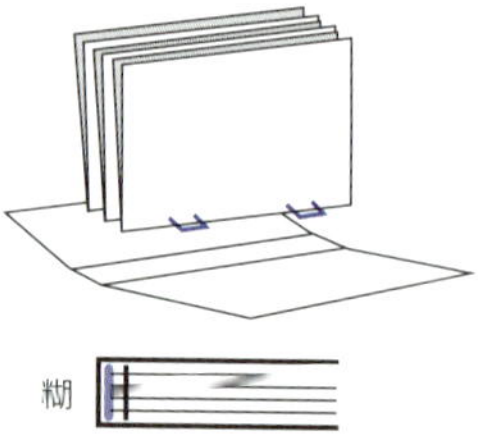

平綴じ

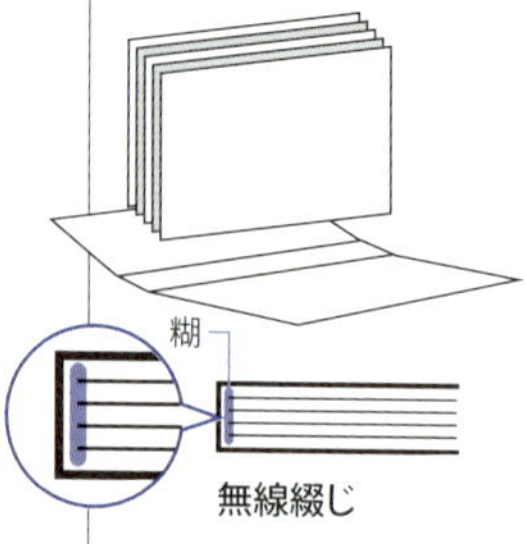

無線綴じ

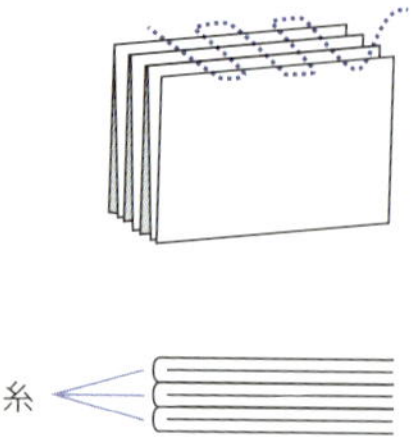

糸綴じ

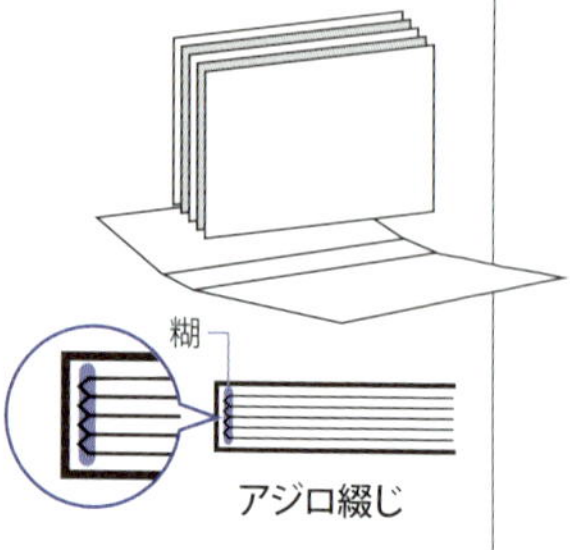

アジロ綴じ

06 >>> 66

# 本の判型と原紙から取れるページ数

書店にはさまざまな大きさの書籍や雑誌がある。判型に厳密なルールはないが、雑誌は、A4判、B5判、AB判と比較的大きく、単行本はA5判、B6判、菊判、四六判と中くらい、文庫はA6判、少年少女漫画や新書は新書判、青年漫画はB6判と小さい。漫画を除けば、ヴィジュアル要素が多いものは大きめで、文字要素が多いものは小さめなのが一般的だ。

それぞれの本の大きさは1枚の原紙から効率よく取れるサイズになっている。ただ、そのサイズをもとに、縦や横、またはその両方の長さを短くした変形サイズにすることもできる。よく「取り都合がよい」「取り都合が悪い」という言い方をするが、この取り都合というのは、1枚の原紙をロスなく使うことができるかということで、変形サイズにした場合は紙のロスがほとんど出ない正寸サイズに比べ、取り都合は悪くなる。

1枚の原紙の大きさを全判といい、サイズにより、「四六判」「菊判」「AB判」「B判」「A判」などがある。ただ、どの紙にもすべての判サイズがあるわけではなく、紙の銘柄によって、用意されている判サイズは異なる。本の判型や原紙の寸法、そこから取れるページ数は「本の判型と原紙」(P188参照)の通りである。

## 全紙の寸法(大きい順) >>>

| 判 | 寸法(mm) |
|---|---|
| ハトロン判 | 900×1200 |
| AB判 | 880×1085 |
| 四六判 | 788×1091 |
| B判 | 765×1085 |
| 菊判 | 636×939 |
| A判 | 625×880 |

また、本の大きさは、書店のどこの棚に並ぶかを意識して決定することも重要だ。なぜならば、本が大きすぎて類書が並んでいる書棚に入らなかったり、小さすぎて目立たなかったり、奥行きがありすぎて出っ張ってしまったりするからだ。こういう扱いづらい本はそれだけで、返本の対象になることもある。

以前に雷鳥社で『やさしいお菓子』を出版した際に、料理本にはめずらしいB5判の横長にした。この形にこだわった明確な理由があったが、「ヨコ長」というだけで、かなりの数の書店員に嫌がられた。本を棚ざしにしたときに1冊だけ出っ張ると落ちやすいし、見た目が美しくないからだ。書店に長く本を置いてもらうためには、もちろん売上も重要になるが、ヴィジュアル面で返本したくなる要素をつくらない、ということも頭に入れておきたい。

## 本の判型と原紙>>>

| 判型(大きい順) | 寸法mm | 原紙(1枚の全版から取れるページ数) |
|---|---|---|
| B4判 | 257×364 | B判(16) 四六判(16) |
| A4判 | 210×297 | A判(16) 菊判(16) |
| AB判 | 210×257 | AB判(32) |
| B5判 | 182×257 | B判(32) 四六判(32) |
| 菊判 | 150×220 | 菊判(32) |
| A5判 | 148×210 | A判(32) 菊判(32) |
| B6判 | 128×182 | B判(64) 四六判(64) |
| 四六判 | 127×188 | 四六判(64) |
| A6判(文庫判) | 105×148 | A判(64) 菊判(64) |
| 新書判 | 103×182 | B判(80) |
| 三五判 | 84×148 | A判(80) |

## 本文の取り都合 >>>

### A判の全紙からの規格判の取り方

A1=1取・2ページ

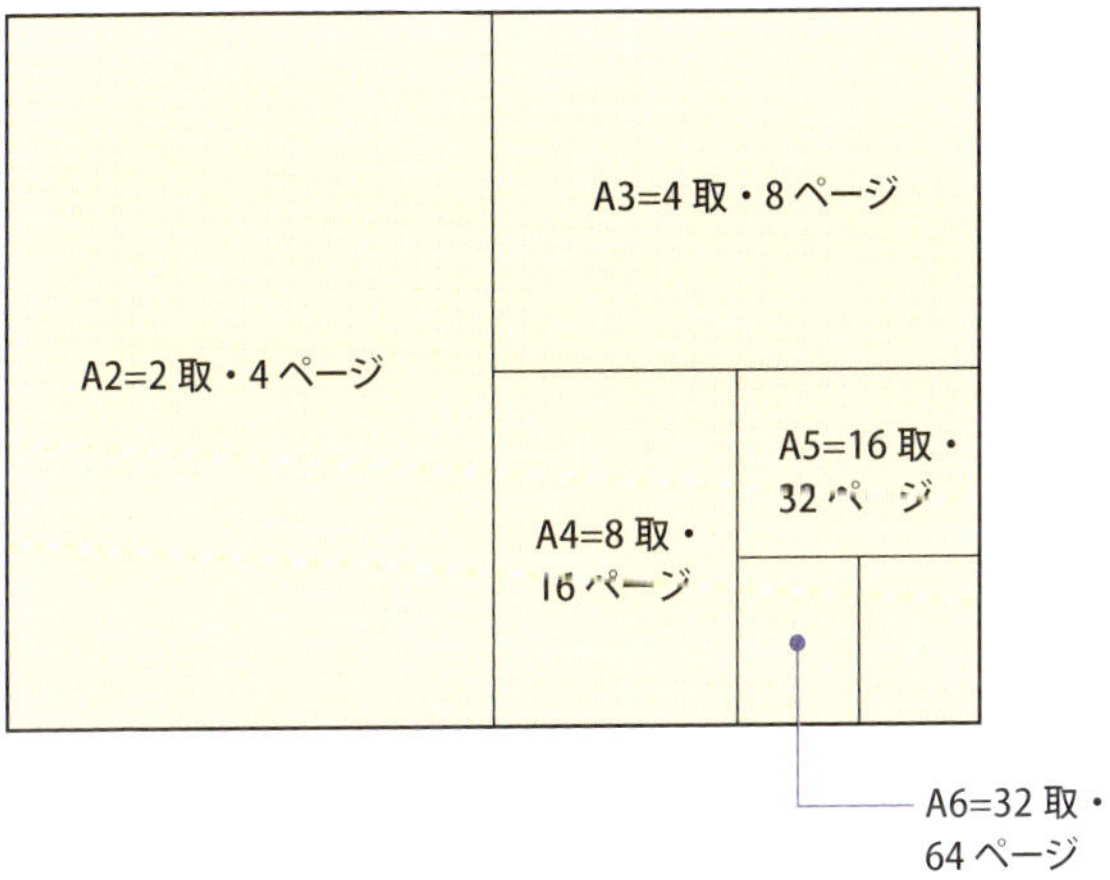


### B判の全紙からの規格判の取り方

B1=1取・2ページ

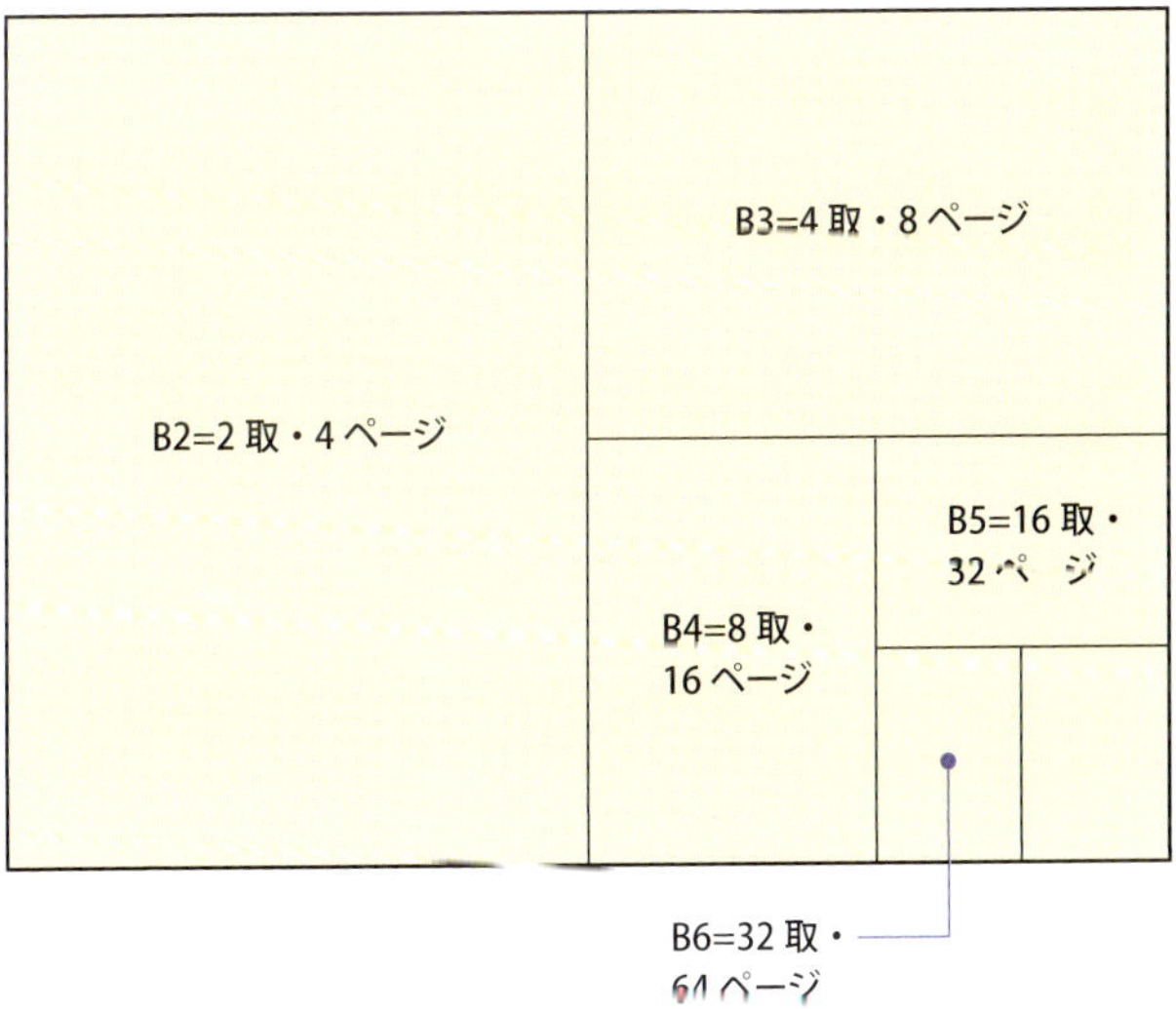

06

# 67 内容の順序や台割とは？

大まかなヴィジュアルイメージが固まったら、全体の流れをつかむために、各ページにどんな項目が入るのかを割り振る「台割」をつくる。おおざっぱにわけると「前付」「本文」「後付」の三つになる。扉・口絵・まえがき・凡例・目次・図版目次などを前付、中扉を含む主要ページを本文、付録・あとがき・プロフィール・索引・奥付などを後付という。このすべてを取り入れなければいけないわけではなく、本によって必要なものを選んでいく。

総ページ数が決まっている場合は、前付・後付から台割を埋めていくと、本文にどのくらいのページが割けるのか、おのずと見えてくる。それに合わせて、各章を等分に分割するのか、メインになる章のボリュームを大きくするのか、扉は片ページか見開きか、図版や文字の分量はどれくらいかなど、バランスを調整しながら、ざっと全体を見わたせる設計図にする。そして、この台割は実際に進行していくなかで、微調整を繰り返しながら練り上げていく。

## 内容の順序>>>

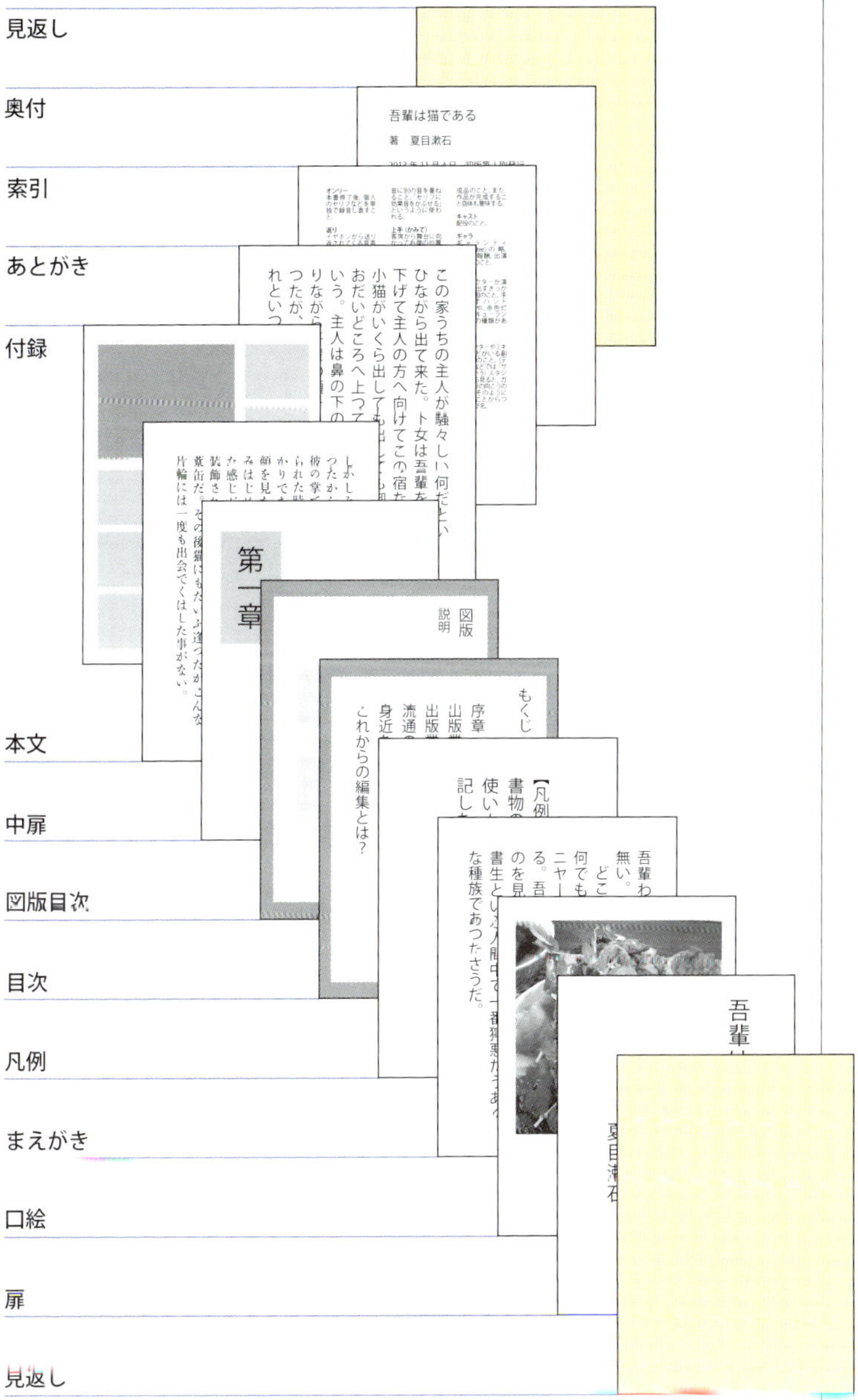
見返し
奥付
索引
あとがき
付録
本文
中扉
図版目次
目次
凡例
まえがき
口絵
扉
見返し

# 台割の例>>>

| | | | |
|---|---|---|---|
| 1 | | 本トビラ | |
| 2 | | 写真 | |
| 3 | | はじめに | |
| 4 | | もくじ | |
| 5 | | 〃 | |
| 6 | | 写真 | |
| 7 | | 写真 | |
| 8 | 1 | 写真 | |
| 9 | | 写真 | |
| 10 | | 写真 | |
| 11 | | 写真 | |
| 12 | | 写真 | |
| 13 | | 写真 | |
| 14 | | Chapter 1　自分のカメラを知ろう | |
| 15 | | 〃 | |
| 16 | | ①撮影に必要なもの | |
| 17 | | ②あると便利なもの | |
| 18 | | ③お手入れ方法 | |
| 19 | | ④単焦点レンズとズームレンズ | |
| 20 | | ⑤撮影ダイヤル | |
| 21 | | 〃 | |
| 22 | | コラム1　ミラーレスと一眼レフの違い | text：500w |
| 23 | | 〃 | イメージ写真 |
| 24 | 2 | Chapter 2　自分のカメラを使いこなそう | |
| 25 | | 〃 | |
| 26 | | ①しぼり | text150～200w×2＋覚えよう |
| 27 | | 〃 | 説明写真 |
| 28 | | 〃 | 作例写真 |
| 29 | | 〃 | 〃 |
| 30 | | ②シャッタースピード | text150～200w×2＋覚えよう |
| 31 | | 〃 | 説明写真 |
| 32 | | 〃 | 作例写真 |
| 33 | | 〃 | 〃 |
| 34 | | ③ISO感度 | text150～200w×2＋覚えよう |
| 35 | | 〃 | 説明写真 |
| 36 | | 〃 | 作例写真 |
| 37 | | 〃 | 〃 |
| 38 | 3 | ④露出 | text150～200w×2＋覚えよう |
| 39 | | 〃 | 説明写真 |
| 40 | | 〃 | 作例写真 |
| 41 | | 〃 | 〃 |
| 42 | | ⑤ホワイトバランス | text150～200w×2＋覚えよう |
| 43 | | 〃 | 説明写真 |
| 44 | | 〃 | 作例写真 |
| 45 | | 〃 | 〃 |
| 46 | | コラム2　失敗画像について | text：500w |
| 47 | | 〃 | イメージ写真 |
| 48 | | Chapter 3　思い描いた通りの写真を撮ろう | |
| 49 | | 〃 | |
| 50 | | ①内蔵ストロボ | 150～200w＋説明写真 |
| 51 | | 〃 | 作例写真2枚くらい |
| 52 | | ②レンズ | 150～200w＋説明写真 |
| 53 | | 〃 | 作例写真2枚くらい |
| 54 | 4 | ③構図・アングル | 150～200w＋説明写真 |
| 55 | | 〃 | 作例写真2枚くらい |
| 56 | | ④ピント | 150～200w＋説明写真 |
| 57 | | 〃 | 作例写真2枚くらい |
| 58 | | ⑤モノクロ写真 | 150～200w＋説明写真 |
| 59 | | 〃 | 作例写真2枚くらい |
| 60 | | コラム3　お気に入りの写真を見つける楽しみ | text：500w |
| 61 | | 〃 | イメージ写真 |
| 62 | | Chapter 4　自分のカメラに一つ足してアレンジしよう | |
| 63 | | 〃 | |
| 64 | | ①レフ板 | 150～200w＋説明写真 |
| 65 | | 〃 | 作例写真2枚くらい |
| 66 | | ②三脚 | 150～200w＋説明写真 |
| 67 | | 〃 | 作例写真2枚くらい |
| 68 | | ③ディフューザー | 150～200w＋説明写真 |
| 69 | | 〃 | 作例写真2枚くらい |
| 70 | 5 | ④クリップオンストロボ | 150～200w＋説明写真 |
| 71 | | 〃 | 作例写真2枚くらい |
| 72 | | ⑤レンズフィルター | 150～200w＋説明写真 |
| 73 | | 〃 | 作例写真2枚くらい |
| 74 | | コラム4　プリントのススメ | text：500w |
| 75 | | 〃 | |
| 76 | | Chapter 5　実際に撮ってみよう | |
| 77 | | 〃 | |
| 78 | | ①風景 | 作例写真：6～8枚 |
| 79 | | 〃 | |
| 80 | | 〃 | |
| 81 | | 〃 | |
| 82 | | ②植物 | 作例写真：6～8枚 |
| 83 | | 〃 | |
| 84 | | 〃 | |
| 85 | | 〃 | |
| 86 | 6 | ③雑貨・小物 | 作例写真：6～8枚 |
| 87 | | 〃 | |
| 88 | | 〃 | |
| 89 | | 〃 | |
| 90 | | ④スイーツ | 作例写真：6～8枚 |
| 91 | | 〃 | |
| 92 | | 〃 | |
| 93 | | 〃 | |
| 94 | | ⑤人物 | 作例写真：6～8枚 |
| 95 | | 〃 | |

| | | | |
|---|---|---|---|
| | | 1 | 本トビラ |
| 2 | 写真 003-4-7ヨコ | 3 | はじめに |
| 4 | もくじ | 5 | 〃 |
| 6 | 写真 onsa001ヨコ onsa005ヨコ onsa016ヨコ onsa025ヨコ | 7 | 写真 onsa046ヨコ keito03ヨコ keito04ヨコ 1488ヨコ |
| | 写真 4192タテ 3223タテ 3214タテ 3046タテ | 9 | 写真 kanto_a |
| 10 | 写真 | 11 | 写真 |
| 12 | 写真 | 13 | 写真 |
| 14 | Chapter1 トビラ | 15 | 自分のカメラを知ろう |
| 16 | ①撮影に必要なもの | 17 | ②あると便利なもの |
| 18 | ③お手入れ方法 | 19 | ④単焦点レンズとズームレンズ |
| 20 | ⑤撮影ダイヤル ○簡単撮影モード | 21 | ○応用撮影モード |
| 22 | コラム1 ミラーレスと一眼レフの違い | 23 | イメージ写真 5148タテ |
| 24 | chapter2 トビラ | 25 | 自分のカメラを使いこなそう |
| 26 | ①しぼり | 27 | 説明写真 2140ヨコ 2145ヨコ 2149ヨコ |
| 28 | 作例写真 絞：0989ヨコ 絞：004-9-66_ヨコ | 29 | 開：3394ヨコ 中：onsa004ヨコ |
| 30 | ②シャッタースピード | 31 | 説明写真 0813ヨコ 0817ヨコ 0821ヨコ |
| 32 | 作例写真 ブレ：6045ヨコ 流：3473ヨコ | 33 | 止：4235タテ |
| 34 | ③ISO感度 | 35 | 説明写真 ISO100：3900ヨコ ISO6400：3902ヨコ |
| 36 | 作例写真 晴：1525ヨコ 曇：2767ヨコ | 37 | 室内：0972ヨコ 暗：2742ヨコ |
| 38 | ④露出 | 39 | 説明写真 プ：3650_2タテ 標準：3650タテ 標準：3650タテ マ：3650_3タテ |
| 40 | 作例写真 マイナス：onsa007ヨコ マイナス：onsa032ヨコ | 41 | プラス：1475タテ |
| 42 | ⑤ホワイトバランス 電：0905ヨコ 蛍：0906ヨコ | 43 | 説明写真 AWB：0901ヨコ 晴：0902ヨコ 曇：0904ヨコ 影：0903ヨコ |
| 44 | 作例写真 晴：3851ヨコ 晴：P017ヨコ | 45 | 電：1520ヨコ 陰：0707ヨコ |
| 46 | コラム2 失敗画像について | 47 | イメージ写真 3890タテ |

| | | | |
|---|---|---|---|
| 48 | Chapter3 トビラ | 49 | 思い描いた通りの写真を撮ろう |
| 50 | ①内蔵ストロボ 説明写真 ON：0921_2ヨコ OFF：0930ヨコ o466 | 51 | o487 作例写真 1648 |
| 52 | ②レンズ 説明写真 広：4370ヨコ 標：4372ヨコ 望：4373ヨコ | 53 | 説明写真 広：3713ヨコ 標：3693ヨコ 望：3706ヨコ |
| 54 | ③構図・アングル 説明写真 NG：2400ヨコ OK：2439ヨコ | 55 | 作例写真 2394タテ 0690ヨコ |
| 56 | ④ピント 説明写真 NG：3751ヨコ OK：3749ヨコ | 57 | 作例写真 onsa028ヨコ onsa010ヨコ |
| 58 | ⑤モノクロ 説明写真 カ：3517タテ モ：3517_2ヨコ | 59 | 作例写真 mono |
| 60 | コラム3 お気に入りの写真を見つける楽しみ | 61 | 3812タテ |
| 62 | Chapter4 トビラ | 63 | 自分のカメラに一つ足してアレンジしよう |
| 64 | ①レフ板 説明写真 有：2555ヨコ 無：2557ヨコ | 65 | 説明写真 有：2246タテ 無：2228タテ 有：2294タテ 無：2304タテ |
| 66 | ②三脚 説明写真 NG：4476ヨコ OK：4480ヨコ | 67 | 作例写真 17ヨコ 22ヨコ |
| 68 | ③ディフューザー 説明写真 影濃：5254実 影柔：5242実 | 69 | 作例写真 onsa37ヨコ 白いお花_ヨコ |
| 70 | ④クリップオンストロボ 説明写真 有：2614ヨコ 無：2611ヨコ | 71 | 作例写真 4181タテ |
| 72 | ⑤レンズフィルター 有：2463タテ 無：2462タテ | 73 | 作例写真 toire_タテ |
| 74 | コラム4 プリントのススメ | 75 | 3934タテ |
| 76 | Chapter5 トビラ | 77 | 実際に撮ってみよう |
| 78 | ①風景 5429タテ | 79 | 3546ヨコ 1470ヨコ |
| 80 | onsa042_2ヨコ 5986ヨコ | 81 | 4934ヨコ_夜景 16ヨコ |
| 82 | ②植物 タテ3644 | 83 | 3571ヨコ 1966ヨコ |
| 84 | onsa020ヨコ onsa065ヨコ | 85 | 805ヨコ 810ヨコ |
| 86 | ③雑貨・小物 2129タテ | 87 | 2237ヨコ 2261ヨコ |
| 88 | 2283タテ | 89 | 0750ヨコ 0748ヨコ |
| 90 | ④スィーツ 2449タテ | 91 | 1094タテ |
| 92 | 1203タテ | 93 | 1149ヨコ 1277タテ |
| 94 | ⑤人物 1147タテ | 95 | 1154タテ |

06 68

# デザインフォーマットをつくる

全体の流れが決まったら、もう少し細かくデザインをつめていく。本文のデザインを意識して見ていくと、一見バラエティーに富んだ構成の本も、いくつかのデザインパターンにわかれていて、それにしたがって1冊が構成されていることがわかる。このパターンのことをデザインフォーマットと呼ぶ（以下、フォーマット）。

小説やビジネス書など、文字だけで構成された本は、読みやすさを重視し、フォーマット数もひとつに統一していることが多い。文字、写真、イラスト、図などのヴィジュアル要素の配置がページによって異なる本は、フォーマット数もおのずと増えてくる。もちろん、文字だけの本でも、ページによって書体を変えるなどいくつかのフォーマットを使うこともあるし、ヴィジュアル要素が多くてもひとつのフォーマットに統一している場合もある。

まずはこのフォーマットがいくつになるかを考えてみよう。前付や後付など、そのページでしか使わないデザインは省いてよい。実際に例を出してみていくと、『デジタルカメラの教科書』（雷鳥社）のフォーマット数は、「章トビラ」「第2章」「第3〜4章」「第5章」「コラム」の五つになった。第1章はページによって入ってくる要素が変わるので省き、第3〜4章は同じ

## ラフレイアウトの例>>>

トビラ(2P)

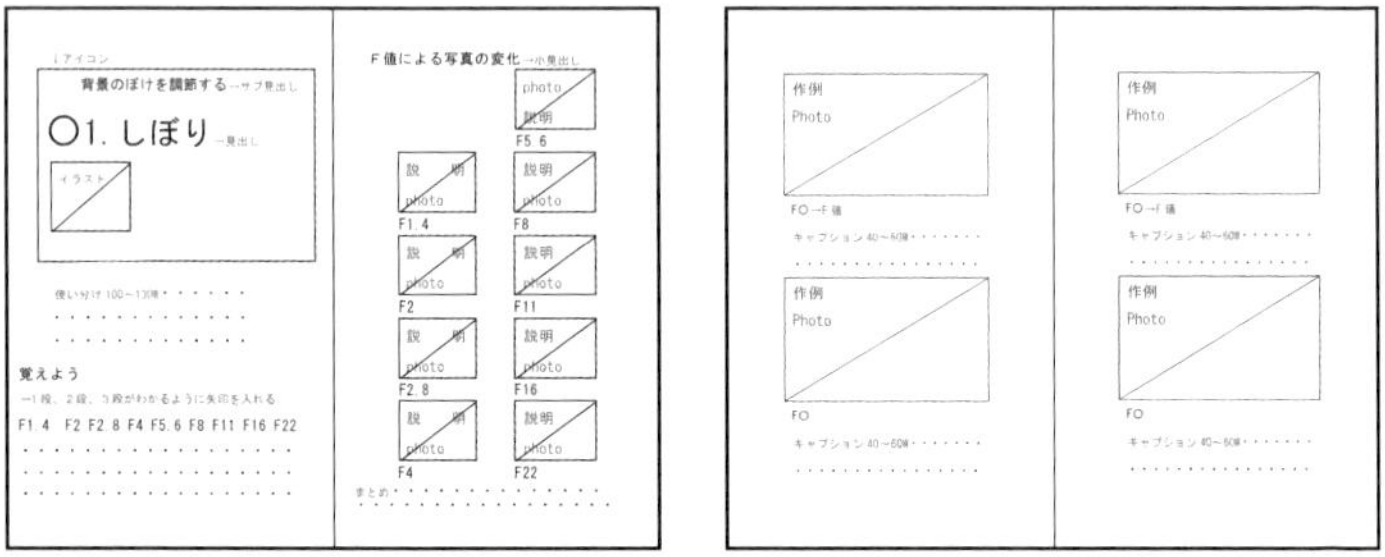


CHAPTER2(4P)

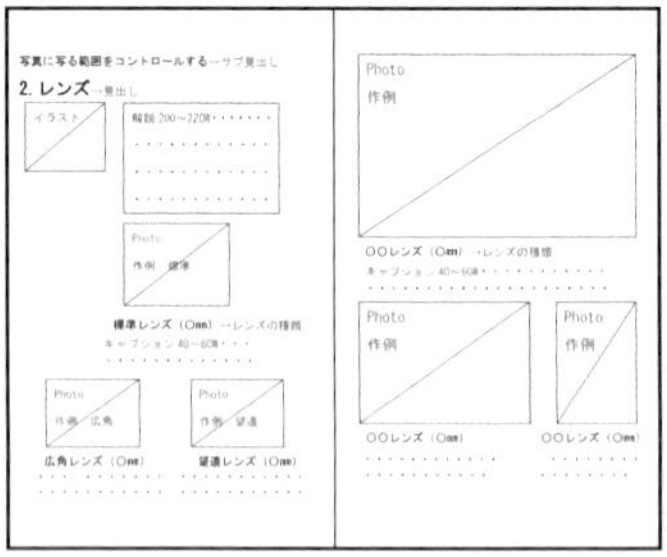


CHAPTER3-4(2P)

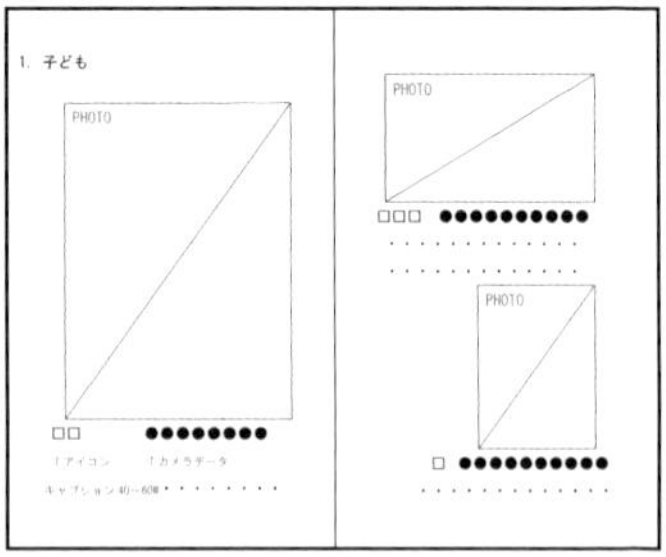


CHAPTER5(4P)

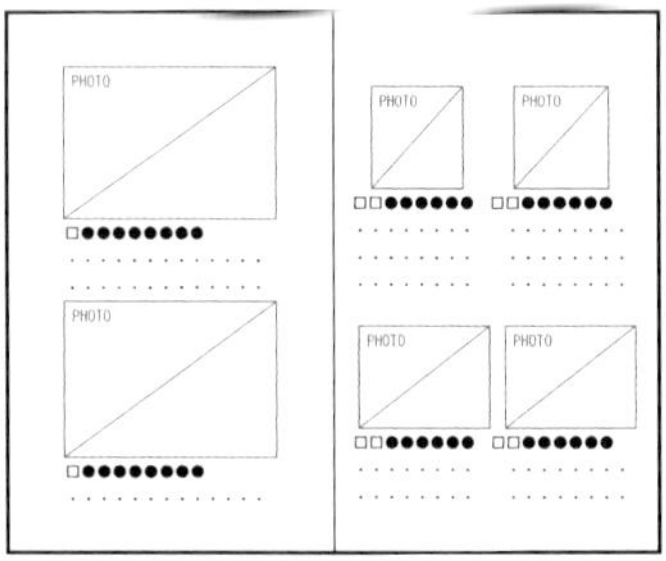

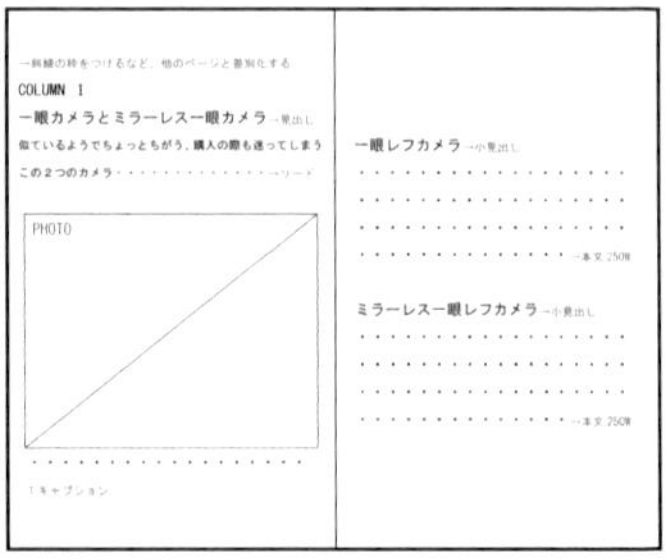


コラム(2P)

## デザインフォーマットの例>>>

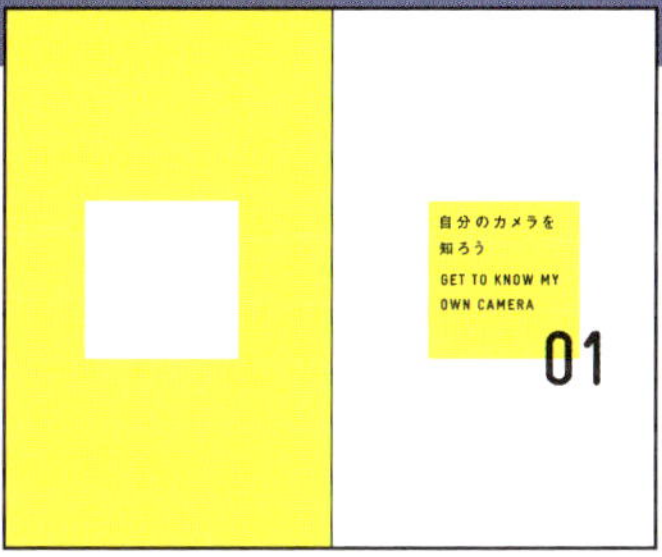


トビラ(2P)

CHAPTER2(4P)

CHAPTER3-4(2P)

CHAPTER5(4P)

コラム(2P)

フォーマットを使用するので、二つでひとつ分としている。

それが決まったら、デザイナーがフォーマットをつくるときの見本となる、ラフレイアウトをつくる。このときに重要なのは、ページにどんな要素が入ってくるかである。見出し、小見出しがあって、写真、イラストが○枚入って、キャプションがこのくらい入るという要素。そして、こういうアイコンをつけたい、扉は色ベタにしたい、写真は裁ち落とし（P204参照）で大きくしたい、など具体的なデザインイメージがあれば、図（P194参照）のように細かく記入していく。

ラフレイアウトと、ダミー原稿や写真、イラスト、図などを合わせてデザイナーにわたし、実際にレイアウトを組んでもらう。ここで注意したいのは、原稿や写真などがすべて完成する前にデザイナーに依頼すること。というのも、実際に組んでもらうと、想定していたよりも、文字数を増やしたり減らしたり、写真のイメージや数を変えたり、変更した方がいい箇所が出てくるからだ。

このようにページに盛り込む要素を完全に決定する前にデザインを組んでもらうことを、「先割」といい、雑誌やヴィジュアル要素の多い本ではこの方法がおすすめである。反対に、すべての要素が揃ってから、それに合わせてデザインをしてもらうことを「後割」といい、文字が多い本などはこの方法を用いることが多い。

**『2時間で気ままにつくる雑貨屋さんの製本教室』（西川順子、齋藤珠美／雷鳥社）**

この本では、いろいろな小物を使い、スタイリングして撮影した作品の写真を大幅に変えることになった。実際にレイアウトを組んでみたところ、メインとなる作品が目立たなかったからだ。他のページに、作品以外の小物が撮影された写真もあり、それと差別化するためにも、極力小物は使わないで、作品のみで撮影することになった。

06 69

# 書体はなにを使うか

文字だけに集中して、あらためていろいろな本を眺めてみると、実に多くの書体（フォント）があることに気づく。そのほとんどは「明朝体」「ゴシック体」のどちらかに大きく分類できる。明朝体は横の線が細く、縦の線が太いのが特徴で、本文でよく用いられる。ゴシック体は縦と横の線がほぼ同じ太さなのが特徴で、見出しや本文中のポイントなど、強調したい部分に使われることが多い。それ以外にも「筆書体」や「デザイン書体」、「新聞書体」などがある（P199参照）。印刷会社によって対応できるフォントが違うので、事前に確認しておこう。

もっとも有名なフォントメーカーは「モリサワ」で、モリサワのフォントであればすべて対応しているという印刷会社も多い。それ以外にも、「フォントワークス」「アドビシステムズ」「NIS」「ダイナコムウェア」など、多くのメーカーがある。

スタンダードな明朝体「リュウミン」は、点やハライがなめらかで、縦線・横線の端にあるウロコにやわらかさがあり、親しみやすい印象を持っている。そのバランスのとれた美しさで、本文から見出しまで幅広く使われている。長年愛用されている基本のゴシック体は

**本書の書体**

本文書体はモリサワのリュウミンR（太さ）の漢字に、平仮名・カタカナのみオールド書体を組み合わせている。通常の仮名より柔らかで読みやすく、現代的である。見出し類はMB－101のMとDBを使用。欧文や数字はフルティガーとの組み合わせ。癖がなくスッキリした印象になる。

## 代表的なフォントの例>>>

明朝体

| | |
|---|---|
| リュウミン | 雷鳥社(ライチョウシャ)は1966年創業 |
| A1明朝 | 雷鳥社(ライチョウシャ)は1966年創業 |
| 秀英3号明朝 | 雷鳥社(ライチョウシャ)は1966年創業 |
| 光朝 | 雷鳥社(ライチョウシャ)は1966年創業 |
| ヒラギノ明朝 | 雷鳥社(ライチョウシャ)は1966年創業 |
| 小塚明朝 | 雷鳥社(ライチョウシャ)は1966年創業 |
| 新聞明朝 | 雷鳥社(ライチョウシャ)は1966年創業 |

ゴシック体

| | |
|---|---|
| 中ゴシックBBB | 雷鳥社(ライチョウシャ)は1966年創業 |
| ヒラギノ角ゴシック | 雷鳥社(ライチョウシャ)は1966年創業 |
| 小塚ゴシック | 雷鳥社(ライチョウシャ)は1966年創業 |
| 新ゴシック | 雷鳥社(ライチョウシャ)は1966年創業 |
| 新丸ゴシック | 雷鳥社(ライチョウシャ)は1966年創業 |
| 見出しゴMB31 | 雷鳥社(ライチョウシャ)は1966年創業 |
| 太ゴB101 | 雷鳥社(ライチョウシャ)は1966年創業 |

「中ゴシックBBB」で、縦線・横線の端にアクセントがあり、全角に対してやや小さめのサイズ感である。キャプションはもちろん、読みやすく安定感があるので本文にも向いている。

このようにフォントにはそれぞれ特性があるので、それを理解し、デザインの方向性や用途に合うものを選ぶことが重要である。実際の現場では、編集者がフォントを細かく指定することは少ないが、とくに使用したいフォントがある場合や、デザイナーがセレクトしたフォントを変更してもらうときに、これらの知識が必要になる。

## モリサワフォントの例>>>

06 >>> 70

# デザインフォーマットの完成

「DTP」はDeskTop Publishingの略で、コンピューターを使って、原稿の作成、編集、レイアウト、版下作成、製版、印刷など、出版のための一連の作業をおこなうことをいう。編集者はWindowsを使っていることが多いが、デザイナーのほとんどはMacintoshで、デザインソフトはInDesignが主流である。デザインフォーマットは依頼からおおよそ1週間くらいでアップしてもらう。

以前は、デザイナーがプリントアウトしたものを直接見ながら、その場で意見を出し合い、つめていくことがほとんどだった。最近はデザイナーが作成したPDFをメールで受け取り、編集部でプリントアウトして確認し、電話やスカイプでやりとりをすることが増えている。この現状は賛否両論あるが、個人的にはとてもありがたい。なぜなら、はじめて見たその場では、細かいところまで気づけないことがあるからだ。時間をかけて何度も見ることで、不都合な部分が見えてきて、新しいアイデアが生まれてくる。もし可能なら、次の日にもう一度見て、それから連絡するぐらいがよい。

修正して欲しいところがある場合は、理由を明確にすることが大切である。「なんとなくこっちの方がいい」「あまり好きじゃない」「オシヤレに見えない」というような感覚的な意見は避けたい。デザイナーは編集者の好みでそのデザインにしたわけではなく、「読者」を想定した上で、最善の策をとっているからだ。

逆に、デザイナーが編集者と反対の意見をいう場合、言葉の選び方、バリエーションの多さ、考えの深さに驚かされることがある。あるデザイナーは「写真を右から左に移動をする、その単純な変更のひとつにも、明確な理由を言葉でいえるように訓練されてきた」という。編集者も、できるだけ客観的に「読者にとってどう見えるか」で判断する癖をつけたい。

　フォーマットが完成したら、文字数やイラスト数、写真のイメージ、掲載する大きさ、タテ位置・ヨコ位置などの詳細が決まるので、それに合わせて執筆、撮影、取材、イラスト作成などをすすめていく。

### デザインフォーマット完成まで>>>

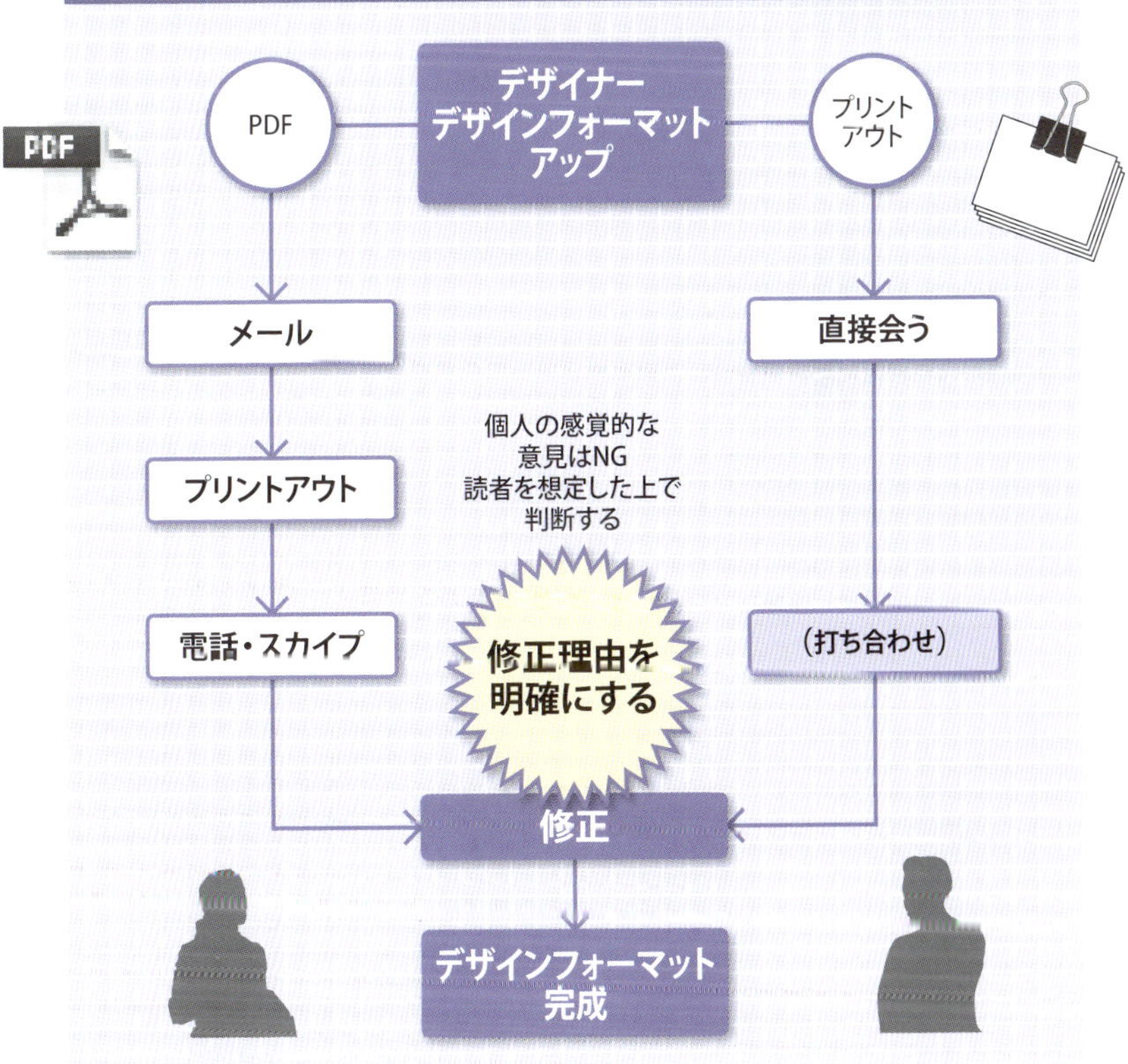

06

# 71 写真は撮り下ろすのか、借りるのか

デザインにとって、ヴィジュアル・コンテンツが大切なことはいうまでもない。

編集者が写真を入手する方法は、「撮り下ろす（撮影依頼をする）」「借りる」「買う」のいずれかである。「撮り下ろす」が一般的だと思われがちだが、実際に出版物に使われている写真は借りてきたものの方が多い。「じゃれあっているライオンの親子の写真」が必要だとして、カメラマンに撮影依頼をする編集者はまずいない。アフリカまでの渡航費、宿泊費、取材撮影実費、撮影料がかかる。少なくとも数十万円の費用が必要となるからだ。

イメージ通りの写真が見つかるかどうかは別として、ある程度納得のいく写真をストックフォトエージェンシー（カメラマンから写真を預かり、出版社や広告制作会社に写真を貸す会社）から借りてくることができれば、費用は数万円ですむ。ケニアの観光協会から無料（ただし、観光地としてのケニアをアピールする記事掲載が条件になるだろう）で写真を借りてこられる可能性だってある。

ストックフォトは低価格化が進んでおり、数千円というものが見つかる可能性もある。ネット上にはレンタル料金が数千円、数百円、あるいは無料という写真も多数存在する。

ただし、クオリティは満足のいくものか、著作

権・肖像権・使用履歴はしっかりと管理されているかなど、価格の安いモノにはそれなりの心配もあることを覚悟しなければならない。日頃から信頼のおけるカメラマンとつきあうのと同様に、信頼のおけるストックフォトエージェンシーをいくつも持ち合わせているというのは編集者に必要な能力のひとつといえるだろう。

ロイヤリティフリーの写真を売り買いするというビジネスも存在する。買った場合は購入者が自社の媒体に限って何度も使用できるというルール（転売は禁止）が一般的だ。ロイヤリティフリーというのは、著作権フリーという意味ではなく、使用料（ロイヤリティ）がフリー（無料）になるということである。借りた場合は、基本的に1媒体に1度使うことに対してレンタル料金を支払う。ちなみに写真だけでなく、イラストや立体造形物（の写真）も借りたり、買ったりすることができる。

## 主なストックフォトエージェンシー>>>

| ストックフォト名 | 特徴 |
|---|---|
| アマナイメージズ | いわずと知れた日本最大級のストックフォトエージェンシー。素材量は2500万点。日本向け写真素材としては最高のクオリティと十分な量を誇る。ただし価格もそれなりに高い。 |
| ゲッティイメージズ | 世界最大級のストックフォトエージェンシー。素材量1億6000万点は他を圧倒する。クオリティも高い。ただし、値段も高い。まさにプロ向け。 |
| アフロ | 日本発。アフロスポーツの活躍があり、スポーツ写真に強いという印象あり。読売新聞、毎日新聞などとも提携しており、ニュース報道にも強い。 |
| Fotolia | フランス発。ストックフォト世界3強の一角をなす。素材数は3400万点以上。とにかく安い。日本進出に熱心。 |
| iStockphoto | カナダ発。こちらもストックフォト世界3強の一角。値段は安い。日本人写真家はやや少なめ。 |
| Shutterstock | アメリカ発。同じくストックフォト世界3強の一角。素材数4600万点超。値段も安い。同じく日本人写真家はやや少なめ。 |
| PIXTA | 日本発。素材量は850万点。価格は上記のストックフォト世界3強よりも、やや高め。ただし、日本人写真家に関しては上記のストックフォト世界3強よりも充実している。 |
| 共同通信イメージズ | もちろん、ニュース報道等に強い。その他、毎日新聞、朝日新聞など各新聞社も写真素材を提供してくれる。 |

※点数は2015年2月現在

06 >>> 72

# 写真撮影依頼の基礎知識

さて、撮影された写真が実際誌面でどう使われるか、編集者がきちんとイメージしているかどうかで、カメラマンの仕事は大きく変化する。

写真は、誌面に使われるとき、大きく分けて、「角版」「切り抜き」「裁（断）ち落とし」（P184参照）と三つの使われ方がある。使われ方がわかっていれば撮影する側も対応しやすい。「角版」ではなく、「切り抜き」で使うのであれば、切り抜きやすい写真を撮ることができるし、「裁ち落とし」で使うのであれば、最適のフレーミングを考えられる。

A5判タテ長の誌面に写真を「裁ち落とし」で使うと、通常の一眼レフカメラで撮影した場合、撮影データの上下が切れてしまう。35㎜一眼レフカメラの画像サイズは24㎜×36㎜。比率でいうと2×3（1×1・5）になる。一方、A5判のサイズは148㎜×210㎜。比率でいうと1×1・42になる。写真の画像サイズの方が長細いのだ。

基本的にJISサイズの紙の比率は1：$\sqrt{2}$だから、常に写真の画像サイズの方が長細くなり、タテ長の誌面では上下が、ヨコ長の誌面では左右が切れることになる。しかも、「裁ち落とし」では、必ず写真を誌面からはみ出るところまで印刷し、断裁する（だから、「裁ち落とし」

**写真の向き**

右向き写真　正面を向いた写真　左向き写真

と呼ぶ）。タテ長のときは左右、ヨコ長のときは上下も、いずれもわずかながら切れてしまう。カメラマンは写真が「裁ち落とし」で使われるとわかっていたら、画面ギリギリまでの写真は撮らない。「裁ち落とし」の場合は、写真をノートリミングで使用することができないからだ。理解力の高いカメラマンなら、トリミングされることを考慮しつつ、最高の写真を撮ってくれるはずである。

編集者が紙の大きさ（タテ、ヨコの比率）とともに、写真の画像データの大きさ（Ｐ２０６参照）についても知識を持っていてくれるとカメラマンはずっと仕事がしやすくなるのだ。

写真が誌面の左右どちら側に掲載されるかまで編集者がイメージできているとカメラマンはますます仕事がやりやすくなる。写真には右向きのもの、左向きのもの、正面を向いているものなどがある。右向きの写真は、見開き誌面の右ページに置きにくい。左向きの写真はその逆のことが起こる。インタビュー撮影の前に誌面の左側に裁ち落としで使われることがわかっていれば、基本的に右向きの写真を中心に撮ればいいということになる。カメラマンの撮影に対する集中力は2倍になると考えていい。

いずれにしても、編集者が具体的な完成ページのイメージを持っているのといないのでは、カメラマン（イラストレーターやデザイナーも同様である）の仕事のやりやすさは大きく変わってしまう。読者に喜んでもらえるよう、読者により深く伝わるよう、魅力的な誌面の完成イメージを考える仕事はデザイナーだけでなく、編集者にとっても重要である。

| フィルムサイズ | 35mm | 645判 | 67判 | 4×5 | 8×10 |
| --- | --- | --- | --- | --- | --- |
| 撮影可能サイズ（mm） | 24×36 | 56×41.5 | 56×69 | 100×125 | 200×250 |

06
73

# デザイナーへ全データを受けわたす

雑誌の場合は、あがってきた原稿や写真、イラストからどんどんデザイナーにわたしてレイアウトしてもらうのが一般的だが、書籍の場合は、すべてのデータが揃ってから、デザイナーに受けわたすことが多い。注意したいのは、写真やイラストはどのようなカタチでわたすかだ。写真がデータの場合は拡張子がｊｐｇ、もしくはｊｐｅｇとなっているＪＰＧ画像で入稿することが多い。これは静止画像データのファイルサイズを抑えるために、圧縮する方式のひとつで、もっとも一般的だ。それ以外に、拡張子がｐｓｄ、ｅｐｓ、ｔｉｆ、ｔｉｆｆなどもある。

また、紙媒体に写真を印刷する場合の適正解像度は３５０ｄｐｉである。３５０ｄｐｉで実際に掲載するサイズ以上のデータが必要になる。それ以下の解像度で印刷すると、画像が粗くなりぼやけて見えてしまう。データではなく、プリントやフィルムの場合は、事前に印刷会社に預け、スキャンをしてデータ化したものをわたす。イラストが紙に描かれている場合も同様であるが、自分でデータ化する場合は、スキャンをしたあとに、フォトショップなどの写真加工・編集ソフトで余計なものを除去するというひと手間を加える。

これらのデータを用意したら、台割と、フォ

**dpi（DPIとも表記）**
dots per inchの略で、ドット密度を表す単位。1インチの中にどのくらいのドット（点）があるかを表す。例えば350dpiなら、1インチあたり350個の点がある。この値が大きいほど、解像度が高い。

**写真の解像度**
印刷の場合は原寸で350dpiというが、それ以上の高解像度にしても、印刷された写真がきれいになるわけではない。データが重くなる分、出力に時間がかかるなど、扱いにくくなる。

ーマットにはめられなかったページのラフレイアウト、ページ構成した台割をつけることも忘れない。この受けわたしが無事に終わると、編集者は一旦、自分の手から本が離れ、少しの間ほっとできる。

**総**

　ページ数や発売日、進捗状況によって変わるが、書籍の場合はおよそ3～4週間でデザインをアップしてもらうことが多い。フォーマットのときと同じように、最近はPDFで送られてくることが一般的だ。その最初のデータをプリントアウトしたものを、「初校」と呼ぶ。そして、この初校を見たときの喜びは、編集業務の中でも1位、2位を争う楽しみだという編集者は多い。それは、原稿、写真、イラスト、図など個別にバラバラにあったものが、すべて合わさり、紙(誌)面というひとつのカタチとなって目で見ることができるからだ。このときに、自分の想像をはるかに超える出来栄えだと、ぜひ次回もこのデザイナーにお願いしたいという気持ちになる。反対に、ガッカリしてしまう場合は、意思の疎通がうまくできなかったか、デザイナーとの相性が悪かった可能性がある。

　また、初校を修正したデータをプリントアウトしたものを、「再校」、3回目以降は「三校」「四校」「五校」……という。さらに、この校正刷りのことをまとめて「ゲラ」と呼ぶこともある。

06

74

# カバーデザインを考える

カバーはもっとも重要な本の顔になる。編集者がデザイナーにイメージを伝えて、それに沿ったカタチでデザインをしてもらうこともあれば、フォーマットや本文をデザインしていく中で、デザイナー自らがイメージを固めて、提案してくれる場合もある。

前者の場合に気をつけていることは、細かいところまでイメージを固めすぎないこと。ある程度デザイナーに自由にアレンジしてもらった方が、自分の固定観念に縛られないイイものがあがってくることが多い。ただ、それもデザイナーとの信頼関係の上に成り立っているので、はじめて依頼するときは、ある程度細かく指示することもある。

どちらの場合も、対象とする読者が手に取りやすいデザインになっているかを総合的に見極

C

める。編集者は常につくり手と読者のバランスを考えながら、手綱を引かなければいけない。

**下** 図は、『小さなパン屋さん、はじめました。』（雷鳥社）という本でデザイナーが提案してくれた3案である。この本は過去に出した『20代でお店をはじめました。』『ものづくりを仕事にしました。』などのシリーズ本で、それらと一緒に並ぶことを想定したときに、違和感のないA案、パン屋さんの紙袋をイメージしたB案、楽しい雰囲気で動きのあるC案である。デザイナー、著者、カメラマン、編集者の4人で多数決をとったところ、A案2票、B案1票、C案1票。票がわれたこともあり、インタビューをするパン屋の店主や、書店営業の際に書店員の意見も聞いてみることに。その結果、一番人気はC案！　ということで、C案の方向でさらにつめていくことになった。

## カバーデザインの例>>>

A

B

## カバーデザイン完成まで>>>

D

E

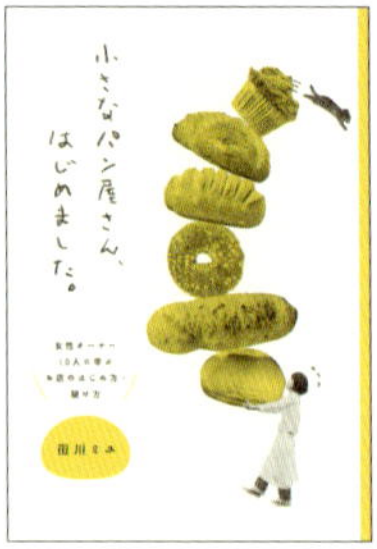


F

G

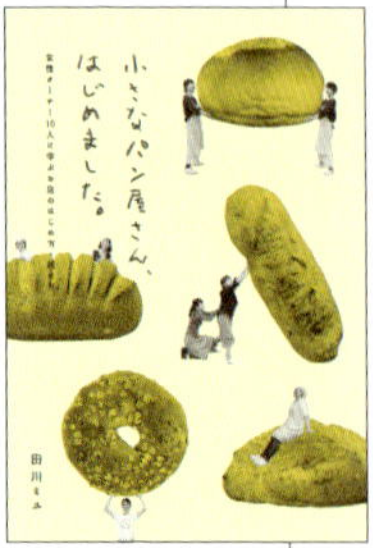


H

I

J

K

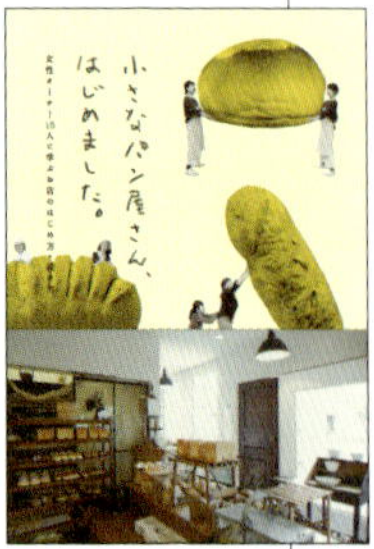


L

既刊のシリーズ本

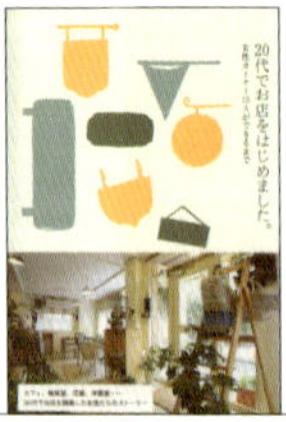

だ、このデザインで少し気になったのは「パンの色がおいしそうに見えない」「全体的に少しさびしい印象がある」「タイトルの文字が細くて薄いので読みづらい」「シリーズ本のイメージがない」の4点である。それを改善すべく、次に八つのデザインをデザイナーがあげてくれた。パンの色を1色からカラー（4色）にしたもの、背の黄色を表1にも見えるようにしたもの、シリーズ本に見せるために帯をつけたもの、タイトルの文字を太く見やすくしたもの、帯に合わせてデザインを変えたもの。

最終的にはD案の手書き文字をE案の太文字に変更してもらい、L案に決定！　このように納得いくまで、デザイナーと微調整をくり返し、完成に近づけていくことが大切だ。

## その他のカバーデザイン例>>>

決定案

06
75

# 書籍や雑誌に使う紙にはどんなものがある？

**紙**の種類は、新聞巻取紙、印刷用紙・情報用紙、包装用紙、衛生用紙、雑種紙に大きく分類される。書籍や雑誌などの一般的な商業印刷でよく使われているのは、印刷用紙である。その中には、紙の表面に塗料を塗り発色効果を高める「塗工紙」、表面加工をせず紙の風合いを生かした「非塗工紙」、テクスチャーや色数が豊富な「特殊印刷用紙」がある。

塗工紙はさらに塗料の厚みにより、「アート紙」「コート紙」「軽量コート紙」「微塗工紙」などにわけられ、さらに表面に光沢があるグロス系と光沢が抑えられたマット系（ダル系）がある。一般的に写真やヴィジュアル要素が多くカラーで印刷する際には塗工紙、文字要素の多い読み物でモノクロ印刷する際には非塗工紙を使う。特殊印刷用紙は、見返しや別丁扉などに使用されることが多い。

**ま**た、紙を決める際、手触りや色、発色はもちろん、それ以外に確認しておきたいのは、「原紙サイズ」「紙の重さ」「紙の目」の3点である。まず、P188でも説明したように、使いたい紙の原紙にA判、B判、四六判、菊判などのすべてのサイズがあるとは限らないので、つくる本の判型にあった原紙サイズがあるかを確認する。

**連量の目安（四六判）**

70kg 新聞折り込みチラシ
90kg 映画館のチラシ
110kg DMハガキ
135kg ポスター
180kg 郵便ハガキ、名刺

二つ目の紙の重さには、「g／㎡」で表す坪量《つぼりょう》と、「kg」で表す連量（斤量《きんりょう》）がある。坪量は紙の重さのもととなる数値で、紙1㎡あたりの重さのこと。連量は紙の厚みを知るための目安になる、1連（ある規定サイズにつくられた紙1000枚）の紙の重さのことをいう。

三つ目の紙の目とは、T目（縦目）、Y目（横目）と表し、繊維の流れの方向のことをいう。本をつくるときは、基本的に紙の目の方向を本の天地の方向にあわせて使う。目に逆らうと紙が折りづらく、その結果、本がきちんと閉じなかったり、壊れやすくなったりする。

**紙の目 >>>**

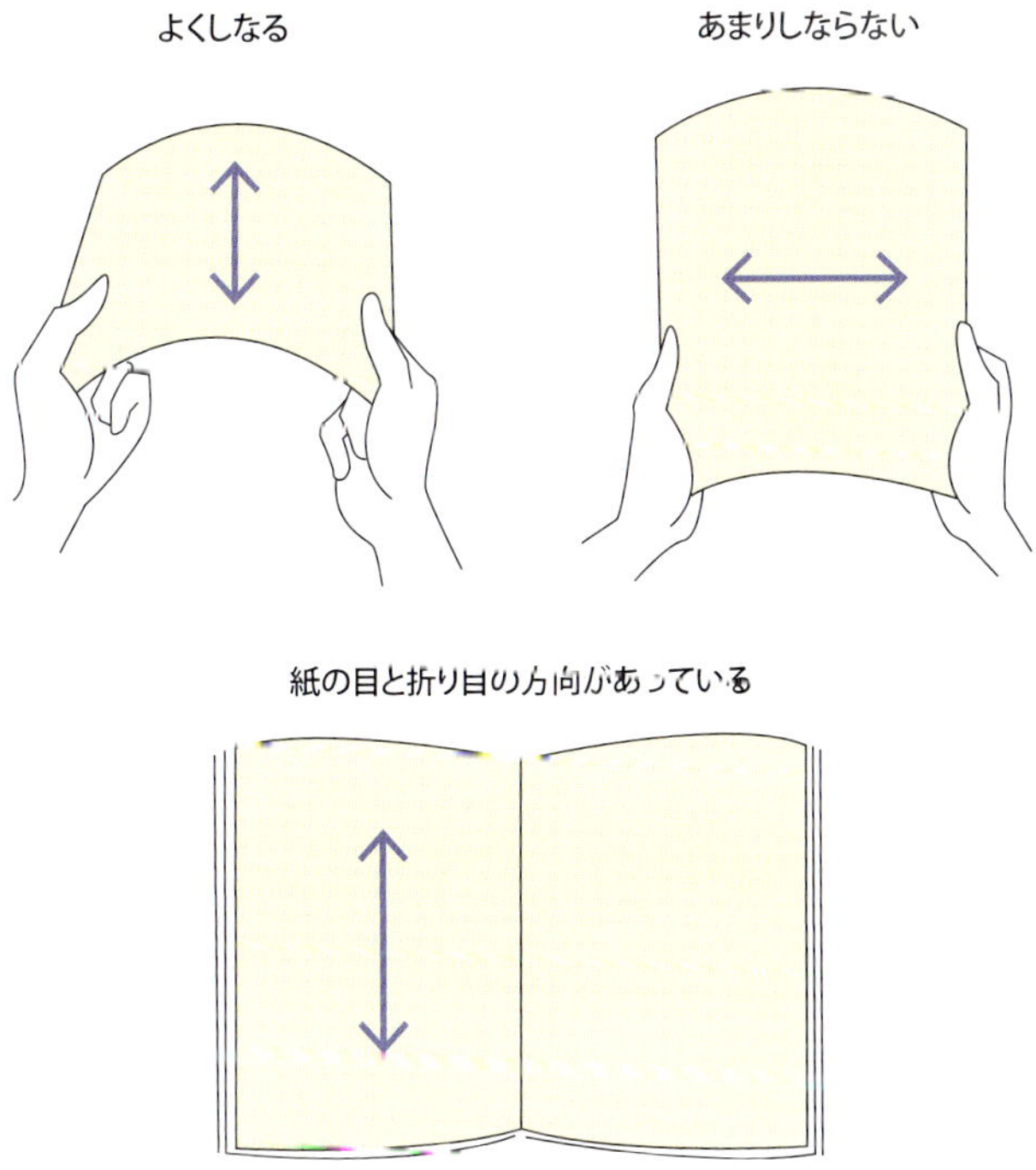

06

76

# 紙で本の印象は大きく変わる

本文、カバーのデザインがある程度決まったら、紙をセレクトし、印刷会社に「束《つか》見本」をつくってもらう。束見本とは実際に使用する紙、ページ数で製本した、束幅や外形を確かめる見本のこと。並製の場合は、本文、カバー、表紙、見返し、オビ、上製の場合はそれに、ボール紙、花ぎれ、しおりも指定できる。紙は品切れや生産中止、予算の都合などで、使用できない場合があるので、それぞれ第1～第3希望まであげておくとよい。

主な製紙会社は、王子製紙、日本製紙、三菱製紙、北越製紙、大王製紙、中越パルプ、竹尾、紀州上質などがある。製紙会社ごとに、見本帳をつくっているので、そこから選んで決めたり、印刷会社に使いたい紙のイメージを伝え、紹介してもらったりする。紙はデザイナーから提案されることが多いが、出版社によっては使用する紙があらかじめ決められているところもある。紙の色味、質感、厚さ(重さ)、発色などによって、本のイメージがガラッと変わってくるので、紙(誌)面デザインと同じモチベーションで気を抜かずに考えたい。

異なる紙でつくった束見本を見比べた上で、紙を最終決定したい場合は、最大で3種類くらいまでつくってくれる印刷会社が多い。

デザインや校正にかかりっきりになっていると、うっかり依頼するのを忘れてしまうのがこの束見本。しかも、依頼から納期まではおよそ1週間かかるので、スケジュールにあらかじめ組み込んでなるべく早めにお願いしよう。

## 束見本で確認する事>>>

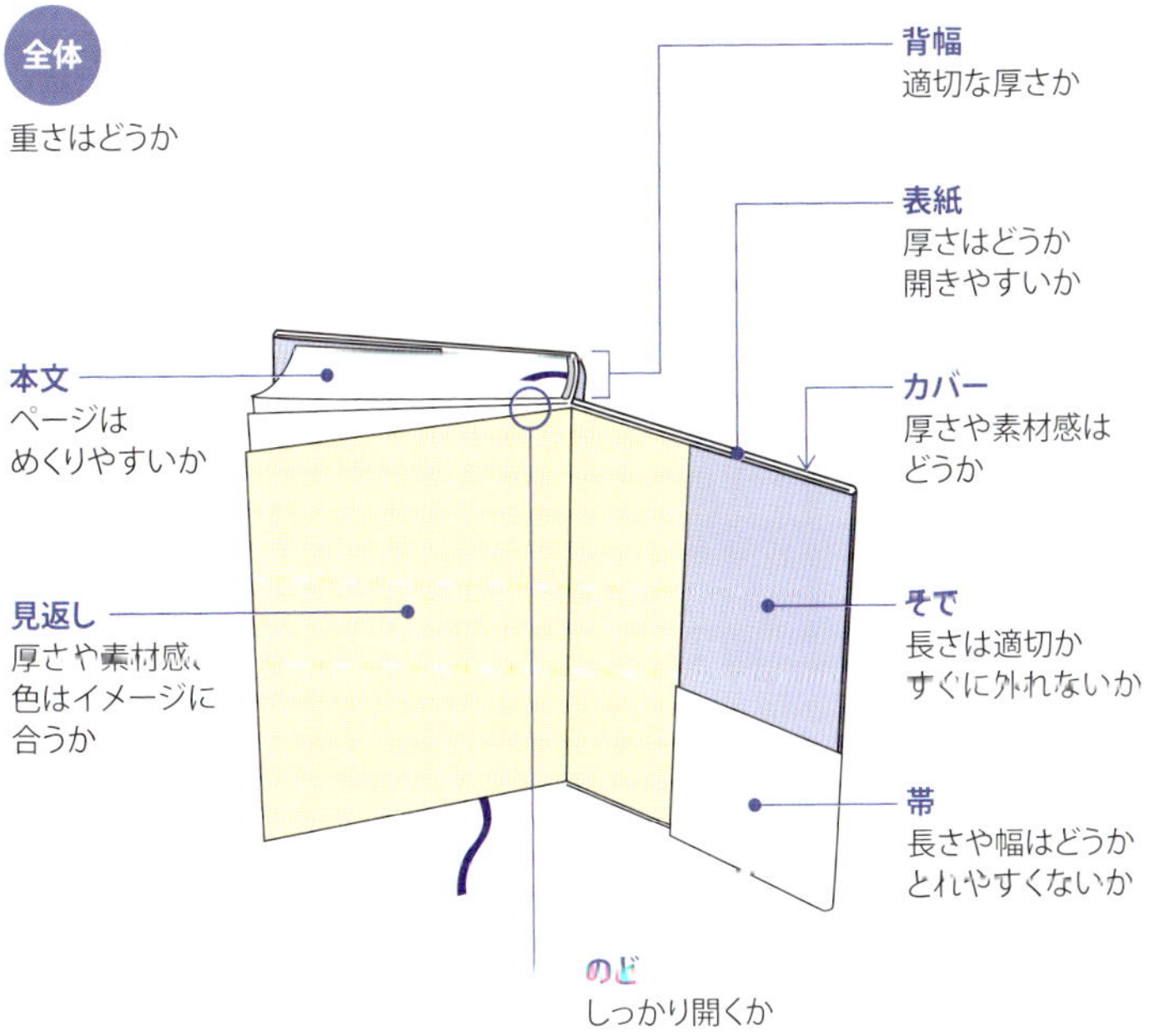

06

# 77 いざ、入稿する

印刷するためのデータを印刷所にわたすことを「印刷入稿」という。データはデザイナーが作成してくれるが、入稿形式はあらかじめデザイナーや印刷会社に確認しておく必要がある。入稿形式には、In DesignのデータやIllustratorデータをそのまま入稿する「ネイティブデータ入稿」と、完全データで入稿する「PDF入稿」がある。ネイティブデータの場合、入稿後に間違いがあれば基本的に印刷会社で修正ができる。ただ、印刷会社が対応しているフォント以外のものを使用している場合は、アウトライン（文字データを画像データに変換すること）をかける必要があり、アウトライン化したところは印刷会社で修正ができない。また、使用ソフトのバージョンによっては対応できないものもある。

PDF入稿はフォントをPDFに埋め込むことができるので、アウトラインなどの処理はしなくてよい。ただ、入稿後に印刷会社で修正することはできないので、デザイナーに戻して修正をしてもらわなければならない。

入稿に必要なものは、CD-Rや、DVD-Rに書き込んだデータ、出力紙、紙の仕様書である。折ごとに刷色が変わる場合は、それがわかる台割をつける。

# 07
# 印刷する

# 07 78 印刷業界の基礎知識

## 紙

媒体の編集に携わる限り、必ず印刷会社とのやりとりが発生する。大手出版社には一括して印刷会社とのやりとりを担当してくれる制作進行のスタッフがいることもあるが、それでも編集者にとって印刷に関する知識は必須といっていい。実際に取引をする相手は、印刷会社の営業部のみというのが一般的だが、その内部は印刷工程によって多岐にわたる。一部の大手印刷会社を除いては、印刷業、製版業、製本業・印刷物加工業、印刷関連サービス業など多くの専門企業が連携して出版社の仕事に対応している。ほとんどの印刷会社は、製版、製本などを別会社に外注しているのだ。

## 印

刷業に分類されるのは、文字通り印刷を扱う会社、事業体である。出版物の印刷は、主に「凸版印刷」「平版印刷」「グラビア印刷」の三つにわかれる。凸版印刷は主に漫画、平版印刷は書籍や写真集、グラビア印刷は雑誌の印刷で利用する。これらの印刷方式を扱う業界は、一般印刷業といわれる。印刷業は他に、スクリーン印刷やシール・ラベル印刷などを扱う特殊印刷業、デジタル印刷機を使用して、版をつくらずそのままデータを直接出力する軽印刷業がある。

製版業に分類されるのは、それぞれの印刷方式に合わせた印刷原版フィルムまたは、刷版を

**軽印刷業**

軽印刷業は、出版関係者だけでなく一般の人にも広く利用されている町の印刷会社である。書籍の制作で直接お願いすることはないが、発売後のプロモーション用品の制作では、納期が早く、印刷料もリーズナブルなのでとても助かる。

製造している会社、事業体である。

　製本業・印刷物加工業は、印刷を終えたものを製本する製本会社と光沢加工・断裁・箔押しなどの特殊な加工をする印刷物加工会社にわかれる。

　印刷関連サービス業は、校正紙を印刷したり、刷版の研磨などのような補助業務をおこなう企業である。

　このように細分化している理由は、各工程に必要な機械などの設備費用が高額であり、ひとつの企業では賄いきれないことや、それぞれに専門的なプロの技を必要とすることがあげられる。

### 出版・印刷関連業界>>>

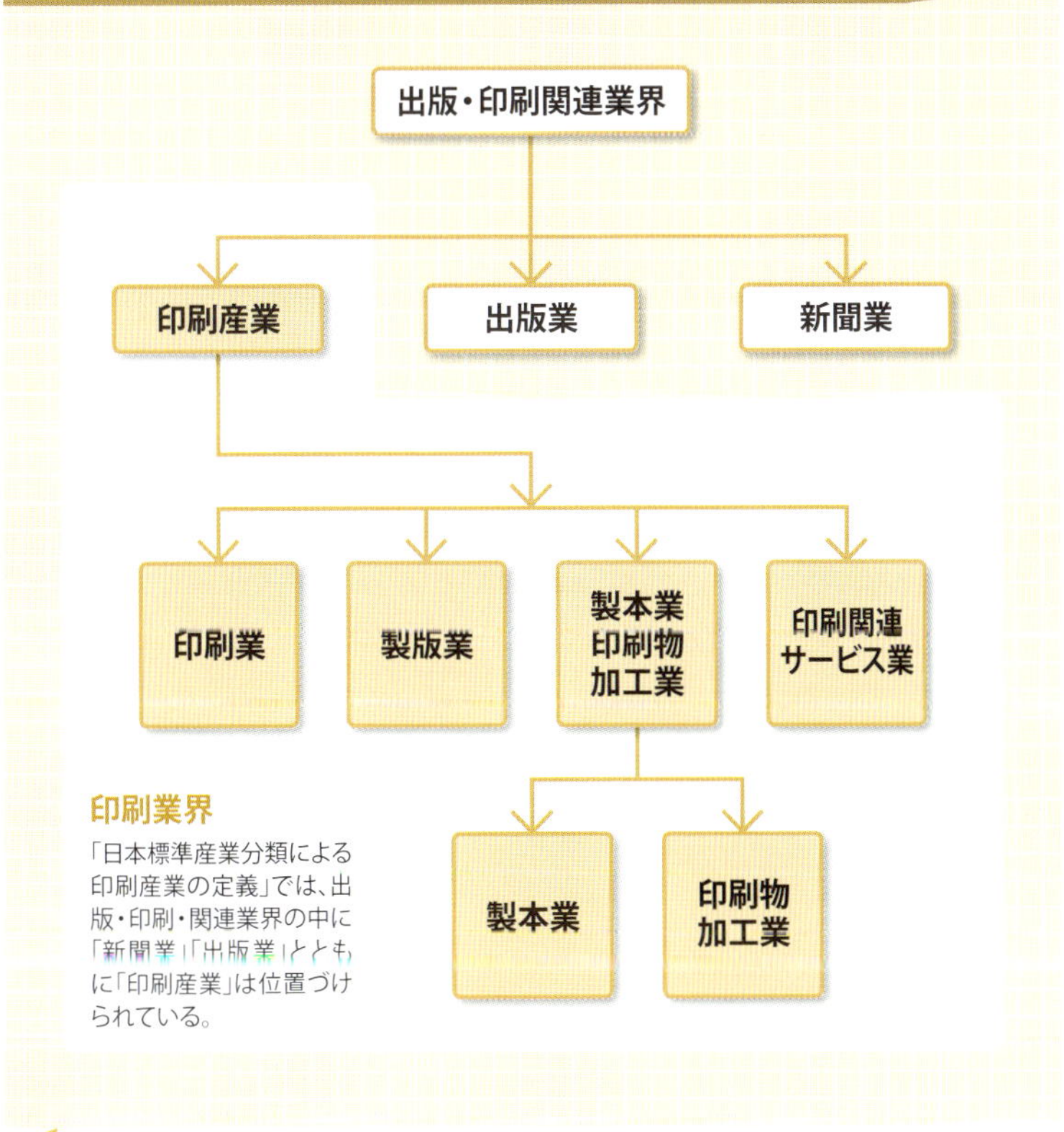

印刷業界
「日本標準産業分類による印刷産業の定義」では、出版・印刷・関連業界の中に「新聞業」「出版業」とともに「印刷産業」は位置づけられている。

# 印刷の仕組み

印刷の方式は、使う版の種類によって主に四つに分けられる。一般印刷業界に分類される「凸版印刷」「平版印刷」「グラビア印刷（凹版印刷）」の三つと、被印刷体を選ばず印刷できる「孔版印刷」である。

この中で編集者に一番馴染みがあるのが、平版印刷だろう。書籍だけでなく紙媒体の印刷物全般に広く使われている。印刷方法は、版につけたインキを、ゴムブランケットなどの中間転写体に転写（Ｏｆｆｓｅｔ）して印刷をする。そのためオフセット印刷ともいわれている。版が直接印刷面に触れないため、耐久性も高く、大量の印刷を短時間でこなすことができる。

平版印刷専用の印刷機は大きく分けて2種類あり、シート紙（カット紙）に印刷する枚葉印刷機と、巻取紙に印刷する輪転印刷機である。枚葉印刷機は片面単色機から両面8色機、ニス引きなどの後加工ができるものまで、機種によって性能に多少の違いがある。一般に1時間あたり約1万部の速度で印刷することができる。輪転印刷機は、両面4色フルカラー印刷を同時におこなえるものが一般的。印刷機には折り機が連動しており、そのまま製本工程にまわすことができる。印刷スピードは、枚葉印刷機の数倍あり、1時間あたり約2万~3万部の印刷が可能である。

**植物油インキ**

市場のニーズや環境に配慮した取り組みとして、平版印刷に使われているインキの原料は植物油が使われていることが多い。植物油は再生産可能な大豆油、亜麻仁油、桐油、ヤシ油、パーム油などを主体とした廃食用油を再利用している。このようなインキを使用している印刷会社は「植物油インキマーク」を表示し差別化を図っている。

VEGETABLE OIL INK

使用する版は、PS版といわれるアルミ板に感光材を塗布したものが主流となっている。紫外線やレーザー光などを原版フィルムを通してアルミ板に感光させ、現像処理をすることによって、画線部だけに親油性を残す。実際に印刷するときには、版に湿し水をし、インキと水が反発することを利用して親油性のある部分にだけインキを乗せる。PS版以外にも、「乾式平版」があり、湿し水を使わない「水なし印刷」として注目を浴びている。湿し水の代わりに、シリコンなどのインキ反発性物質を使うことで、水によるインキのにじみや印刷紙の収縮もなく、廃液がいらないなどの環境的観点でのメリットも大きい。しかし、資材コストが高いため、まだ業界シェアは低い。

## 凸

版印刷の印刷方式は、15世紀末に開発された、活字を組み合わせて版をつくる活

### 平版の印刷の仕組み>>>

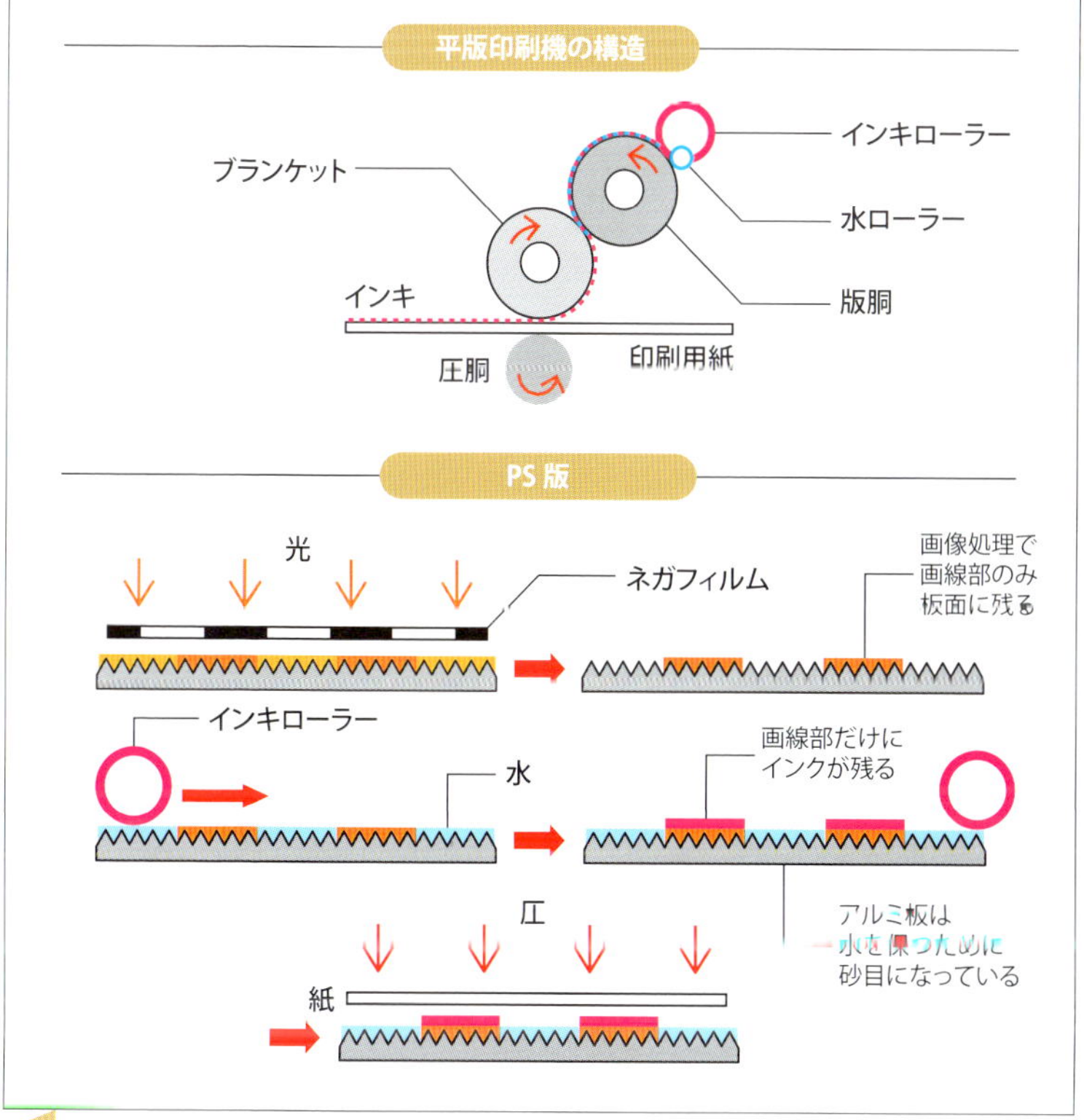

版印刷の仕組みがもとになっている。スミ(墨)1色の両面刷りが主流で、文字印刷に向いているため、漫画などの印刷に広く使われている。印刷機は、平らな版に圧力をかけて一度に印刷をする平圧式印刷方式や、版自体が移動してインキ供給と印刷をおこなう円圧式印刷方式などがある。凸版印刷は、版に直接圧力をかけて印刷するため、版の耐久性がよくない。そのため大量印刷の場合は、使用する紙型鉛版の複製をつくっている。写真などの印刷には感光性のある樹脂凸版が使用されることもある。

**グ**ラビア印刷(凹版印刷)は、インキの乾燥が早いのが特徴で、大量部数のカラー雑誌によく使われている。紙媒体だけでなく、食品などの軟包装カラー印刷はグラビア印刷が主流である。使用する版は、インキを残したい画線部だけ凹んでおり、版面全体にインキをつけてから、不必要な部分だけをこそげ取り、被印刷体に転写する。版の製造コストは高いが、文字印刷から高画質な写真印刷まで印刷の幅が広く、耐久性もよい。出版物に使用されるグラビア印刷機は、両面印刷可能で、折り機が組み込まれているのでスピードも速い。

**孔**版印刷は、微妙な色調の調節や大量の印刷が難しく、出版物の主流ではないが、布地やフィルムのような特殊紙での印刷で使用することがある。印刷方式はシルクスクリーン印刷ともいわれ、感光液を塗布したスクリーン状の版に、紫外線で非画線部分を硬化し、インキを透過させることで印刷する。紙はもちろん布、金属、フィルムなどへ幅広い印刷が可能である。

**孔版印刷**

孔版印刷は書籍の印刷では通常利用しないが、カバーに特殊紙を用いた場合や、布を張った場合などの印刷は孔版印刷をする場合がある。孔版印刷の原理は「謄写版(ガリ版)」「プリントゴッコ」や「Tシャツくん」と同じである。

## その他の印刷の仕組み>>>

### 活版印刷機の構造

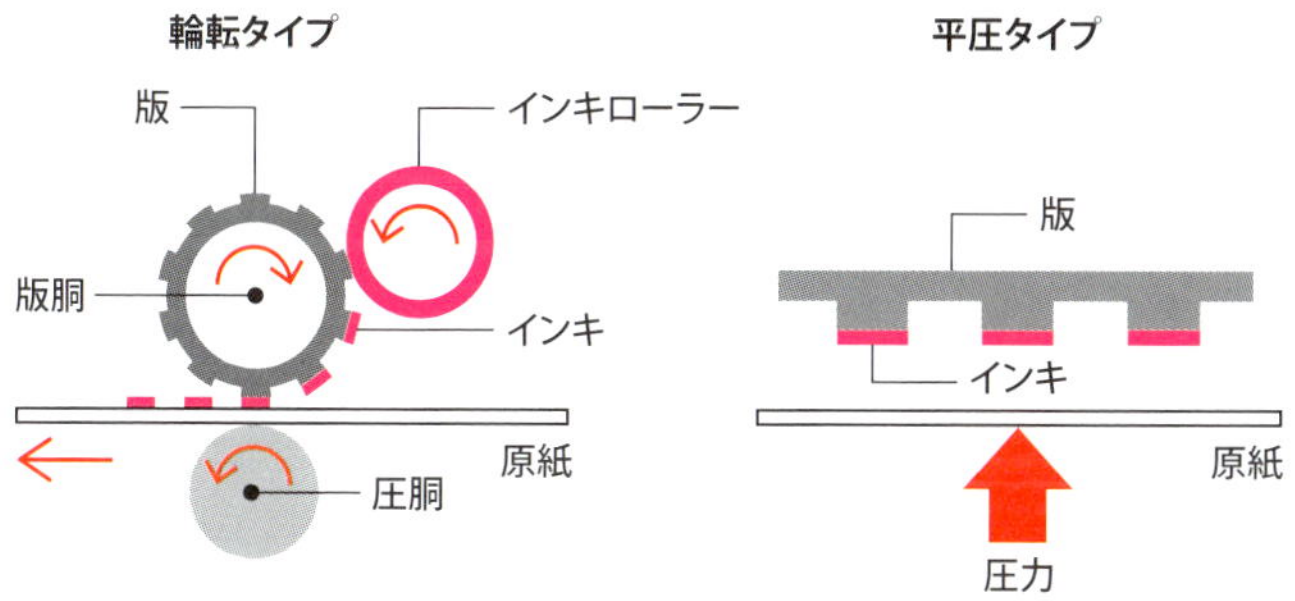


### グラビア印刷機の構造

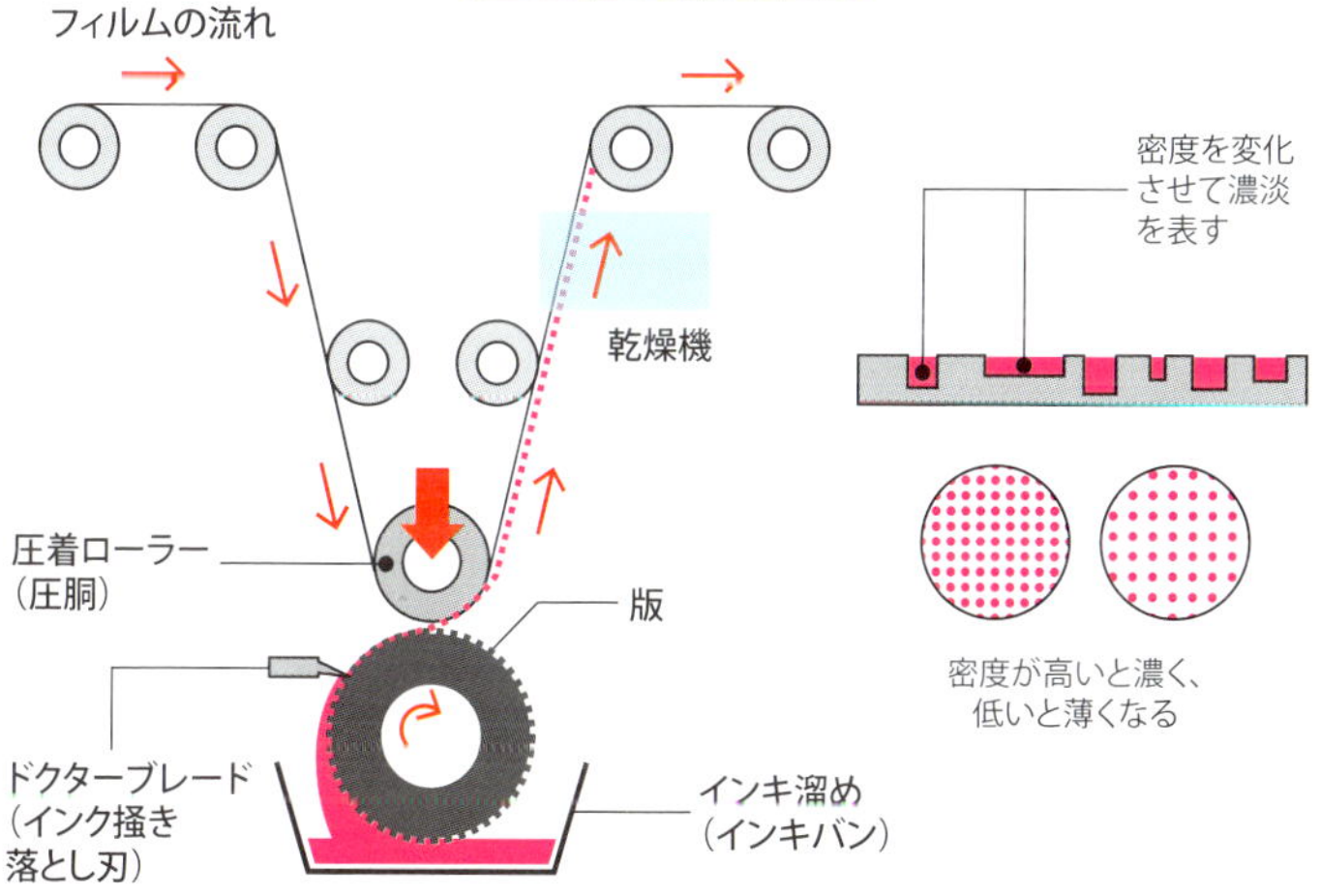


### 孔版印刷機の構造

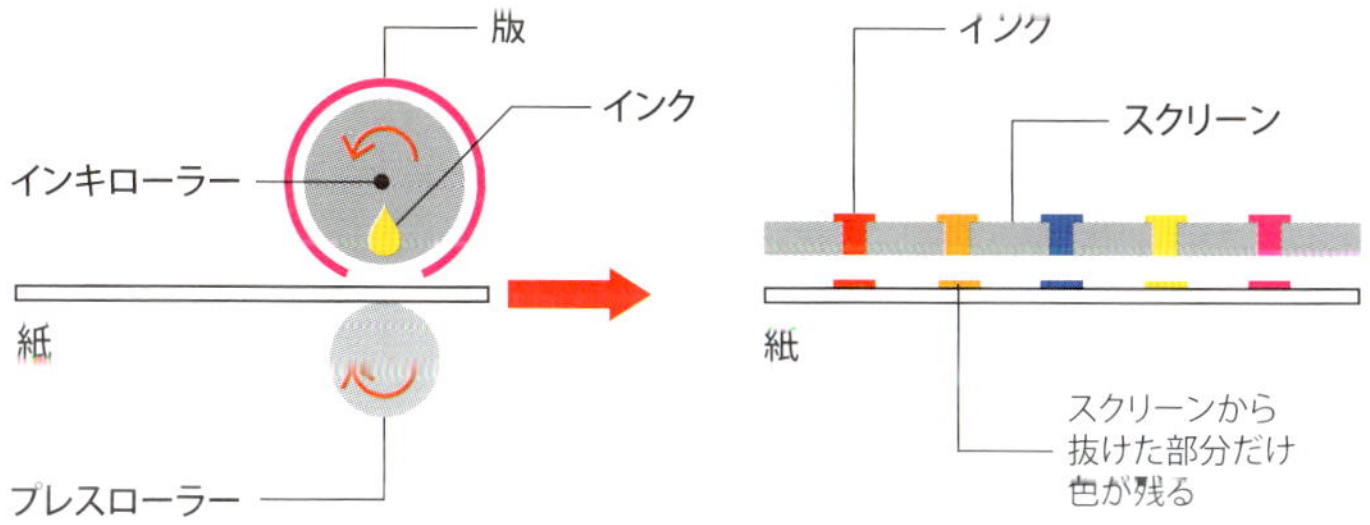

07

80

# インキについての基礎知識

印刷の工程は、形のないデジタルデータを実在するものに仕上げる作業である。忠実に色を再現するためにインキの存在は欠かせない。印刷の版式によって乾燥工程などが違うのでインキの組成なども変わる。平版（オフセット）印刷の場合、インキは顔料とワニスからつくられる。顔料は色のもとであり、水や油に溶けにくく、印刷されたものに耐光性を持たせてくれる。ワニスは流動性、乾燥性があり、機上から紙上までの転移や乾燥の役割がある。

一般にフルカラーの印刷物であってもインキの色は4色で表現されている。C（シアン）、M（マゼンタ）、Y（イエロー）、K（ブラック）の4色だ。「プロセスインキ」や「セットインク」とも呼ばれる。色の3原色であるCMYの3色さえあれば、原理的に特色を除くすべての色が再現できる。色は、インキを混ぜてベタ塗りで表現するのではなく、網点《あみてん》といわれる小さな点の集合で再現する。一般にブラック→シアン→マゼンタ→イエローの濃度の高い順で印刷され、点の重なりの密度差で様々な色、濃淡を表現するのだ。例えばM100%とY100%で刷れば赤、Y100%とC100%で刷れば緑になる。C100%、M100%、Y100%で刷れば原理的には黒ということになるのだが、黒（スミ）は印刷にとってもっとも重要な色なので、

**DICカラーガイド**

DICカラーガイドは色の認識を共有するための必需品

プロセスインキにはもう1色、K（スミ、ブラック）が加わる。通常文字原稿はCMYではなく、K100%で印刷される。CMY3色を混色してつくった黒よりも、K1色で刷った文字の方がずっと読みやすいからだ。

カラーチャート（P226参照）を利用すれば、M30%、Y50%で印刷すると、どんな色になるかを確認することができる。また大日本インキ化学工業（DIC）がつくっているカラーガイドやパントーンの色見本帳を利用してイメージしている色を見つけることもできる。すべての色には色番号がつけられており、デザインソフト上で、色番号を入力するだけで、希望の色を画面上に呼び出すことができる。

**特**色とは、CMYK以外の単色で作られた色のことである。金、銀、パール、蛍光色などがこれにあたる。もちろん、混色でつく

### CMYKの仕組み>>>

った赤では満足できず、特色インキで特別な赤をつくるということもある。CMYだけで原理的にはすべての色が再現できるのだが、インキをより多く使えばより微妙な色を再現することが可能になるからだ。化粧品の広告ポスターのように、微妙な色合いにこだわる印刷現場ではCMYKの4色に特色4色を加えて8色印刷をすることもある。また、2色の印刷物の場合は、Kと特色の組み合わせになることが多い。もちろん、特色と特色の組み合わせでもいい。特色を使ったときも、網点を利用できる。例えば特色A50%、特色B80%の混色で刷ることもできる。思ったよりも多彩なデザインが可能になるはずだ。

## カラーチャート（M×Y）>>>

C、M、Y、Kの点の集合で画ができている

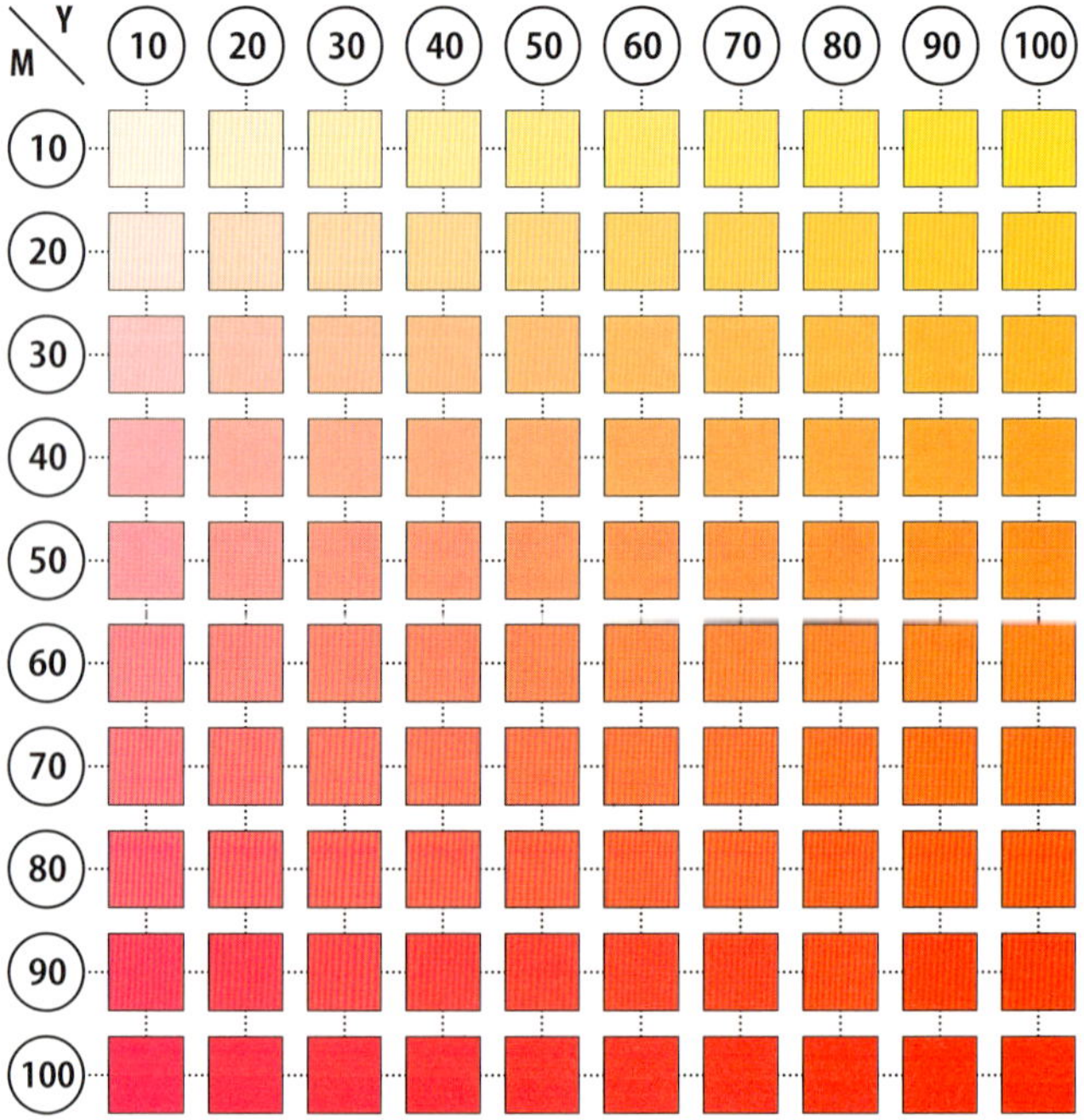

07

81

# 面つけについて

本のページ数を意識して調べてみると、その多くが16ページの倍数で終わっている。これは実際の仕上がりサイズよりも大きな紙に、8、もしくは16、32ページ分をまとめて印刷するからだ。また、表と裏の両面を刷るので、1枚の大きな紙で16、32、64ページ分の印刷ができる。これにより、1ページずつ刷るよりも、効率よく印刷・製本できる。印刷所では製本した際に、ページが順番になるように大きな紙に規則的にページを配置する、「面つけ」をおこなっている。基本的に、縦組みの場合は右開き、横組みは左開きになるように面つけされている。

面つけされた用紙を折ったものを「折丁」という。ページ数の多い本は、この折丁がたくさんできるので、ページの早い順に「1折」「2折」「3折」と呼び、一般的には16ページを1折とすることが多い。少々ややこしいが、1枚の大きな紙で、32、64ページ印刷できる場合は、1折が32、64ページになるというわけではない。32ページの紙を半分に切ってから折るので、16ページの折丁が2折分できるというわけだ。64ページの場合は、1枚の大きな紙から4折分の折丁ができる。ただし、文庫本や辞書などの薄い紙では32ページ、厚い紙の場合は8ページを1折とすることもある。

1枚の大きな紙に何ページ分印刷できるのかは、つくりたい本のサイズによって異なるので、左図を参考にして、ページ数を決定するとよい。また、印刷会社によって、「A判の全紙は刷れるが、B判の全紙は刷れない」など、最大で印刷できる紙の大きさが変わるので、その確認も必要だ。

面つけが理解できていると、折ごとに紙を変更したり、使用するインキの数を調整したりすることができる。台割を作成するときにページと一緒に折の数もわかるようにしておくといいだろう。

## 折丁 >>>

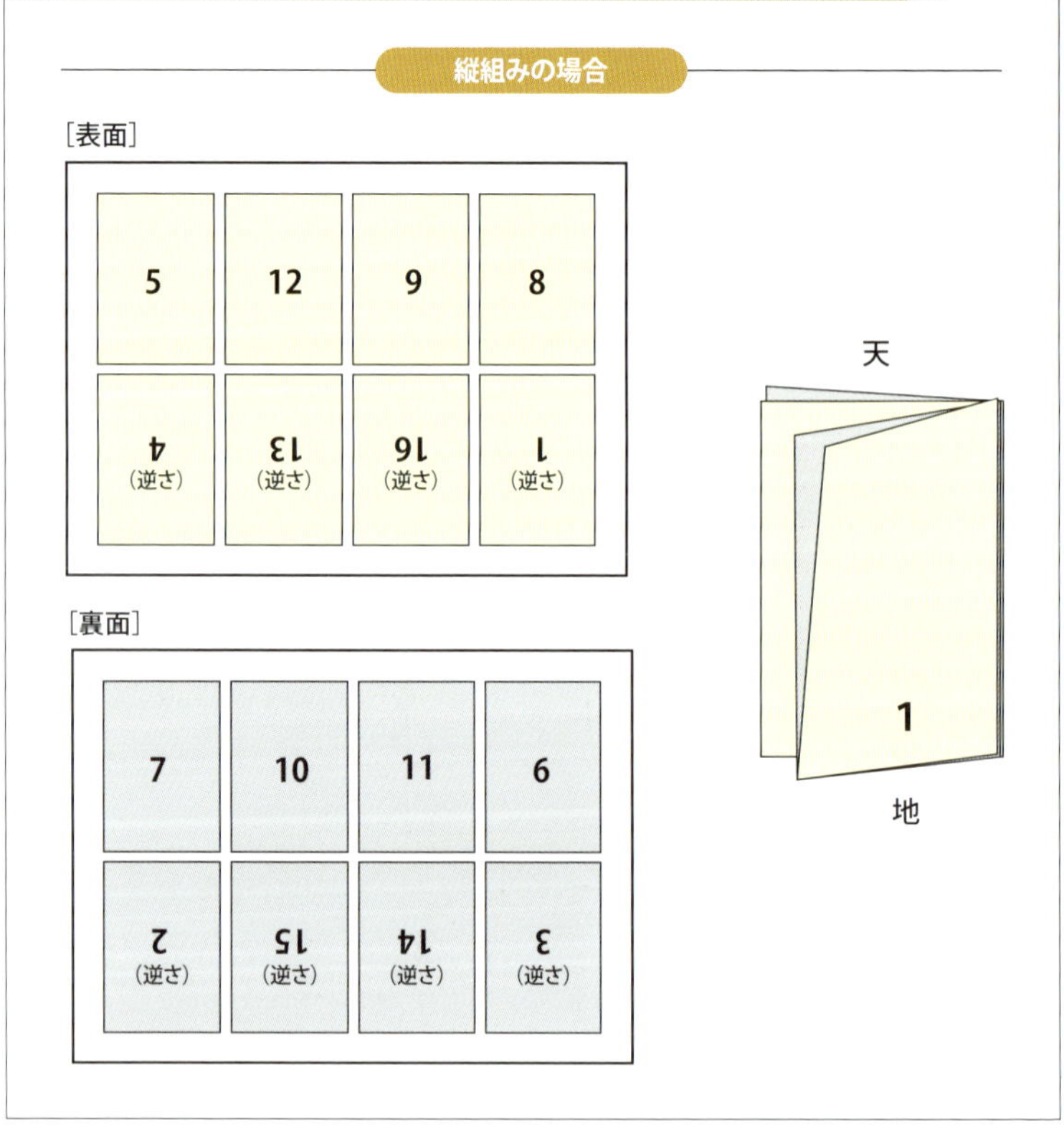

## 取り都合>>>

### A5の本の取り都合（例）

［本文の取り方］

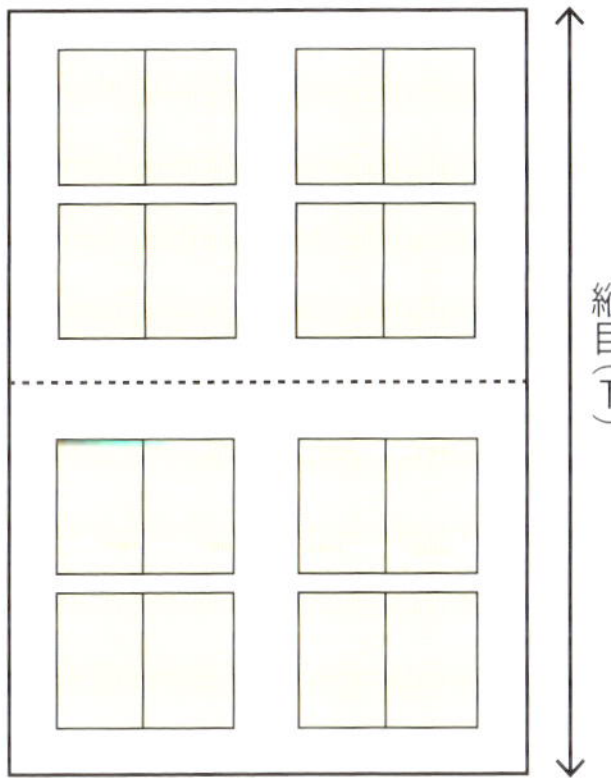


A列全判・菊判／T
16取、32ページ

［扉（本扉）の取り方］

四六判／T　16冊

［見返しの取り方］

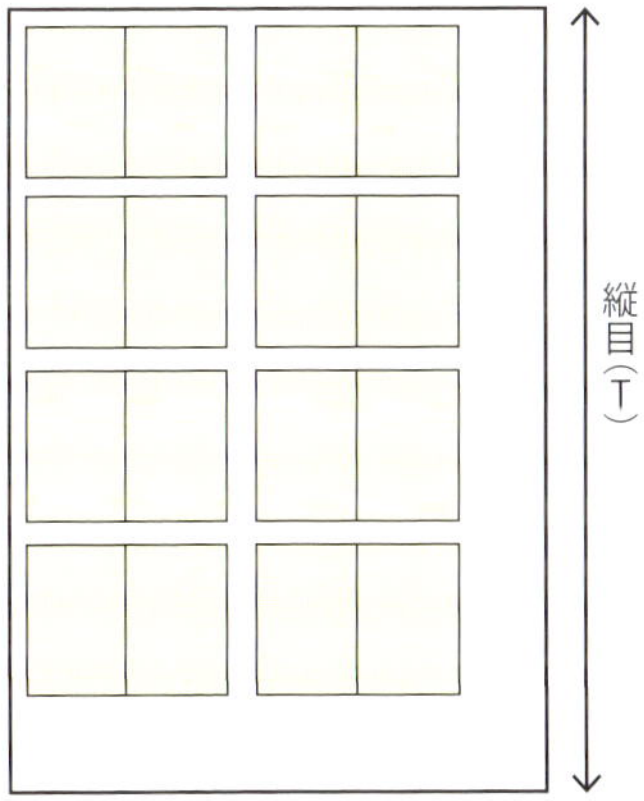


四六判／T　5冊

［表紙の取り方］

四六判／T　半裁　4面つけ
上製・並製　8冊

07

82

# 印刷会社を選ぶ

実際には印刷会社とのやりとりはどういったことから始まるのだろう。

どんな媒体でも必ず予算があるはずだ。いきなり印刷をお願いするのではなく、まずは数社から合見積もりを取ることから始めよう。見積もりをお願いするためには、使用する紙の種類、刷る色数、刷り部数、特殊印刷の有無などを記載した書籍仕様書を用意しよう。合見積もりはざっくりとした情報で構わないので、イメージが固まったらなるべく早くお願いするといい。

参考の2社の見積もりを比べてみよう。それぞれフォーマットが違うが、同じ書籍

見積書

株式会社　B印刷

| | | | |
|---|---|---|---|
| 雷鳥社　御中 | 品名 | もっと知りたい！印刷料金 | |
| 版種　46判（188×128） | 数量 | 3000 | 税込金額　¥947,160 |
| | 単価 | | 本体価格　¥877,000 |
| | | | 消費税　¥70,160 |

| | 種別 | 仕様 | 数量 | 単価 | 金額 |
|---|---|---|---|---|---|
| | | バーコード製作代 | 1 | ¥2,000 | ¥2,000 |
| 製版 | ＜製版＞ | | | | |
| | 帯・カバー | 製版・本紙校正 | 4 | ¥4,000 | ¥16,000 |
| | 表紙 | 製版・本紙校正 | 1 | ¥2,000 | ¥2,000 |
| | 本文2C 224P | 製版・簡易校正 | 224 | ¥200 | ¥44,800 |
| | 本文4C 112P | 製版・簡易校正 | 112 | ¥250 | ¥28,000 |
| | スリップ | 製版，組版 | 1 | ¥2,500 | ¥2,500 |
| 刷版 | ＜刷版＞ | | | | |
| | 帯・カバー | A1×4/0c　4500部 | 4 | ¥1,500 | ¥6,000 |
| | 表紙 | B2×1/0c | 1 | ¥1,500 | ¥1,500 |
| | 本文2C | B1×2/2c×4 | 16 | ¥2,300 | ¥36,800 |
| | 本文4C | B2×4/4c×4 | 32 | ¥1,500 | ¥48,000 |
| | スリップ | B4×1/0c | 1 | ¥1,500 | ¥1,500 |
| 印刷 | ＜印刷＞ | | | | |
| | 帯・カバー | 菊全/4面1125s×4/0c | 4 | ¥3,500 | ¥14,000 |
| | 表紙 | 46半/4面750s×1/0c | 1 | [illegible] | ¥3,500 |
| | 本文2C 16P×12 | 46全/1面3000s×2/2c×3 | 12 | ¥5,500 | ¥66,000 |
| | 本文2C 16P×2 | 46全/2面1500s×2/2c | 4 | ¥5,500 | ¥22,000 |
| | 本文4C 16P×6 | 46半/1面3000s×4/4c×3 | 24 | ¥3,500 | ¥84,000 |
| | 本文4C 16P×6 | 46半/2面1500s×4/4c | 8 | ¥3,500 | ¥28,000 |
| | スリップ | 46/4裁16面282s×1/0c | 1 | ¥3,500 | ¥3,500 |
| 用紙 | 帯・カバー | コート　菊/Y　93.5 | 1750 | ¥150 | ¥24,544 |
| | 表紙 | サンカード　46/T 180.0 | 500 | ¥190 | ¥17,100 |
| | 前後見返し | NTラシャ　46/Y 100 | 400 | ¥75 | ¥30,000 |
| | 本文 | OKブライトラフ 46/Y 77.5 | 19750 | ¥165 | ¥252,553 |
| | スリップ | 上質紙　46/T 70.0 | 250 | ¥140 | ¥2,450 |
| 製本 | | 帯・カバー　PP加工 | 1125 | ¥13 | ¥14,625 |
| | | アジロ並製 | 3000 | ¥35 | ¥105,000 |
| 他 | | 配本運賃 | 1 | ¥20,000 | ¥20,000 |
| | | 雑費 | 1 | ¥628 | ¥628 |
| 本体価格 | | | | | ¥877,000 |
| 消費税 | | | | | ¥70,160 |
| 合計 | | | | | ¥947,160 |

## 書籍仕様書>>>

| 書籍仕様書 |
|---|

出版社：雷鳥社
タイトル：もっと知りたい！　印刷料金
判型：四六判（188×128）製：並製
ページ：336ページ（4色構成＋2色構成）
部数：3000部
付きもの増し：1500部増し

| 品名 | 用紙 | 刷色 | 加工 |
|---|---|---|---|
| カバー | コート紙　斤量はノーマル | 4C | グロスPP |
| 表紙 | サンカード　K/Y 155.0 | 2C | 無 |
| 本文 | OKブライトラフ　46/Y | | 無 |
| | 224P | 2C | |
| | 112P | 4C | |
| 見返し | NTラシャ | 無 | 無 |
| 帯 | 表紙と同じ紙 | 4C | グロスPP |
| しおり | | 無 | 無 |
| 花切れ | | 無 | 無 |

※カバー、帯、スリップなどを付きものと呼ぶ。書店からの返品後、商品の改装時に必要となる。通常、本そのものの1.5倍程度つくっておく。

## 印刷会社見積書比較>>>

A印刷株式会社

### 見積書

雷鳥社　様
書名　もっと知りたい！印刷料金
46判（188×128）アジロ並製336P3000部
入稿形式：データ入稿
付きもの増し：1500枚

税抜き合計￥823，458
（消費税は別途請求となります）

| 項目 | 仕様 | 数量 | 単価 | 金額 |
|---|---|---|---|---|
| 本文 | 面付け（4C×112、2C×224P | 336 | ¥50 | ¥34,200 |
| | プルーフ（42台） | 42 | ¥1,000 | ¥42,000 |
| | 刷版（4/4×2台） | 16 | ¥2,500 | ¥40,000 |
| | 刷版（2/2×4台） | 16 | ¥2,500 | ¥40,000 |
| | 印刷（4/4×2台）3000s | 16 | ¥6,000 | ¥96,000 |
| | 印刷（2/2×3台）3000s | 12 | ¥6,000 | ¥72,000 |
| | 印刷（2/2×1台）1500s | 4 | ¥4,500 | ¥18,000 |
| カバー・帯 | 製版代 | 4 | ¥5,500 | ¥22,000 |
| | 刷版印刷（4/0）1125s | 4 | ¥7,000 | ¥28,000 |
| | グロスPP | 1125 | ¥15 | ¥16,875 |
| 表紙 | 製版代 | 2 | ¥5,000 | ¥10,000 |
| | 刷版印刷（2/0）750s | 2 | ¥5,000 | ¥10,000 |
| スリップ | | 1 | ¥6,000 | ¥6,000 |
| 製本 | | 3000 | ¥28 | [illegible] |
| 配本 | | 1 | ¥20,000 | ¥20,000 |
| 小計 | | | | ¥540,275 |

| 用紙 | 銘柄 | 数量 | 単価 | 金額 |
|---|---|---|---|---|
| 本文 | OKブライトラフ　46/Y　77.5kg | 20000 | 11.24 | ¥224,800 |
| カバー・帯 | コート　K/Y　76.5kg | 1500 | 12.05 | ¥18,075 |
| 表紙 | サンカード＋　K/T　15.5kg | 500 | 26.35 | ¥13,175 |
| 見返し | NTラシャ（A色）　46/Y　100kg | 400 | 61.27 | ¥24,508 |
| スリップ | 上質　46/T　70kg | 250 | 10.5 | ¥2,625 |
| 小計 | | | | ¥283,183 |

| 税抜き合計 | ¥823,458 |
|---|---|

仕様書をもとに作成してもらったものである。どちらも見積書の上部にはお願いした基本的なデータが記載されている。見積もりを見比べるときに、まずこの基本データに間違いがないかを確認することが大切である。

A社（画像左）もB社（画像右）も製版、刷版、印刷、用紙で区分けしているのがわかる。この項目ごとに見比べることで、各社の特徴を判断することができる。

この2社は値段に5万円近く開きが出ている。料金を左右する要因のひとつに紙の値段が考えられる。中でも本文用紙の値段の差は、使用する枚数が多いため料金に大きく影響する。紙の値段は1枚単位で計算される場合と、使用される紙全体の重さで計算される場合がある。注意が必要だ。

次の要因は、印刷料金である。印刷料金は印刷する版の数とインキの色で乗算されていることがわかる。印刷料金の違いで印刷会社の特徴を判断することもできる。フルカラー印刷だと断然安い会社も、1色印刷の場合だと高くなることもあるのだ。

この2社を比較するとA社の方がよくみえる。しかし、見積もりだけではわからないが、B社はA社より納期が1週間短い。つまりスピードが強みなのである。また、合見積もりの段階ではB社は金額的に負けているが、値段の交渉をすることでA社よりも安くできる場合もある。例えば、本文に使用する紙を、同じような特徴で安価なものが用意できるか相談するのもひとつの方法である。このように編集者は総合的に考えながら印刷会社を選定することが大切である。

**印刷費の裏側**

印刷業界の内部は前述のように細分化されているため、印刷会社間で外注をしていることが多い。

07 ››› 83

# スケジュールを決めよう

印刷会社への入稿前になると、発売まで期間が決まっている分、スケジュールがタイトに感じられる。もしかすると締め切りが迫っている場合もあるだろう。印刷会社の入稿以降は、印刷会社の内部はもちろん、著者やデザイナーなど関係者が多いため入念にスケジュールを立てることが大切である。

デザインを終え、印刷会社に入稿した後は、組版・製版の後、印刷前の最終チェックとなる校正紙が出力される。これを出校という。校正紙での文字校正と色校正が編集部で完了すると校了となる。校正を反映し修正を印刷会社が最終確認することを責了という。その後印刷会社の方で下版（刷版）、印刷、製本を経て見本出し納品となる。入稿から見本出しまでの期間は、一般的には2週間から3週間といったところだろう。印刷会社と入稿日や納品希望日を相談し、校正はどのように進めるかを考えよう。

一度印刷会社に入稿してしまうと、修正などの小さな変更にもお金がかかる。そのため、入稿前の校正は入念にしておきたい。

前項の「印刷会社を選ぶ」では触れなかったが、校正のやり方、修正・校正紙の出し直しなどの費用、修正案件に対する対応力・スピードも印刷会社選択の大事なポイントである。

**入稿後のスケジュール**

おおまかな入稿後のスケジュール

❶入稿
←（中1〜2日営業日）
❷出校
←（校正ができたら）
❸責了、下版
←（中6〜7日営業日）
❹見本出来

07

84

# 入稿準備

入稿後、印刷会社の中でスムーズに作業ができるように、編集者は入稿のための準備をしよう。入稿時に必要なものは、台割、書籍仕様書、画像関係資料、データ、全印刷データをプリントアウトしたもの、スリップデータなどである。

　台割はページの構成などを把握するために必要になる。すでに企画の段階やデザイナーへの引き渡し時に台割をつくっているかと思うが、印刷所での各工程で使いやすい台割を新たに用意しておくといい。具体的には、折や見開きなどのページ構成がわかる工夫や、画像の差し込み箇所、紙や色数などが変わる場合の指示などを台割に記しておきたい。書籍仕様書は、見積もりのときに使用したものを最終情報に更新しておこう。画像関係資料は、図表、イラストデータ、写真データなどの使用画像のみを一覧にしたものも別につくっておくといいだろう。データの準備は編集者ではできない。デザインを印刷会社のＤＴＰを利用して制作している場合を除いては、入稿前の最終のデータはデザイナーが持っている。デザインソフトで作った本文のデータと、確認用ＰＤＦをＤＶＤなどに焼いてデザイナーに用意してもらおう。

　最終印刷入稿データによる全ページの出力は必須である。これは原寸大で出力しておきたい。

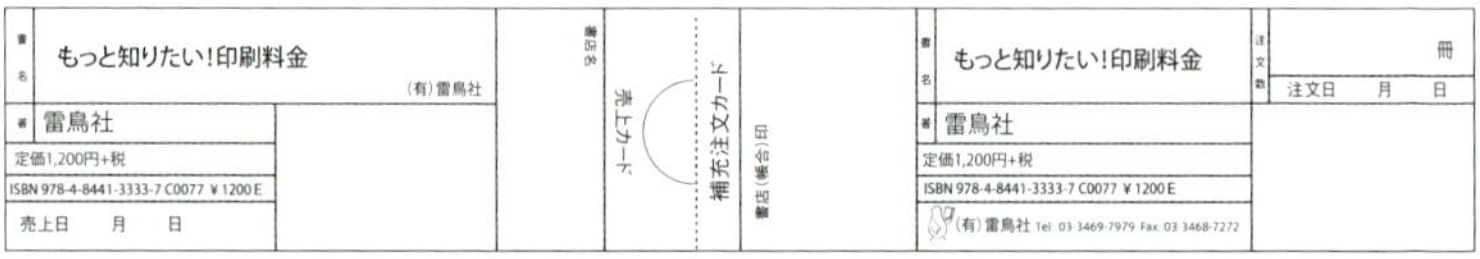

スリップ見本

刷り上がり時の印象の違いなどを瞬時に確認でき、印刷会社のケアレスミスを未然に防ぐことができる。

最後に、忘れがちなのがスリップのデータだ。スリップとは本に挟まれている細長い紙のことである。書籍の詳細がすべて書かれていて、書店流通したときに書店側で売り上げなどの計算、補充注文の際の情報源として必要になる。

入稿はメールやサーバーなどでのデータのやり取りだけで済ませずに、極力デザイナーと印刷会社の立ち合いで行った方がよい。入稿以降、制作者が揃う機会は基本的にはない。入稿時の立ち合いは、互いの不明点や要望などを伝え合うことができ、トラブルを未然に防ぐことができる大切な機会である。

### 入稿時に必要なもの>>>

# 校正をどうするか

無

　事入稿を終え印刷会社に引き渡したら、今度は校正が待っている。校正には色を確認するための色校正と、文字を確認するための文字校正があり、校正用に印刷会社からあがってきた紙を校正紙という。

　校正方法は、簡易校正、本紙校正、本機校正の3種類がある。

　簡易校正は、DDCP校正ともいわれる。DDCPは「ダイレクト・デジタル・カラー・プルーフィング」の略で、単に「プルーフ」と呼ぶ印刷会社も多い。専用の印刷機で印刷し、出力紙やインキも最終的に印刷するものとまったく違うため、厳密な色の校正をするのには向かない。しかし料金が安価で抑えられるため文字のみの校正なら簡易校正で十分である。色についてもおおまかには確認が可能だ。心配なところのみ、後述の本紙校正、本機校正をおこなうというやり方もある。また納期が早く、入稿から最短1日で返ってくることもある。

　本紙校正は、実際に印刷するものと同じ紙とインキでおこなう。違うのは専用の色校機といわれる印刷機でおこなうことだ。使用する紙にインキが乗ったときの色の具合などを確認できるため、色味を重視するときに向いている。しかし、印刷本機とは印刷自体の仕組みが違うので稀に色のミスマッチングが発生する場合があ

**簡易校正**
特色＋Kの場合、簡易校正では色の確認はできない。簡易校正では特色は使わず、C、M、Yを代用して使うからだ。

**写真をアップしよう**

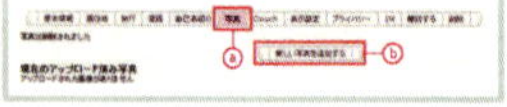

簡易校正の刷色

**写真をアップしよう**

実際の刷色

る。また、簡易校正よりもコストは高くなる。

本機校正は、本番とまったく同じ環境で印刷をするため、より忠実で間違いがない。画集や写真集などの厳密な色調整には本機校正が向いているだろう。しかし、印刷代、紙代も本番と同じだけかかり、時間もかかる。

校正紙は全判1枚分からお願いできるので、色味は確認したいが、コストが気になる場合は、3種類の校正方法をうまく活用するといいだろう。例えば、写真や画像を含む色味が見たいページを選び、本紙校正で1枚出してもらう。その他の校正は簡易校正でおこなえば、出力の出方の差を見ることで、本紙校正を出していないページの色もおおよそ予想することができ、コストをおさえることもできる。

### 色校での指示>>>

色校正では直接写真に指示を書き込んでいく

07

# 86 校正時のチェックポイント

校正紙は「ヒラ」と「オリ」という2種類の状態であがってくる。「ヒラ」は面つけしたページをそのまま裁断せずに、全紙の状態で確認することができる。印刷機による全体の色の出方がわかるので色の校正に向いている。「オリ」は実際にページで折り合わせた状態の校正紙で、1折ごとにまとめられた折丁が束のようになっている。配置のズレなどがないか、ページ飛びはないかなどの確認をするのに便利である。

校正時に確認するポイントは、カラーバランスはもちろんだが、版ズレやドットゲイン、ゴーストと呼ばれる印刷機のトラブルで起こる現象のチェックも大切である。

版ズレとは、版がずれて画線部が二重になっているような状態である。水を使うオフセット印刷の場合、紙の収縮による版ズレが起きやすい。ドットゲインは、にじみが起きやすい紙などで印刷したときに、ドット自体が太ってしまうことである。ゴーストは、白抜き部分がある絵柄に起こる現象である。使われなかった白抜き部分のインキがすぐ後に続く印刷部分に付着して起こる。

他にも裏抜けなどの確認も大切である。薄い紙などは裏側に刷られた絵柄が透けて見えることがあるからだ。

**版ズレ**

特色とスミの掛け合わせでできた緑色。右は少し版がズレて、画線部がぼやけて見える。

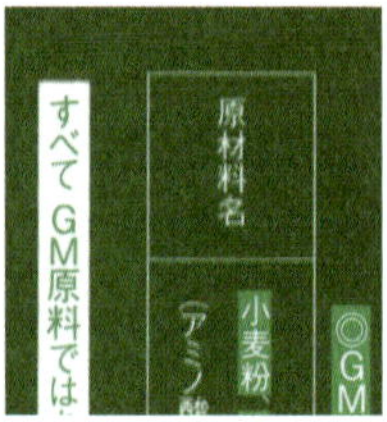

版ズレ

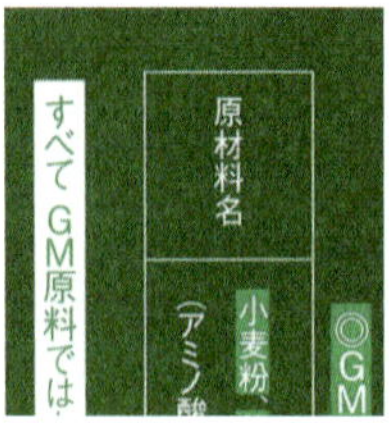

正常

07
87
# 見本出しまで気を抜かない

すべての工程が終了すると、印刷会社から見本出し用の本が送られてくる。見本出し用の本は、出来上がりをチェックし、取次（出版業界における問屋さん）に見本を持っていくために使われる。この時点ではまだ印刷は全部完了していないので、最後のチェックを必ずおこなうことが大切である。一番気をつけることは、タイトル、ISBN、価格、著者など、本の情報である。奥付、カバー、スリップがすべて同一情報でなければならない。

また裏移りなどのチェックも大切である。製本されると乾き切らないインキが重なる紙の一方を汚してしまう「裏移り」や、カバーから表紙の絵柄が透けるなどのトラブルが起こることもある。

また、本として形になったときに、イメージがまったく違ったなどということもある。よっぽどのことがない限り、見本出しまでできた本は、修正変更はおこなわないが、まだ市場に出回っているわけではない。どうしても修正が必要なら、まだ変更が可能な場合もある。

実際に、雷鳥社でも見本出しの本を見て、カバーが全体のイメージと違い、もう一度違う紙で刷り直したことがある。見本出しまでは気を抜かずに取り組んでいくことが大切である。

**献本**
見本ができたら「献本」をしよう。献本は、新聞や雑誌などの広告媒体に宣伝してもらうためにおこなう。プレスリリースと合わせて書評担当などへ送るといいだろう。また、制作時にお世話になった方々に感謝を込めて送ることもある。

# 08

# 著作権を知る

08

88

# 著作権とはなにか

クリエーターには著作権があり、編集者には著作権がない。著作権はクリエーターに与えられた最大の権利であり、それを主張することはパワーゲームにおいても有利である。著作権の基本を知ることはクリエーターたちとぶつかり合う編集者のサバイバルゲームにおいては必須条件になる。

著作権は一言でいえば「表現した者の権利を保護する概念」ということになる

著作権の適用範囲はかなり広い。思想または感情を表現したもの、つまり創作物としては、文芸作品、絵、写真、歌、映像、デザイン、コンピュータープログラムから生花、ヘアメイク、刺青の図柄まで含まれる。それが、外部に表現として公表された時点で著作権は自動的に作者に付与される。表現としてかたちにされているのは重要なポイント。いわゆる発想、アイデアなど表現されないものには著作権がない。

文化庁などへの登録も©マークをいちいち表記しなくても、その表現の作者であることがわかっていれば誰でも著作者になれる。登録手続きが一切必要ない。これは「無方式主義」という。

**著作権法による定義**

一　著作物　思想又は感情を創作的に表現したものであつて、文芸、学術、美術又は音楽の範囲に属するものをいう。
二　著作者　著作物を創作する者をいう。

（著作権法第2条）

08
89

# 著作権の分類

著作権を大きく分類すると「著作人格権」と「著作財産権」の二つに分かれる。

「著作人格権」は著作物を著作者の意思に反して、他人によって改変されないことを保障したものだ。

保護されるのは（1）著作者が著作物を公表するか公表しないかの自由（公表権）、（2）著作者が著作物にどのような名義クレジットをつけるかの自由（氏名表示権）、（3）著作者が自分の意に反して著作物の内容や題名を他者に改変されないことの権利（同一性保持権）の三つ。著作人格権は著作者が死去した場合は消滅する。著作人格権は相続の対象にもされない。しかし、著作者の死後も継続して著作者が行使した著作人格権は尊重されるものとされている。つまり著作者の遺族の立場でも生前著作者が決めた著作者名や作品タイトルの変更も勝手にはできないということになる。

もうひとつは「著作財産権」で、これは著作者が財産としての著作物を管理する権利を保障したものだ。著作財産権は単に「著作権」と表記される場合も多く、世間で「著作権」というときはお金がからむ著作財産権を指すことが多い。

著作財産権の項目で、編集者がまず意識すべきなのは、著作物を出版物などのメディアに複製する権利（複製権）、著作物を原作として翻訳や映像化されるケースなどで、著作物を加工して二次的著作物を創作する権利（翻訳権・翻案権等）、そしてその二次的著作物を利用する権利（二次的著作物の利用に関する権利）の三つだ。

著作財産権は売却したり担保にしたりする財産取引が可能だ。一方で、著作者が自分の創作物を出版社などの他者に提供するだけではこの著作財産権は移動しない。別途契約書でこの著作物を譲渡するなどの意思表示を文書で明示しない限り、著作権の移動はできない。出版社が持つ「出版権」は、この著作財産権のうち複製権を著作者が行使して、契約期間内限定で出版社が複製（印刷）することを許可しているにすぎない。

## 著作権の分類 >>>

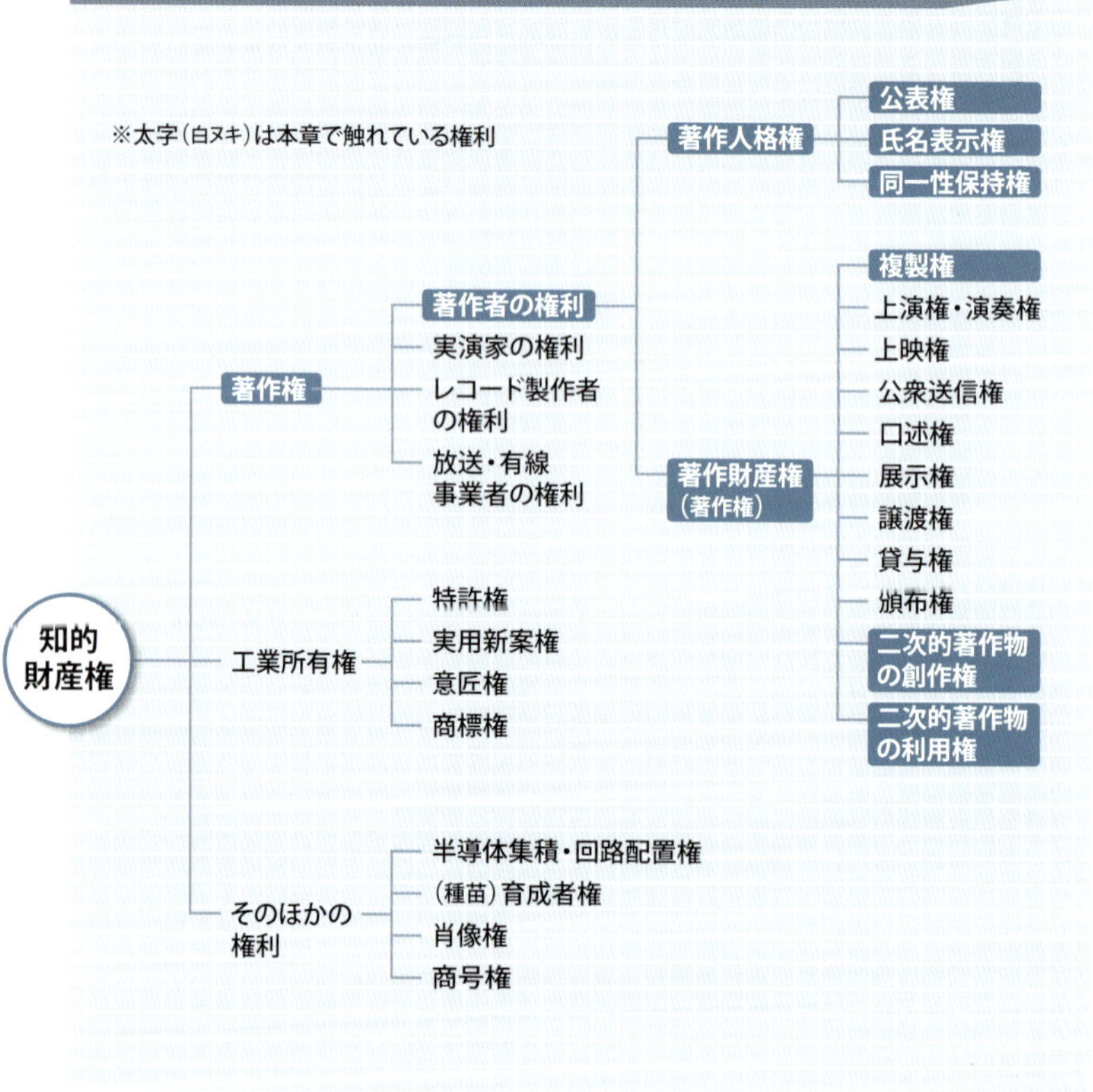

08
90
# 職務著作

このように著作権は非常に強い権利だ。ただ、例外がいくつかある。特に編集者が関係するのは「引用」と「職務著作」の概念だ。

まず、著作物を別の著作物の補完材料として「引用」の範囲内で使用する場合は、著作者に許可を取らなくても利用できることになっている。この引用は編集者が仕事をするにあたってきわめて重要な概念なので、後で詳述する。

また「職務著作（法人著作）」と呼ばれる概念から、会社に属する従業員が創作した著作物でも、会社が著作者となるケースがある。代表的なのは新聞記者が新聞に載せた記事で、新聞社が記事の著作権を保有していることがほとんどだ。編集者が雑誌のために書いた文章も署名入りの連載扱いになるなど独立性が高くない限り、著作権は所属している会社に属すると想定した方がいい。ただ、従業員の著作物が自動的にすべて会社に属するのではなく、（1）著作物の企画者が法人（2）法人の従業者の著作（3）職務上の著作である（4）法人名での公表、の各用件を原則すべて満たす必要がある。

基本的には映像・ゲーム・雑誌など多人数が制作に参加して総合芸術として出来上がる著作物の制作においては職務著作が認められる傾向が強いとされている。

08

91

# 編集・データ収集の著作権

編集者にも編集したことに対しての権利が発生する。編集著作権というものだ。著作権に対して編集著作権はかなり弱い。

編集が素材選択と配列の創造性の技術だとすると、もっともそれが発揮されるものとしての代表は写真集だろう。無数にある写真から抽出をおこない、写真の順序によって読者への印象が決まることが多いため、編集の独創性がもっとも発揮しやすい。同時に写真集の編集を編集者が単独でおこなうことは稀で、作家である写真家も編集に加わる。つまり編集者が独占できる行為ではないのだ。

編集者がデータ収集することも多いが、単純なデータ収集は労力に関係なく著作権がつかない。この考え方が端的に表れている判例がある。

［知っておきたい判例］

## 松本清張・映像化リストの著作権侵害事件

［内容］

作家阿刀田高氏が松本清張氏に関するエッセイを書くに当たり、清張作品の映像化を処理する会社に参考資料として映像化リストの送付を依頼。会社側の社員H氏は155作品の公開日、放送日、

**著作権法で定義された編集著作権**

1　編集物（データベースに該当するものを除く。以下同じ。）でその素材の選択又は配列によつて創作性を有するものは、著作物として保護する。

2　前項の規定は、同項の編集物の部分を構成する著作物の著作者の権利に影響を及ぼさない。

（著作権法第12条）

視聴率などのデータが列挙されたリストを阿刀田氏に送付。阿刀田氏はH氏に特に許諾を得ることなく、リストに一部修正を加えて自著に掲載し出版。H氏が精神的な損害と著作権が侵害されたとして計400万円の賠償を請求し阿刀田氏と出版元の中央公論社（当時）を提訴。一方阿刀田氏と中央公論社はH氏のリストに著作権の要件となる創作性はないと主張し抗弁した。

**［判決］**

東京地裁は映像化のリストはデータを収集したものであり著作物として必要な創作性がないとして原告H氏の訴えを棄却。視聴率データなどはテレビガイドの出版物に通常掲載されるものであり選択に独創性はないと判断し編集著作権を認定しなかった。H氏がデータ収集に労力をかけ、そのデータに貴重性があったとしても、リストに著作物性を認めることはできないとした。

**［解説］**

著作権が認められる要件として創作性が必要であり、単純な情報（それがどれほど貴重なものでも）には著作物性がないという判断を示した判例として有名。つまり、創作性がないと判断された編集行為には著作権は与えられない。また、費やした労力についても著作権にはまったく関係ないこともわかる。

著作権法第12条の第2項からわかるように創作的な配列が認められて編集著作権が認められた場合でも、それが編集された著作物には効力が及ばないことが明記されている。編集著作権は創作によって生まれた著作権に比べればかなり弱い権利といわざるを得ない。

**事件番号**
東京地裁平成10年（ワ）第12109号

08

92

# アイデアを出した編集者と出版社の権利

編集者の重要な仕事として、本のテーマやストーリー展開のアイデア出しがある。しかし表現されたものでないと著作権は与えられない。編集者が自力で文章を書くなり、絵を描くなどの表現をおこなわない限り、出したアイデアがどんなに重要でも著作権として法的に守られることはない。

世界的に有名な少女マンガである「キャンディ・キャンディ」は2001年以降現在絶版になっている。ストーリー原作者とキャラクターを描いた漫画家が裁判で争い和解に至っていない結果だ。この作品を当初企画し、原作者と作画者をブッキングしたのは出版社である。出版社は連載時に原稿料を払い、編集者は連載中にアイデアを出し続けたのはこの出版社の編集者。しかし、2人の著作者を前に何ら権利的な主張をすることなく、裁判に証拠として陳述書を出すだけである。出版社には著作権的な権利がほとんどないことを雄弁に語る事案である。

[知っておきたい裁判例]

## キャンディ・キャンディ事件

[内容]

コミック「キャンディ・キャンディ」のストーリーをつくりあげた児童文学者である原作者

水木杏子氏と漫画家で作画を担当したいがらしゆみこ氏は、アニメのリメイクをすすめるために1995年に著作権管理を依頼していた出版元の講談社との契約を解除した。二者が共同著作権を管理するということで合意していたが、いがらし氏が水木氏に断ることなくキャラクターの商品化を推進したことを水木氏が発見し、水木氏がそれらキャラクター商品の流通の差し止めを求めていがらし氏を提訴。一方いがらし氏側もキャラクターの絵自体はいがらし氏の単独の著作物であると抗弁し、最高裁まで争われた。

【判決】

地裁、高裁、最高裁ともに水木氏を著作者である原作者として認定し、キャラクターの絵の商品化についても水木氏の許可が必要との判断を示した。加えて、キャラクターの絵を使用しなければ、水木氏が原作者としていがらし氏の許諾がなくても商品化をすすめる権利があることも示した。

【解説】

勝訴した水木氏はこの裁判の後の2010年に単独でノベライズ作品を出した。しかし、それ以外の原作コミック・映像ソフト・キャラクター商品も2014年現在も市場から消えたまま。水木氏といがらし氏が2001年の最高裁判決以降も和解に至っていないためだ。「キャンディ・キャンディ」の企画を最初に構想したのは出版社・講談社の「なかよし」編集部であることは裁判資料からもわかる。70年代当時少女コミックの定石だった学園ものではなく「あしながおじさん」のような海外文学の名作路線で新機軸を開拓したいという編集長の構想からはじまったこの作品だが、もとのアイデアを出した講談社は現在無権利であり、著作者同士の対立の前になす術がない状態だ。

**事件番号**

第1審▼東京地裁 平成9年(ワ)第19444号
第2審▼東京高裁 平成11年(ネ)第1602号
第3審▼最高裁 平成12年(受)第798号

# 著作権法における出版社の立場

出版社には著作権法上の権利はない。下記の表を見て欲しい。

レコード会社などが持っている著作隣接権は、「伝達した者」に与えられる権利で、演奏家や俳優などの芸術的なパフォーマーにも与えられている。レコード会社がCDなどのメディアに音楽を固定（録音）する。この固定された音そのものがパフォーマンスの一形態として保護され、レコード会社の固有の権利が自動的に発生する。自分で作曲・演奏しているミュージシャンも、レコード会社がCDに収録した音楽を自分のライブなどで流すにはレコード会社へ許諾をとる必要が出てくる。音楽好きの人なら「原盤権」という言葉を聞いたことがあると思うが、それがこの著作隣接権に該当する。音楽を録音するにはスタジオ設備や音響技術が必要となり、レコード会社も相応の投資が必要になってくる。そのレコード会社に投資回収の機会を保障する意味で著作隣接権が与えられてきた。

映画会社の権利はもっと強く、映像そのものの著作者になる。著作権法上、どんなに著名な映画監督や俳優でも、映像制作に参加した時点で

## コンテンツを伝達した者に与えられる著作権法上の立場 >>>

| 伝達者の区分 | 著作権法上で保障された立場 |
|---|---|
| 映画会社（ゲーム会社を含む）※ | 著作者 |
| レコード会社・放送局・有線放送会社 | 著作隣接権者 |
| 出版社 | なし |

※「映画」はアニメ、テレビコンテンツ、CMなど映像作品全般を指すものと解釈されている。ゲーム会社は複数の判例で映画会社と同等の権利が認められているものの、映像的な要素が弱いものは権利の請求を棄却する判決も出ている。

映画会社（映画製作者）が著作者であることを自動的に認めるものとされている。また再放送やパッケージ販売では俳優などへの許諾や報酬支払いは著作権上必要なく、映画完成時のみにしか俳優たちが報酬を受け取れないということを意味するワンチャンス主義という言葉もある。

これは映像作品、特に映画の製作には多額な費用が必要であり、また参加するクリエーターの数も多い総合芸術のため、資金的に多大なリスクを負う映画製作者に権利を集中させることが合理的という判断によるものだ。

映画や映像作品のパッケージを見ても©マークに監督名や俳優名が入っていることは稀である。大抵は映画の製作者である。

## 権利表示で使われる記号の意味>>>

| 記号 | 名称 | 解説 | ショートカットキー※ |
| --- | --- | --- | --- |
| © | （日本語）コピーライトマーク（英語）Copyright symbol | 通称マルシー。1989年までアメリカでは著作権を有効にするために©表記が必要であったため、世界的に著作権的な権利主張のための表記として現在も使われている。ただ、著作権は自動発生（無方式主義）するため、この記号の法的な根拠は現在ない。 | （Windows）「Ctrl」+「Alt」+「C」（Mac）「Option」+「G」 |
| TM | （日本語）トレードマーク（英語）Trade mark symbol | トレードマークを和訳したのが商標である。商標とは自ら提供している商品を他者の商品と区別させる標識機能であり、商品名・商品ロゴ・パッケージなどとして表現されている。「TM」は公的機関に登録されていない未登録の商標を意味しており、「これは商標です」という主張の表示。 | （Windows）「Ctrl」+「Alt」+「T」（Mac）「Option」+「2」 |
| SM | （日本語）サービスマーク（英語）Service mark symbol | TM（トレードマーク）が基本的に有形の商品を前提にしているのに対し、無形のサービス商品においてTMと同じ権利主張をする場合に使われる。金融、IT、運送サービスなどで目にする。日本では商標≒「TM」となっているのであまり浸透していない。 | Windows、Macともにショートカットがないために IMEの文字パレットの検索が必要。 |
| ® | （日本語）登録商標マーク（英語）Registered trademark symbol | 商品・サービスの商標が規制当局に正式登録されている旨を表示する記号として世界的に定着している。「TM」、「SM」よりも数段強い法的権利の主張ができるため、類似した商標使用を排除できる。日本では「～は××社の登録商標です。」というのが正式な表示。 | （Windows）「Ctrl」+「Alt」+「R」（Mac）「Option」+「R」 |

※WindowsではIMEのプロパティでのシステム辞書の有効化作業が必要になる場合がある。

08

94

# 出版社の出版権とは？

出版社が得ることができる著作権的な権利は出版権だ。著作権法では第3章をまるごと使って規定されている。出版権を端的にいうと著作者が持っている複製権を一時的に出版社に貸し出すことだ。出版権は「権」という字はつくものの、クリエーターが持っている著作権、レコード会社などが持っている著作隣接権と違い、行為とともに自動的には権利が保障はされない。契約が必要なのだ。また、出版社が契約しても、著作権法では原則3年が経過すると出版権は消失することが明記されている。出版契約でこの契約期間を3年以上に伸ばすことはできる。しかし、著作隣接権の保護期間が製作から50年もしくは著作者の死後30年後のいずれか長い方と自動的に保護されているのに比べると権利として弱いことがわかるだろう。

加えて、出版権の設定の引き換えに出版社は著作者に対して出版の義務を負う。（1）原稿を受け取ってから6月以内に出版する義務（2）出版後に販売を継続する義務で、この二つを出版社が履行しない場合は出版権が消滅する。レコード会社がCDを出荷停止にしても原盤権は消失しないこととは対照的だ。

著作権と著作隣接権が人権をはじめとする自然権に近いものに対して、出版権は契約によっ

**契約期間**
著作権法の条文や日本書籍出版協会のひな形から3年の契約期間が標準となっているが、出版社のスタンスにより3年以上の契約期間を設定することも多い。ちなみに雷鳥社は10年としている。本づくりには編集者の作業にも大きな価値があり、それが契約期間にも反映されるべきという考えがあるためだ。

て対価を保障して得る経済的権利に近いことがわかる。映画のような総合芸術とは対照的に書籍のコンテンツ（文章もしくは絵・写真）は基本的に作家一人の力で完成するため、作家と出版社が信頼関係を築き、作家が出版を許諾すれば問題ないと考えられているためだ。

一方で、映像化などで作家と出版社が綿密なパートナーシップを結ぶ必要があるコミックの分野では〝Ⓒ作者名／出版社名〟と明記するケースが増えている。出版社は出版権や出資者として立場を明示しており、作家たちもこれを容認している。コミックの分野に限らず、編集者は作家の著作権的なパートナーとして認められるためにも、作家の対外的な交渉窓口になる能力も身につける必要があるのだ。

## 日本における著作権の保護期間>>>

| 区分 | 公表者名 | 保護期間 |
|---|---|---|
| 映画以外の著作物の著作権 | 本名・周知の変名※ | 著作者の死後50年間 |
| 映画以外の著作物の著作権 | 無名・匿名・変名・団体名 | 公表から50年間、未公表の場合は創作から50年間 |
| 映画の著作権 | すべての名義 | 公開から70年間、未公開の場合は製作から70年間 |
| 実演の著作隣接権 | すべての名義 | 実演から50年間 |
| レコードの著作隣接権 | すべての名義 | 発売から50年間、未発売の場合は録音から50年間 |
| 放送・有線放送の著作隣接権 | すべての名義 | 放送から50年間 |

※変名で本名と同等の保護を確実にしたい場合は文化庁に実名登録をする必要がある。

08

# 95 出版契約の形態

出版社がクリエーターと仕事をし、報酬を払うには、何らかの契約行為が発生する。それは出版契約書を結ぶようなかたちではなく、口だけの約束で進むこともある。むしろ、そのケースの方が多いのが実情だ。出版社とクリエーターが結ぶ契約の種類を分類して説明する。契約を実行するのは編集者なのだから、どんなかたちの契約があるのかを頭に入れよう。

もっとも一般的な契約形態は口約束＝単純使用許諾契約である。

戦場のような喧騒が繰り返される雑誌の現場で契約書を結ばれることは稀だ。通常、口約束で仕事は始まり、契約書がつくられることはまずない。

「経費は出すから、ハワイのホテルリゾート特集用の写真を11月号の締切の8月20日まで納品してね」と編集者が依頼して、フォトグラファーが「わかりました」と答える。この会話の約束には著作権法的に以下の要素がある。

①フォトグラファーはハワイのホテルリゾート用の写真という著作物を雑誌11月号への掲載のために提供することに合意している。

②写真の著作権はフォトグラファーが持っている。

③出版社は写真（著作物）を使用する対価として

**口約束**

定められた様式への記入・サインがないと成立しない契約は要式契約といい結婚などごく一部の身分変更契約に限られる。他のほとんどすべての経済的契約は契約自由の原則にのっとり様式がない不要式契約であるため、いわゆる口約束でも契約になる。ただ、客観的な証拠が保存されにくいので、裁判などの紛争ではアテにならない。本書で収録された判例を見てもわかるが、裁判所は口約束のもとに起きた紛争は「業界の慣習」をもとに判断を下すことが多い。

報酬を払う。

④出版社は11月号には写真を掲載できる。

⑤出版社が別冊などにフォトグラファーに依頼した写真を掲載したい場合は許諾を得る必要がある。

⑥信義上はともかく、フォトグラファーが依頼された写真を11月号とは別の雑誌に載せることを出版社は止めることはできない。

「うちが経費全額を負担しているんだし、当然写真もうちのものでしょう」と思う編集者の気持ちは当然なのかもしれないが、著作権の原則を見ての通り、著作権は表現した者が持つ。経費を出すことは経済的な補助であり、著作権を動かすまでの効力はない。旅行雑誌のオーストラリア特集号のために、フォトグラファーの取材旅行に対して150万円以上の取材経費を負担した出版社・編集プロダクションが、写真を無断でオーストラリア特集号以外の後続の号に使用されたとして訴えたフォトグラファーに敗訴した裁判もある（雑誌「ブランカ」写真事件）。

先に説明した著作権法で定められた出版権は、単行本を前提にしており、雑誌での掲載については著作権法での定義はないが、雑誌の性質から、内容を決めた契約書を取り交わさない限り、約束を交わした掲載雑誌に一度だけ掲載することしか許されないのだ。これは電子書籍のシステムが出てくる前は、雑誌はその号を売り切ったらもう発売されることはないと考えられていたためだ。

雑誌にライター、デザイナー、フォトグラファー、イラストレーターをはじめとする多数のアーティストが参加している。加えて、モデル、スタイリスト、ヘアメイク、メイクアップをはじめとするコントリビューターたちの発言力も上がっている。著作権法上、雑誌やムックなど売り切り前提の媒体にはその号にしか彼らの仕事の成果を掲載できないという前提に編集者は立つ必要がある。だから、別の媒体にアーティスト・コントリビューターたちの成果物を掲載するときは総編集版など派生的なものでも、事前に掲載の了解をとった方が安全だ。これは非常に面倒だが、怠るとトラブルになったときに不利になるのだ。

雑誌が電子書籍として転用できるということが現実化した今、この単発的な契約では電子書籍化できないなど限界があり、仕事を依頼するときに電子書籍やデジタルユースに関する覚書を作成したり、もっと踏み込んで著作権を出版社に移行する著作権譲渡契約を提示するケースが増えている。

単行本書籍でも編集者は著者以外のクリエーターにデザイン・図版の仕事を依頼する。著者以外のクリエーターに発注書を送ることはあっても、契約書を交わすことはほとんどない。この場合も雑誌の口約束での単発契約と同じような著作物の単純利用という契約だと考えていい。

この単純利用型の使用許諾の範囲で、各クリエーターと契約書を結びたいと思ったときに参考になるのは文化庁のホームページで公表している「著作権契約書作成支援システム」だ。様々なケースを想定して条件入力するWEBシステムで、出版社が各クリエーターと結ぶべき基本的な契約書のひな形が出てくる。

08 96

# 出版権設定型出版契約

出版権設定型出版契約は世間一般でいわれる「出版契約」にあたるもので、この章ですでに解説した著作権法上の「出版権」を著作権者が出版社に設定することを認めさせるものだ。通常、単行本を出版する出版社と著者の間で結ばれる。この場合とは「著者」とは書籍カバーに表示しているクリエーターだと考えて差し支えない。

契約の具体的内容については、まず日本書籍出版協会のホームページ上に公開されている出版契約書のひな形を見ていただきたい。このひな形はコピー、改変しての使用は自由。日本書籍出版協会は講談社、一ツ橋（小学館・集英社）、KADOKAWAなどの最大手グループから小さな専門出版社までが加入している日本最大の出版社団体。この契約書が各出版社の契約書の基本だと思っていい。

この日本書籍出版協会のひな形に代表される伝統的な日本の出版契約書にはひとつのクセのようなものがある。端的にいうと「（人手）出版社が文芸作品（小説）に実績のある著作者1名と契約することを想定した契約書」ということだ。これは日本書籍出版協会が文芸家の団体である日本文藝家協会と団体交渉しながら出版契約を確立していったという背景と、文芸

**ひな形の種類**
日本書籍出版協会は電子書籍が本格化してから2010年版のひな形をリリースしているが、本書では書籍出版契約の標準的な条項がよく保存されている2005年版に準拠している。

作家がもっとも立場の強い著作者であり、彼らを想定するとひな形も最大公約数的なものになるという要素もある。

著作者が複数いる場合をはじめとして、実際の契約では不都合が生じるため、多くの出版社ではこのひな形の契約内容の改変をおこなっている。巻末には契約書の例として雷鳥社が使用している出版契約書を収録している。契約書は各社の内情が反映されているが、これは中小・零細出版社での一例として参考にしていただきたい。

編集者がこの伝統的契約書のクセに関連する問題でもっとも頭を悩ませるのは「著者が出版物のレベルに達しないと判断する原稿を出してきた」場合だと思われる。実際、出版社と著者がこのひな形の通りに事前に契約して、著者が出版物のレベルに達しない原稿を提出し、それを「契約した著作物」と主張すれば、契約上は出版社は却下できない。

この問題への対抗策として出版業界で長年おこなわれているのは、仕事をする前に事前に契約を結ぶのではなく、署名のない契約書を「ドラフト」として見せて契約内容についての事前説明についての了解をとり、原稿をデザイナーや印刷所に引き渡せる状態になってから契約書を交わすことだ。原稿の内容を見てから契約書を交わすので、出版社が原稿をボツにしても契約違反だと非難される圧力は減るし（もちろん争いは生じる可能性は高いが）、印刷に入る前に「契約内容を知らされなかった」と抵抗される可能性もかなり下がる。

しかし、出版をはじめとするエンターテインメント業界では「商品発売後にはじめて契約する」こと、さらに「契約書を交わさな

**電子書籍の契約書**

日本書籍出版協会が電子書籍版の契約書ひな形も公開しているので参考になる。出版契約書と一体化したひな形と電子書籍単独の契約書がある。ただ、法整備や業界の慣習がまだ定着していないので、これからも標準が変動すると考えた方がよい。

い」ことも多くおこなわれている。要するに「面倒くさいことは後でやるか問題になってから考える」もしくは「出版契約は一種の儀式」という発注側と受注側の談合的な空気が許す習慣だが、編集者としては商品発売後になって著者に「こんな契約は聞いてないし承知できない」といわれたら、対抗手段が限られることは覚悟すべきだろう。

出版社が事前契約型の契約書を持っている場合もある。ただ、事前契約書はアメリカ型の長大でかつ出版社に有利な条項が並ぶ傾向があるため、日本書籍出版協会などの標準的な契約書と乖離が目立つのであまり普及していない。多くの編集者は、標準型な契約書で契約することになるが、商品完成後に契約交渉をはじめるのではなく、制作に入る前にドラフトを作者に見せて契約内容を説明するのがトラブル回避の観点からもやはり得策だ。

## 出版契約書の主要ポイント>>>

| 項目 | ポイント | 書協ひな形（2005年版）の該当部分 |
|---|---|---|
| 著作者・出版者表示 | 通常契約書の表紙に記載 | 表紙 |
| 出版権の設定 | 著者が契約によって出版権を出版社に与える | 第1条 |
| 独占的使用 | 著者が同一著作物を他の出版社で出版することを禁じる | 第4条 |
| 競合・類似書の排除 | 著者が競合・類似する形態で出版することも禁じる | 第5条 |
| 費用分担の原則 | 著作活動の必要経費は著者、販促活動は出版社の負担が原則 | 第9条 |
| 印税 | 出版時に支払う金額は原則契約書に明記する | 第16条 |
| 電子書籍化 | 電子書籍の出版をおこなわない場合も優先権を出版社に設定する | 第20条 |
| 二次使用 | 著者は処理を出版社に委任し（窓口権設定）、条件は相談 | 第21条 |
| 絶版後の販売 | 出版社は手持ちの在庫は販売できる | 第22条 |
| 契約期間 | 通常3年契約 | 第26条 |

08

# 97 使用許諾型出版契約

使用許諾型出版契約は出版権の設定契約に準じた形態で「著作権使用許諾契約」もしくは「出版許諾契約」と称される契約もある。著作権法に定義された「出版権を出版社に設定する」という表現を使わず、あくまでも著作者が「著作物の複製を許可する」という表現を使っているのが特徴だ。これはライセンス契約の側面を強調したもので、出版社は出版権を得るのではなく、ただお金の代わりに権利をライセンスされる扱いで、著作者の立場がより強い。

著作権法の専門書ではこの契約は「債権的」と説明される。著者がある出版社と出版契約した著作物を別の出版社で出版した場合に、出版権の設定契約だと出版社が出版権を「所有」しているため、法的にも別の出版社での出版をストップできる権利があるのに対し、「債権的」だとあくまでもライセンスを供与した著作者の契約不履行なので、著作者にその不履行を訴えるしかないという差があると説明されている。ただこれらは訴訟レベルでの状態で差が出る、法学上のテクニカルな問題にすぎない。

日本書籍出版協会も「著作物利用許諾契約書」のひな形を用意しているが、相手方が弁護士や管理事務所を立ててくるのではない限り、「出版権設定契約」を結ぶべきものと考えていい。

08
98
# 著作権譲渡契約

著作権は非常に強い権利で、著作者が譲渡するという明確な意思表示をしない限り権利は移動しない。この契約は文字通り著作者が著作権譲渡を約束する契約だ。出版不況と出版後のマルチメディア展開の興隆が重なる2000年代から徐々に浸透し、電子書籍の展開が一般的になった2010年代からはさらに増加している。

著作権譲渡契約書のひな形については文化庁のホームページの「著作権契約書作成支援システム」で「著作権は依頼者に移転させますか？」の項目で「はい」を選択して作成する契約書も参考になる。これはもっとも穏当で基本的なものだ。インターネット上にも著作権譲渡契約書のひな形は多数あるが、これはプログラムやデザインなどの取引を前提にしたものが多く、シンプルだが少なくとも出版における著作者の権利に配慮したものとはいい難い。

著作権譲渡契約はクリエーター側の抵抗が大きい。出版権設定型出版契約や使用許諾型出版契約に、電子書籍やマルチメディアユースなどの将来の使用について許諾を事前にとるかたちの条項を入れれば目的が達成できることも多いので、本当に著作権譲渡契約が必要か慎重に考えてみたい。

**著作権譲渡契約のポイント**

①契約書の交換がないと成立しない。契約書の文面には「著作権の譲渡」と明記する必要がある。

②譲渡内容に〝著作権法第27条及び第28条に規定する権利を含む〟という言葉を入れない限り、映像化・翻訳などをする権利（著作権法第27条）と二次使用の利用の権利（同28条）の権利は移動しない。

③著作人格権は譲渡できないため、〝著作人格権を行使しない〟という文言（不行使特約）を入れる場合もある。

08 >>> 99

# 報酬の形態、印税方式について

報酬の決まりごとは出版契約に挿入されることがほとんどで、契約を結ぶにあたっても当然押さえておきたい知識だ。

印税方式は商品（書籍）の売上部数に応じて、あらかじめ契約した売上の配分比率（料率）分の金額を著作者（権利者）に払う方式。これは知的所有権を使用して商品を売上げることに対して対価が発生するという考え方によるものだ。

印税という言葉が使われるのは出版と音楽・映像業界の一部で、一般的には「ロイヤリティ」や「ライセンス料」と呼ばれる支払方式と同じ形式である。

出版業界では、大手出版社が標準としている定価の10%という印税率が業界標準とされている。海外の出版界においても印税率10%が主流である。しかし、小規模出版社や専門書の出版では8%以下を提示されることも多い。

印税方式の中でも支払の仕方によって、「前払い（発行部数）方式」と「実売方式」に分かれる。

「前払い方式」は書籍を印刷した部数に基づいて印税を算出する方式。支払いは完成した本の発行日から起算して、月末締めの翌月末もしくは翌々月末払いでおこなわれることが多い。

「実売方式」では書籍が売れた部数に応じて印税を支払う。書籍は返品もあるので、単純に出荷した数だけを実売部数として計上できないので、ある一定期間の出荷数と返品数の差から類推して、実売部数を推定して支払う。この清算期間は出版社側の経理システムに合わせておこなわれる。出版社が四半期ごとの決算を出している場合は四半期ごと、1年ごとの決算なら1年ごとの清算になる。

「前払い」は返品や売れ残りに関係なく印刷部数に応じた額が支払われるので著者優位である。「実売」は出版社優位の方式といわれるが、「実売」では清算作業の手間が出版社の負担にもなるので、著者・出版社ともに苦しい方式なのかもしれない。

「前払い」は著者に原稿料代わりのまとまった金額を保障する意味もあり、著者との関係を考えると本来望ましいかたちであるが、中小出版社などは経済的な事情ですべて「前払い」にできない場合が多い。そこで、ある一定部数までは「前払い」方式にして、残りは「実売方式」にするという併用型にするケースも多い。例えば、初版については「前払い」、2刷以降は「実売方式」というルールだ。ここでの「前払い」の対象部数は「最低保証部数」、また「前払い」の代金額を「アドバンス」「一時金」ともいう。

**低印税率と高印税率**

写真集や詩集など出版しても収益を出すのが難しいものに関しては、印税率が5%、6%ということも珍しくない。そもそも印税そのものが設定されないこともある。また、印税率は一応決められるものの初版分に関しては現物支給、2刷り以降は現金支払いなどという契約もある。逆にあきらかに大量販売が見込める作家に対しては、10%＋αの特別印税が設定されることもある。ほとんどの出版社は、他の著者との関係上、公式に10%以上の印税率があることを認めないが、圧倒的な力があれば著者優位の契約を結ぶことも可能というわけだ。

08

100

# 買い取り方式

印税方式は著作権の使用対価を支払う行為のため、当然ながら著作権の使用が増える＝印刷・実売部数が増えるごとに支払額も増加する。これに対して、出版時に支払いを済ませるとそれ以降支払いが発生しない形式の報酬支払を出版業界では「（原稿）買い取り方式」（「一時金払い」と表現することもある）と称する。支払時期は印税と同じく月末締めの翌月末もしくは翌々月末払いが多い。印税形式で計算した初版時の報酬額に上乗せをして支払うのがのぞましい。印税式と買い取り式を著者に選ばせる出版社もある。デザイナー、写真、イラストレーターなど著者以外のコントリビューターにはこの「買い取り」式が適用されることがほとんどで、増刷時に追加の支払いがないのが慣例だ。

ただ、「買い取り」という言葉は注意が必要で、二つの意味がある。

①書籍発行時に報酬を一括払いしたという意味＝この章で解説している追加支払が一切発生しないという報酬の支払い方式。

②報酬の一括払いにより将来の印税支払とともに著作権も「買い取りした」という意味＝つまり前章の著作権譲渡契約を含むことを指す。

出版業界ではこの二つの意味を混同して使っ

ている。これは出版業界の慣習の問題だけでなく裁判所が混同を招くような判決を出しているのも要因だ。

［知っておきたい裁判例］

## 秘録大東亜戦史事件

［内容］

敗戦からほどない1952年に出版社Aは戦時中に従軍報道にかかわった新聞社・通信社記者ら14名に第二次世界大戦についての原稿執筆を依頼。出版社Aは複数の著者に印税支払をすることを避け、400字詰め原稿用紙1枚につき500円（※1950年前後の映画鑑賞料金は1回62円）を支払う旨を口頭で説明し、原稿受け取り時に報酬を支払った。契約書などの書面の交換、原稿買い取りの旨、増刷時の取り扱いの説明はなかった。出版社Aは1954年に「秘録大東亜戦史」12巻を出版。増刷や縮刷版発行を重ねるなど市場から好評をもって受け入れられた。出版社Bは出版社Aから「秘録」全巻の著作権を購入し、内容を再編集して1974年に「大東亜戦史」10巻として出版。執筆者のうち11名が著作権の侵害を理由に出版社Bに対して「大東亜戦史」の出版差し止めと損害賠償を求めて東京地裁に提訴。出版社Aが支払った報酬はいわゆる原稿料にすぎないと主張した。出版社Bは、出版社Aが支払った報酬は「原稿買い取り」を意味し著作権譲渡を完了していると抗弁した。

［判決］

東京地裁は原告11名の請求を棄却し、出版社Bが勝訴。控訴もなく判決が1975年に確定した。判決文では「原稿買い取りといわれるものには原稿料支払いの意味もあるから、原稿買い取りが実施されているからといって即著作権譲渡に結びつ

**事件番号**
東京地裁昭和47年（ワ）第7418号

けることはできない」という旨を判決の冒頭で断った上で、（1）原稿料が印税率10％で計算した場合の額面に比べて3倍程度の高額であり、増刷などの取り決めもせず、原稿入稿時に報酬を受けとったこと（2）増刷・縮刷版発行もあったが、「秘録」出版後に原告人らから印税の要求は特になかった（3）「秘録」が複数人の著作を編集したものであることを理由に「複製権の譲渡」があったものとみなせると判断した。判決文の最後に「（この件における）著作権譲渡であるかの問題は、原稿買い取りということのみで判断するのではなく、当事者間のやり取りにおける意思解釈をどう事実認定するかの問題」と結論している。

[解説]

口約束からの争いにおいて出版形態や標準よりも高い報酬の支払いによって著作権譲渡が認められた判決は他にもある（原色動物大図鑑事件、東京高裁判決）。要するに契約書がないトラブルにおいて、東京地裁は原則は示さずに、当事者のやりとりの結果を慣習に照らし合わせて判断したということだが、そもそも契約書があればこのような裁判にはならなかったということでもある。また『買い取り』には通常印税支払よりも高額に設定する慣習があり、裁判所もそれを追認していることも注目される点である。

この判例を見るように著作権譲渡を期待した「原稿買い取り」は原則のない曖昧な慣行で、トラブルにもなりやすい。著作権譲渡契約を得たい場合は前章のように書面でするのが安全である。あくまでも、「買い取り」は報酬支払の一形態として考えよう。

**現物支給**

出版した本を印税の代わりに支給する場合がある。部数が少ない学術出版や自費出版性が強いビジネス書、写真集などではよくおこなわれている。印税の一部を本の支給にあてる場合もある。著者が執筆で食べているのではなく別の分野で生計を立てており、著書があることが本業のプロモーションになるという前提でおこなわれる。

08

# 101 引用の考え方

なにかしらアカデミックな価値がある文章には通常「引用」がついてくる。特に学問は過去の業績の蓄積の上に自らの考えの正しさを立証する行為なので、過去の業績を使って説明することが必須となる。学術論文を書く人は引用・出典についての訓練を受けるが、それ以外の人が引用について学ぶ機会は少ない。本の書き手でも引用について慣れていない場合があるので、編集者として最低限の知識をおさえておきたいところだ。

引用は多くの芸術・文芸で広く実行されている概念で拡大解釈もされやすいが、本来は学術的な論文の書き方がベースになっているということは頭に入れておきたい。

筆者が他者の論文・著作の一部を引用として掲載する場合はおおむね2通りに区分される。社会科学系の論文の標準となっているアメリカ心理学会（APA）方式に準じたかたちだと以下のようになる。

**【直接引用】**

**他者が書いたものをそのまま書き写す場合。広い意味での「引用」はこの直接引用を指すが、学術論文では必要性がない限り避けた方がよいとされる。**

「引用部分」（引用元の著者名の姓、論文・著書の発行年、該当ページ数）

ex）
「日本の出版社が2016年に出した電子書籍タイトル数は計7万3433点であった」（山田、2017、p213）

**【間接引用】**
**引用する内容の要旨のみを書く場合。論文ではこれが通常の引用だとされる。**

間接引用部分の前後に、引用元著者名と論文・著書の発行年を入れる。

ex）
山田（2017）によれば2016年の電子書籍の発行点数は7万3433点で、……

学術論文には巻末に必ず参考文献の一覧が掲載され、引用された論文・著書名が参照できるようになっている。

本文の引用と参考文献はセットであり、どちらが欠けてもいけない。参考文献表示は引用した過去の業績に読者がアクセスする際に必要になるだけでなく、文献名の表示そのものが業績への敬意の表明にもなるのだ。APAスタイルでは、著者名（出版年）「著作物名」出版社名、総ページ数、のように表記する。

ex）
山田公一（2017）「出版業界研究」雷鳥書店、320p

**学術論文の書き方**
この説明はあくまでも概略であり、学問の世界では緻密な論文の作法が決められている。河野哲也「レポート・論文の書き方入門」（慶應義塾大学出版会）は論文を書く人にとって適切な入門書になっている。

08
102

# 一般的な文章での引用の原則

文

学・評論・実用書などの一般的な著作物は論文のように明確なルールはないが、著作権法や判例に則った基本的な原則は以下のようになる。

**❶引用部分がはっきりわかるよう明記する**

▼引用部分はカギカッコや引用マークで囲ったり、インデント設定をするなど書式・レイアウト的な区分表現を施す。区切りはもとの文章をコピーして引用した場合だけでなく、要約した場合でもおこなうべきである。

ex）
「日本の出版社が2016年に出した電子書籍タイトル数は計7万3433点であったが、2017年には年間8万点を超えて、紙の書籍の年間発行点数を超えるのは確実」

**❷引用元になる資料名・著者名などを明示**

▼引用元の著者名・著者の肩書・書名の明示は最低限必要になる。学術論文と違いページ数、発行年の明記は必須ではないが、参考文献欄が確保されていない場合は書籍の出版社名も明記した方が望ましい。著者名・肩書・書

名（＋出版社名）の表記の仕方は文体によって様々な方法がある。

ex）
日本電子書籍研究所所長の山田公一は『出版業界研究』（雷鳥書店）で「日本の出版社が2016年に出した電子書籍タイトル数は計7万3433点であったが、2017年には年間8万点を超えて、紙の書籍の年間発行点数を超えるのは確実」と予想している。

### ❸引用元は既に公表されているものに限る

▼引用は書籍・WEB・放送など公衆に公開されているものからおこなう必要がある。未発表作品やプライベートな通信内容は引用の対象にならない。それは著作権の引用ではなく「報道」の範疇になる。

### ❹主引用する部分が「従（サブ）」、自分の記述が「主体（メイン）」という主従関係の成立

▼この主従関係は引用成立のためにきわめて重要で、まず物理的な文章量で主体が従を必ず上回る必要がある。例えば、例題の山田氏の電子書籍の予測の文章を300字引用して、その引用の根拠になる自分の電子書籍に関する文章が100字しかなかったら、裁判所はほぼ間違いなく違法引用と判断する。

### ❺引用をおこなう必然性があること

▼著作権法第32条の規定では「公正な慣行」「目的上正当な範囲内」としか表現されておらず、引用の必然性のポイントを学ぶのには裁判所の判例がもっとも参考になる。

### ❻引用元の内容を正確に記載していること

▼改変は同一性保持権の侵害にあたる。

**著作権法での「引用の必然性」**

公表された著作物は、引用して利用することができる。この場合において、その引用は、公正な慣行に合致するものであり、かつ、報道、批評、研究その他の引用の目的上正当な範囲内でおこなわれるものでなければならない。

（著作権法第32条第1項）

08 >>> 103

# 実際の判例から学ぶ引用

前項で解説した「主従関係」「引用の必然性」は解釈が分かれ、紛争の要因になる部分である。この部分については判例などの実例をもとに学んだ方が頭に入る。以下は引用の仕方が問題になった典型的な例である。

【知っておきたい判例】

## 中田英寿出版事件

【内容】

サッカー選手の中田英寿氏は1998年にイタリアプロリーグへの移籍も果たし、2000年には選手キャリアの絶頂期を迎え関連書籍も多数出版されていた。A出版社が中田氏のW杯フランス大会出場までの半生を描いた評伝をA出版社の代表B氏を著者として2000年3月に出版。中田氏が写った写真をカバーに採用、写真23点と中田氏が中学生時代に書いた「目標」という詩も全文掲載した。中田氏のプライベートまで踏み込んだ内容だったが中田氏には許可を取ることなく取材がおこなわれた。中田氏は自身のプライバシー権、パブリシティ権（著名人の肖像使用権）、著作権が侵害されたとして、損害賠償4700万円と出版差し止めを求めてA出版社とB氏を提訴。A出版社とB氏も中田氏がすでにテレビ放映などで著名であり、政治家などの公人に等しい存在でありプラ

**事件番号**
東京地裁平成10年（ワ）第5887号

**パブリシティ権**
基本的な人権としての人格権の一つとして、人が持つ肖像や名前をみだりに使用できないプライバシー権があるが、その権利の一部として著名人が自ら持つ顧客吸引力を排他的に使用できるパブリシティ権がある。パブリシティ権の法令はないが、過去の判例の蓄積に加え2012年の「ピンク・レディー事件」の最高裁判決でパブリシティ権の存在が明確に定義された。

イバシー権も制約され、詩も引用の範囲内であると抗弁した。

［判決］

東京地裁は2002年に、（1）中田氏は著名人でありカバー写真などに肖像が使用されるのは甘受すべきとしてパブリシティ権の侵害の訴えは棄却、（2）プライバシー権については中田氏の私生活部分においてのみ侵害を認定、（3）詩の引用については本文との関連性が低く、引用の原則である主従関係が成立していないとして著作権侵害を認定し、385万円の賠償と出版を差し止める判決を下した。同年東京高裁で控訴審がおこなわれ、被告の請求は棄却され、中田氏側の実質勝訴となった。

［ポイント］

書籍には学年文集に載った中田氏の15行の詩全文の版面をスキャンした写真画像が掲載された。本文には詩の意味を解説する記述は特になく、写真画像に1行のキャプションが添えられて本文に挿入されるレイアウトだった。東京地裁での判決は「本件書籍の読者は本件詩を独立した著作物として鑑賞することができるのであり、被告らが本件書籍中に本件詩を利用したのは、被告らが創作活動をする上で本件詩を引用して利用しなければならなかったからではなく、本件詩を紹介すること自体に目的があったものと解さざるを得ない」として引用の必然性を否定し、主従関係の成立も否定した。さらにこの詩集が生徒・父兄・教職員しか閲覧できないものとして公表性が低く、未発表の作品を無断使用した点も認定した。15行の詩全文をスキャンした画像に対して1行のキャプションだけでは、単純に掲載面積でもキャプションが主になることはあり得ない。本文に詩に対する言及はなく、地裁の認定も当然の結論だろう。

**引用の主従関係と「鑑賞性」**

この判例でも指摘された「鑑賞目的の引用」は美術作品の裁判で問題になることが多い。引用の主従関係がはっきりせず、結局、図画を載せることが目的になっている主客逆転の発生（＝鑑賞性の優位）は往々にして起こりやすい。鑑賞性にまつわる著名な裁判としては日本の代表的な画家であるレオナール・フジタ（藤田嗣治）の遺族が作品画像を無断使用したとして出版社を訴えた「藤田嗣治絵画複製事件」がある。

08 >>> 104

# フォトモンタージュ裁判

「表現の自由」と「権利の保護」は常に対立するものであり、編集者や表現者を悩ませ続けるものだ。この二者が正面からぶつかった裁判がある。この判例は引用の原則について最高裁が判断を出したものとしても高名で、著作権の教科書では必ずといっていいほど登場するものであり、編集者としても知っておきたい。

【知っておきたい判例】

## フォトモンタージュ事件

【経緯】

山岳写真家の第一人者である白川義員《よしかず》氏は1966年にオーストリア・チロル地方でスキーヤー6名がシュプールを描きながら滑走するカラー写真を撮影。白川氏は翌年この写真を収録した写真集を出版し、フォトエージェンシーにストックフォトとして寄託した。後年損害保険会社が自社の広告カレンダーにストックフォトから白川氏のスキー写真を採用。カレンダーでは撮影者クレジットは掲載されなかったが利用規約の範囲内で問題にはならなかった。

既成の写真を組み合わせてパロディ写真をつくるフォトモンタージュの分野で活躍していたデザイナーのマッド・アマノ氏は、カレンダーに収録された白川氏の写真をトリミングした上で、ブリ

**事件番号**
第1審▼東京地裁昭和46年(ワ)第8643号
第2審▼東京高裁昭和47年(ネ)第2816号
第3審▼最高裁昭和51年(オ)第923号

ヂストンのタイヤ広告の写真と組み合わせたモノクロのフォトモンタージュを制作。スキーヤーが描くシュプールがタイヤの跡のような錯覚を覚えさせる自動車社会を風刺した作品である。

【係争内容】

1970年にアマノ氏は自身の写真集にこの作品を収録し、同年「週刊現代」のグラビアに掲載。

グラビアを見た白川氏は抗議し、「週刊現代」の発行元の講談社は白川氏が写真素材を1枚紛失した場合の賠償金と定義していた50万円を支払った上で謝罪。一方アマノ氏は謝罪と50万円の慰謝料支払い・新聞への謝罪広告を拒否。白川氏は著作権侵害であるとして1971年にアマノ氏を提訴。アマノ氏も大量に配布された広告写真をフォトモンタージュの手法で組み合わせて風刺した表現で

白川氏のオリジナル写真

アマノ氏のパロディー写真

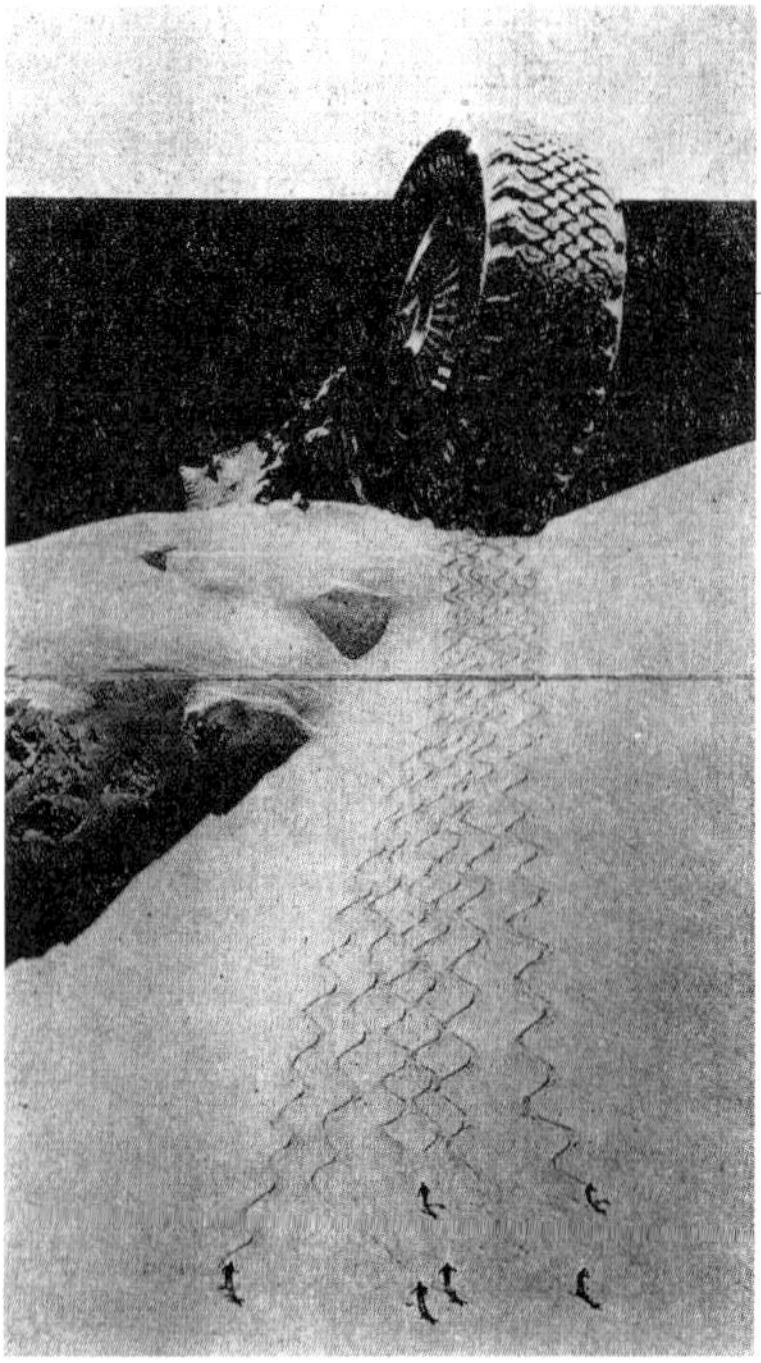

出典：
裁判所ウェブサイト昭和47年11月20日東京地方裁判所（昭和46(ワ)8643）別紙裁判資料より

資料写真の初出：
白川氏写真（原写真はカラー）／白川義員著『SKI'67第四集』（実業之日本社、1968年）
アマノ氏写真／マッド・アマノ著『SOS』（個人出版、1970年）

あり、著作権法（当時は旧法だった）の引用の範囲内であると抗弁した。

【判決】

1972年の東京地裁では著作権侵害を認定して白川氏が勝訴。一方、1976年の東京高裁の第二審では表現の自由を重視し、モンタージュ写真制作が引用の範囲内の行為であるとしてアマノ氏の主張を認めた。1980年の最高裁の判決では著作権侵害に重きを置く判断を示し、高裁判決を棄却して高裁への差し戻しを命じた。差し戻し審で白川氏の主張に沿うかたちで1987年両者間に和解が成立した。

最高裁の判決文は、引用の概念が成立するには（1）引用するものと引用されるものに明瞭な区分がすることでき（明瞭区分性）、（2）かつ引用するものが主、引用されるものが従という関係が成立しなければならない（主従関係の成立）、（3）正確な引用＝加工の禁止（同一性保持権）という大原則を定義したことで知られている。

【解説】

2011年アマノ氏は自身のブログで「パロディーというものは原作の意図を壊すもの」でありわかりやすくいえば「原作の意図を批判し茶化し、嘲笑する」ものなのだ。「無断合成は違法」ということだが茶化す相手に使用許諾を得ることは馴れ合い以外のなにものでもない〟とコメントしているが、これも正論だろう。写真をそのまま使用することは引用の範疇を超えて違法だが、それを認めるとフォトモンタージュの精神そのものの否定になるため、この最高裁判決での裁判長だった環昌一氏は判決の際、表現と著作権保護の両立には「宿命的な限界」がある旨を記した補足意見をわざわざ出した。

08

105

# 画像の引用をめぐる裁判

画像的な表現の引用を事実上認めた有名な判例もあるので、編集者ならこれも知っておいて欲しい。

【知っておきたい判例】

## 脱ゴーマニズム宣言事件

【内容】

漫画家小林よしのり氏はエッセイ漫画「ゴーマニズム宣言」の連載を扶桑社の週刊誌「SPA!」で1992年から開始。部落差別、反戦思想批判、オウム真理教批判、薬害エイズ問題など大手マスコミが深く追求しない問題にも正面から取り組み、先鋭的な思想作品として評価されるようになった。95年からは小学館の隔週刊誌「SAPIO」に「新・ゴーマニズム宣言」を連載。当時議論となっていた従軍慰安婦問題について疑問を呈する論調を展開し、一部の左派系知識層からは激しい批判が加えられていた。被差別部落史の研究家であり日本の戦争責任問題にも取り組んでいた上杉聰氏は1997年に小林氏の思想を批判する「脱ゴーマニズム宣言」(東方出版)を出版。同書では小林氏の漫画のコマが引用というかたちで57点掲載されていた。小林氏はコマの無断引用による著作権侵害、コマの編集による同一性保持権の侵害などを主張。上杉氏は著作権法で認められた引用の範囲内であ

**事件番号**

第1審▼東京地裁平成9年(ワ)第27869号

第2審▼東京高裁平成11年(ネ)第4783号

ると抗弁した。

【判決】

一審の東京地裁は上杉氏の著書中のコマ引用は（1）明瞭区別性（2）主従関係が成立しており、「絵画の批評に際しては絵の引用が認められ、文章の批評に際しては文章の引用が認められる。絵部分と文字部分が有機的一体として結合し、不可分の関係にある漫画の批評に際しては、漫画のカット全体の引用が認められるべきである」として、小林氏の請求を棄却し上杉氏の全面勝訴となった。

控訴審の東京高裁では、一審判決が修正され、編集上の都合で配置が変更されたコマ1点については同一性保持権の侵害を認め、上杉氏の著書の出版差し止め、および上杉氏に対し20万円の損害賠償、小林氏の訴訟費用の一部（250分の1）の負担を命じた。ただし、同一性保持権の侵害が認定された1点以外の引用の違法性は認めなかった。

【解説】

それまで判例がなかった漫画の引用について、文章同様に引用の成立を事実上認めた判決として高名である。ただ引用を全面的に認めた東京地裁

「新ゴーマニズム宣言第30章」より

高裁判決で侵害認定されたコマ割りの変更。上が小林氏によるオリジナル、下が上杉氏による引用

出典：
[上]小林よしのり著『新・ゴーマニズム宣言③』（小学館、1997年）P80
[下]上杉聰著『脱ゴーマニズム宣言 小林よしのりの「慰安婦」問題』（東方出版、1997年）P64

判決に対し、控訴審の東京高裁判決では1点のコマ割り編集に対する同一性保持権侵害（引用による著作権侵害ではない）を認めて、出版に対する制裁としてもっとも重い出版差し止めを出す一方で、被告による原告に対する訴訟費用負担を異例の250分の1という訴訟費用負担（通常は1～2割）など、原告、被告双方が痛み分けとなるような微妙な修正が加えられた。

上記の小林氏オリジナルのコマ割りをレイアウトの都合上組み替えたものが、「例えば学術論文において、著作者が改行しなかった箇所を、出版する際に出版者が改行したという例を考えれば分かるように、読み進む順序が変わらないからといって、同項にいう『改変』に当たらないというものではない」と侵害認定された。一方で、薬害エイズ訴訟で中心的な役割を果たした川田龍平氏（訴訟当時学生、2007年からは国会議員）の強烈な肖像についての印象的な目隠し（上杉氏は川田氏の肖像権に配慮したとしている）加工については、川田氏の名誉感情を棄損する恐れがある表現をそのまま引用することは引用断念の理由になりかねず「やむを得ない改変」とした地裁判断を支持している。

この微妙な高裁判決を見ればわかるように、判決によって形成される判例法はガイドラインとなる明確な基準が出るわけではない。しかし、国会で議員が立法する法律に比べ、最新の問題や細かい問題に対する判断が随時反映される。引用は著作権の問題の中でももっとも微妙な分野のひとつであるが、引用に限らず判断に悩むトラブルに直面したときは類似した判例を調べる習慣をつけるようにしたい。法律書をもっていなくとも代表的な判例についてはネットで見つけることができる。

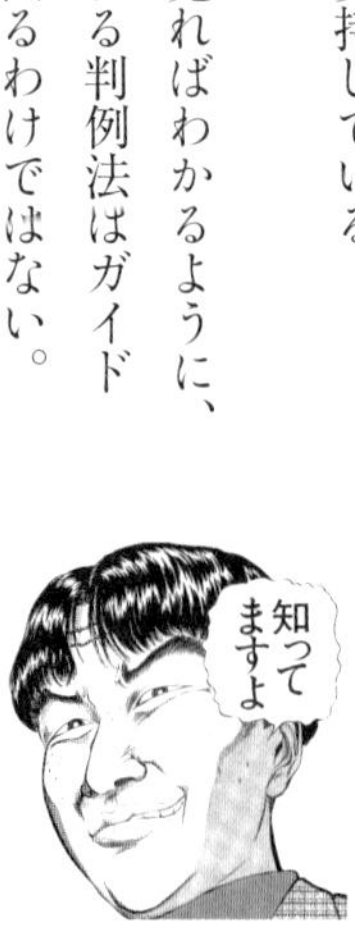


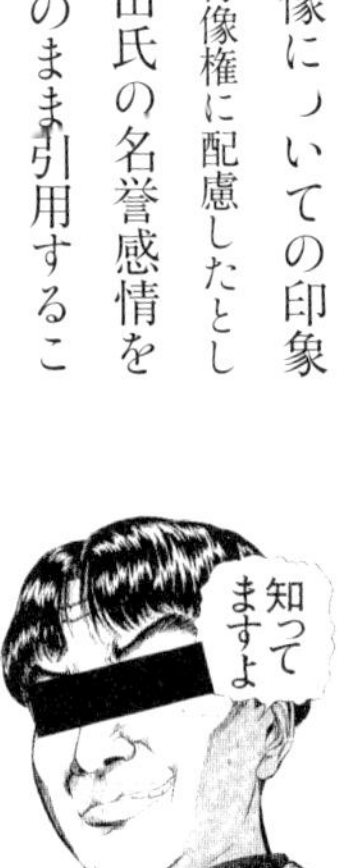


「新ゴーマニズム宣言スペシャル・脱正義論」78頁より

川田龍平氏の描写。左が小林氏のオリジナル、右が上杉氏の引用。

出典：

［左］小林よしのり著『新ゴーマニズム宣言スペシャル　脱正義論』（幻冬舎、1996年）P78

［右］上杉聰著『脱ゴーマニズム宣言小林よしのりの「慰安婦」問題』（東方出版、1997年）P16

08

106

# 引用をめぐる代表的なトラブル

引用については様々なケースが問題になることが想定されるが、代表的な想定例を3点解説したい。

**❶本のカバー画像や音楽・映像ソフトのジャケットを書籍の中に挿入する場合、発売元の許諾を取る必要がありますか？**

カバー・ジャケット類は商品パッケージの表面に載り、タイトルとともに商品の違いをユーザーに認識させる「標章」の役割を果たしている。

デザインされた画像そのものは、デザイナー、写真家やイラストレーターの著作物の結晶である。一方で、商品認識のために流通上で意図的に露出させているものでもあり、引用する際に使用する必然性が強まる。そのため、カバー・ジャケット画像は自由に使われている傾向があるのは事実だ。

出版社やソフト会社も、ネットなどでカバー・ジャケット画像が多数（無許可で）掲載されている状況を事実上黙認しているが、それ以上の氾濫を進行させないために公式には掲載許可を必要とするスタンスを絶対に崩さない。文化庁がオークション流通のための画像使用の緩和についてヒアリングをしたところ、すべてが否定的な回答だった。

使用する側が発売元に使用許可を取ることが理想だが、いろんな制約によってそうはいっていられない状況もあるし、許諾を求める連絡によって相手側にとっても「面倒くさい」状況になる場合もある。そのようなときに大切なのはこの章で説明している引用の原則をしっかり守ることだ。（1）引用される画像が従で引用するコンテンツが主という関係が明確に成り立っている（2）画像の加工をせずに正確に引用する（3）出典元（パッケージのタイトル、発売元）をしっかり明記する（4）使用サイズに配慮して鑑賞目的では使わない（できる限り小さく使う）（5）引用したカバー画像を自分の商品のカバー表紙に使用しない、のポイントを必ず確認すること。本書における出版物・表紙カバー画像の使用は右の原則に従った。

### ❷写真家の写真を引用の範囲内で断ることなく使用したいのですが、大丈夫でしょうか？

写真をはじめとする画像の引用は判断が難しい。難しくしているポイントは二つある。まず、写真やイラストの引用は往々にして「鑑賞目的」となってしまうからだ。画像素材の存在感は強くデザイナーもどうしてもその画像を強調してしまう。こうして主たるオリジナル文に対する補助資料のための引用を逸脱した状態で公開されがちになる。また引用先のオリジナル文も研究、教育、批評、報道など引用の概念が前提している分野とは違うことが多い。例えば沖縄の紀行本に、ある写真家の首里での写真を引用として載せたとしても、それが引用の必然性があるのかを確信することは難しいだろう。

もうひとつは引用された著作者側の感情だ。

引用される写真や作品はアーティストの芸術的成果というだけでなく生活の糧そのものであることがほとんどのため、たとえ引用の要件を満たしているとしても納得ができないのだ。基本的に判断が難しい問題だが、引用せざるを得ない場合は、まず前項の引用の各要件を満たすだけでなく、（1）引用先の文章が引用元の作者に対する悪意がないことを確認する（2）鑑賞目的にならないように掲載画像サイズをなるべく小さくする（3）引用先の文章に研究、教育、批評、報道の要素があること、をさらに確認することも必要になる。

著作者に対して許諾を取ろうと思ったら、無料で使わせて欲しいと申し出るというのも罪ではない。そして、一度お伺いをたてたら相手にも断る権利は出てくる。また、使用料を請求されるケースも出てくる。所属している会社によって写真使用料の目安が決まっていなければ、朝日新聞社もしくは共同通信社のフォトサービスの使用料を目安にして交渉するのもいいだろう。この2社の写真は日本社会で幅広く使用されており、使用料も理不尽なものではない。もし、先方にこの2社の水準を超える金額を要求され、折り合えないようだったら使用を諦めることも賢明な選択だ。

## ❸担当している書籍の文中に専門書に掲載された図表を引用して掲載したいのですが、許諾を取らなくていいですか？

**理**　想をいえば取った方がいいのだろうが、アカデミックな図表の引用は許諾を出す方にも負担になる場合がある。学術書は翻訳本も多く、この場合、許諾元の出版社は海外の原著者と国内の翻訳担当者2名、さらには現地の出版社と交渉する必要も出てくる。許諾が出るまでかなり時間がかかったり、あるいはその手間を予想して許諾元が断る可能性もある。

まっとうな内容を展開する文章であり、その図表を引用する根拠が文章にしっかり埋め込まれているのであれば、先方に許可をあえて取らずに、引用として掲載してまず問題ないだろう。

図表を引用する場合には、①著者名・翻訳者名・編集者名（複数でもすべて書いた方がよい）②引用元の著作物の題名③巻数・版数などの題名の副次要素④引用元の図表が掲載されているページ④出版社名⑤出版社の所在地（海外の文献から引用する場合は必須）の出典情報を載せる。

**ex）**
出典：Rock Ptarmigan著、雷鳥太郎訳『ヨーロッパのライチョウの生態』第2版、p212、雷鳥新社、東京

## 引用をするにあたっての注意のまとめ >>>

1. 引用する著作物がすでに公表されていること
2. 引用部分とオリジナル文が明確に区切られていること
3. 引用元の出典を正確に明示していること
4. 分量でオリジナル文が明らかに引用部分を上回っていること
5. 内容的にオリジナル文が主体で引用文が従という関係が明らかに成り立っていること
6. 引用元の内容の改変・加工をしていないこと
7. 引用元の著作者への悪意がないこと
8. 写真・イラスト引用は必然性があるか、鑑賞目的になっていないかを慎重に検討する。引用使用する場合はスペースの大きさ、出典の正確さに考慮すること
9. 図表を引用する場合は掲載スペースの大きさにも配慮すること

08 >>> 107

# 著作権のライセンスビジネス

出版物が発売されると本に掲載した著作物を利用したいという申し込みが出版社に来ることがある。翻訳から、映像化、広告での使用まで様々な形態があるが著作権法的には著作物の二次使用になる。この時、編集者はライセンスにかかわるエージェントとして機能することになる。

逆に編集者が映像作品を小説化したり（ノベライゼーション）、アニメキャラクターや有名人をモチーフにした出版物を出す、海外の出版物を日本語に翻訳して書籍を出版する場合は権利所有者からの許可を得るライセンシーとなる。

ライセンスビジネスは工業製品の特許使用など様々な形態があるが、もともと1900年代のアメリカのコミックキャラクターの関連商品展開で生まれたものであり、出版産業とのかかわりは深い。基本的には以下の枠組みでおこなわれる。

## ライセンスビジネスでの基本的な概念 >>>

| 名称 | 英語 | 機能 |
|---|---|---|
| プロパティ | Property | 知的財産、出版では著作権。 |
| ライセンス | License | プロパティの使用許可（使用許諾）。 |
| ライセンサー | Licenser | ライセンスを供与する者。 |
| ライセンシー | Licensee | ライセンスを供与されて商品を生産する者。 |
| ライセンスオーナー | License Owner | プロパティの所有者。本来の意味でのライセンサー。 |
| ライセンスエージェント | License Agent | ライセンスオーナーの許可のもとに代理としてプロパティのライセンスを供与する者。広義ではライセンサー。 |
| サブライセンシー | Sub Licensee | ライセンス供与されるライセンシーでありながら、ライセンサーとしてライセンス供与する者。いわばライセンスの又貸しをおこなう形態。 |
| ロイヤリティ | Royalties | プロパティの使用の対価として払う使用料。著作権の分野では印税と同義。 |

08

108

# ライセンスビジネスの代表例 翻訳出版

翻訳は編集者にとってももっとも身近な二次使用である。翻訳の例から編集者がライセンスを供与する側になった場合を見てみたい。

日本で出版された出版物を海外で出版したいという申し込みは翻訳エージェントからくる場合が多い。翻訳エージェントは著作権処理を専門におこなうエージェントだが海外翻訳に特化すべく外国語に堪能な人材を揃え、海外の現地エージェントや出版社とのコネクションを持っている。逆に出版社が翻訳をしたい場合、適切な翻訳者を知らない場合は翻訳エージェントを頼ることもある。日本の大手としては日本ユニ・エージェンシー、タトル・モリ・エージェンシーなどがある。

日本の出版社はライセンスを又貸しするサブライセンシーとして機能することが多い。これは出版契約の章で触れた出版業界の標準とされる日本書籍出版協会の契約ひな形が著作者と出版社に二次使用をあらかじめ取り決めない設定になっているために、海外翻訳の話が出たときに出版社と著作者が交渉して、著作者から許諾（ライセンス）を受けて、日本の出版社がまた海外の出版社にライセンスするかたちになるためだ。

**二次使用の取り決め**
日本書籍出版協会の出版契約書ひな形（2005年版）で二次使用について定めた第21条では著者は出版社に処理を委任し、その具体的な条件は双方で協議すると定めている。通常二次使用については収益を著者と出版社で折半するのが世界的な通例になっている。

## 翻訳出版の流れ（日本の出版物が海外で翻訳される場合）>>>

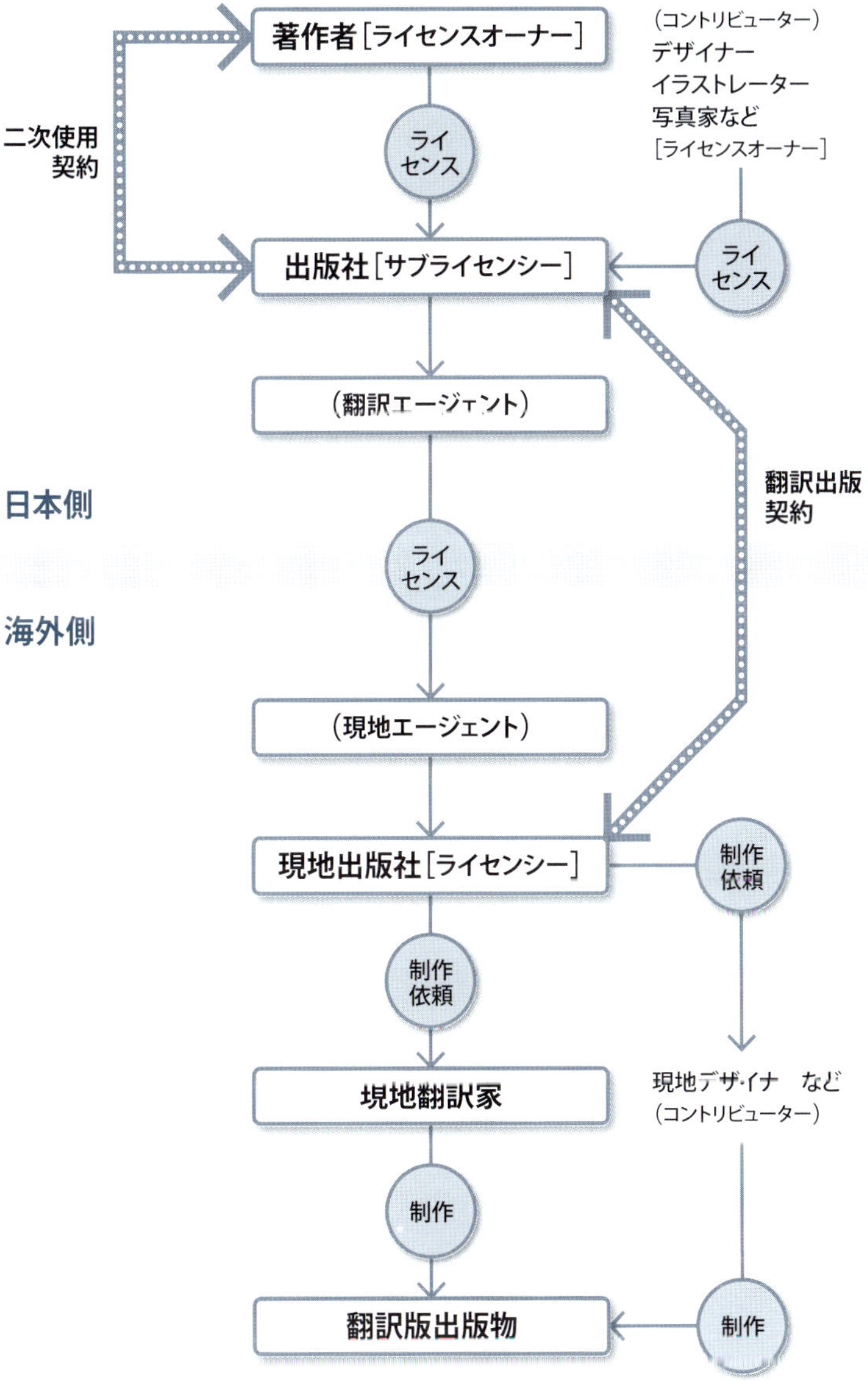

# 08 >>> 109 翻訳出版のチェックポイント

事前に取り決めているのは、二次使用の話があった場合は出版社に処理を委任する（窓口権の確保）ことだけ。

出版社が著作者に対して著作権譲渡契約を結んでいれば、出版社はライセンスオーナーとして文字通りライセンサーになれるし、二次使用の包括契約を結んでいればライセンスエージェントとして機能する。

海外出版社やエージェントが日本にいる著作者に直接接触することはほとんどない。これは海外の出版社が日本の出版社を無視するわけにはいかないという信義的な問題と、出版社という組織を通さないと契約処理や契約の履行の精度が低くなるという信用の問題があるからだ。

通常、翻訳出版の契約は日本の出版社と海外出版社の二者契約が国境をまたぎ、著作者やコントリビューターにはそれぞれの出版社が個別に契約する。翻訳エージェントが仲介役して契約に加わる場合もあるが基本は出版社同士の二者契約である。

契約書は翻訳エージェントが用意してくることが多く、日本の出版社の編集者は契約書をチェックする役回りが多い。以下のチェック項目は翻訳出版の契約書に入る基礎的要素であり契約書に入っていない場合はエージェン

## 海外翻訳出版契約での主要チェックポイント>>>

| チェック項目 | ポイント |
|---|---|
| 使用許諾地域 | 原則は現地出版社の所在国。それ以外の国での許諾を与えると他国での翻訳出版契約の妨げになる。ただし、英語圏や中国語圏は複数国・地域にまたがる場合もある。例えば、アメリカとカナダ、香港と台湾など。 |
| 独占契約か非独占契約か | 翻訳権を与えるとその国では他の出版社が翻訳できなくなる独占契約が通常。 |
| 許諾形態 | 現地での出版物の仕様言語・書籍仕様・初版発行部数・予定価格を明記する。 |
| 著作権表示 | 翻訳出版では必ず©著作者名をクレジット欄に明記する。 |
| 刊行期限 | 出版契約だけして本が刊行されないと翻訳出版権の塩漬けになるので、契約後一定期間内に出版する義務を現地出版社は負う(通常は18か月以内)。 |
| 印税・手数料 | 海外翻訳で入る印税は8～10%が相場。学術出版などの専門書はもっと低い。翻訳エージェントに支払う手数料は収入総額の10%が相場。 |
| アドバンス | 初版印税はまとめて前払いされるのが通例。初版部数の100%の場合もあれば半分の場合も。通常はアドバンスの支払いが契約成立の条件となっている。 |
| 清算期日 | アドバンス以降の印税は清算日を設けた売上比例支払になる。清算期間は通常1年で、現地側は指定の清算日から一定期間内(通常60日)以内に売上報告を送る義務がある。 |
| 同一性保持権の確保 | 翻訳版でも全文の忠実な翻訳が基本だが、現地事情でやむを得ない改変をする場合は事前に連絡する義務を現地出版社は負う。 |
| 監修の権利 | 日本側の出版社が出版前に本文・カバーデザインを確認できることを明示する。 |
| ライセンサーとしての責任明示 | 日本側の出版社が著作者から適切な委任をとっているかの確認。著者の委任状を要求される場合もある。 |
| 契約期間と失効条件 | 契約期間は通常5年。また品切れが発覚した場合、督促して3か月以内に出荷開始をしない、現地側の出版社倒産が発覚した時点で契約が自動失効になる条項が入る。 |
| セールオフ期間 | 契約終了後も現地出版社が在庫処分をするための期間を設ける。通常6か月。 |
| 使用範囲 | これまでは現地語版の出版のみを契約してそのほかの形態は別途相談の形式が多かったが、電子書籍版をあらかじめ含めることも増えてきた。 |
| 費用負担の明示 | 現地での翻訳において日本出版社側が費用負担することがないことを約束する条項。現地で訴訟が起きたときの場合も含む。 |
| 契約条項の効力 | 契約書による契約がそれ以外の約束を一切保障しないことを明記する。ひとつの条項のやり取りの結果が他の条項の効力に影響しないことも明記する。 |
| 管轄裁判所 | 日本出版社と海外出版社の間で紛争が起きた場合どこで最終解決するかを決める。通常は原出版物を出している国側の裁判所か商事仲裁所が指定される。 |

トや相手方出版社への確認が必要になる。

ライセンスビジネスという言葉をきくと、アニメ・コミックなどのキャラクター商品を思い浮かべることが多い。実際、2012年のキャラクタービジネスの国内市場規模は2兆3、075億円（矢野経済研究所調べ）の巨大市場だ（この市場売上のうち、ロイヤリティの支払いによる売上は5%程度）。

キャラクタービジネスは玩具メーカーなどのビッグプレイヤーが出てくるし、契約書も弁護士や専門家のチェックが必要になってくる。しかし、その契約交渉の基本は、ライセンサーたる著作権者の作家たちやライセンシーたる海外出版社（エージェンシー）との交渉と大きく変わるものではない。出版での契約交渉経験から、著作権を取り扱いながら収益を生むというライセンスビジネスへ通ずる感覚を磨くことは十分可能だ。

# 09
# 出版流通を知る

09

# 110 「定価販売」と「委託販売」

流通を知ることは売れる商品プランニングの基本である。

出版流通の最大の特徴はなんといっても「定価販売」と「委託販売制度」の二つだ。

定価販売を小売店に強要することは、需要と供給の原則に基づく正常な市場競争を妨げるため、資本主義経済制をとる国では原則、独占禁止法などの法令で禁止されている。それにもかかわらず日本では書籍・雑誌の定価販売が可能な「再販制度」が独占禁止法の例外として音楽ソフト・新聞とともに認められている。

そしてこの定価販売とセットになって日本の出版流通を特異なものにしているのが「委託販売制度」である。書店は定価販売の原則があるので割引セールをして在庫処分をすることができない。その代わりに売れない本を「返品」することができるのだ。「返品」できることは出版流通のきわめて重要なルールである。「売れないから返品」というだけでなく、書店の棚に並べられることなく「売れそうにないから返品」ということまで起こる。

出版社がつくる書籍はたいていの場合見込み生産であり、営業も「こんなのをつくりますがいかがでしょうか」と制作がはじまった後に営業活動をスタートすることがほとんどだ。

もちろん、事前にマーケティングとリサーチをした上で企画を練ることもあるが、それはマーケティング資金がありデータ整備にも投資できるごく一部の出版社での話だ。ほとんどの編集者は小規模の会社で仕事をしている。最終的には自分たちの勘と経験から企画を決めることになる。その勘と経験の蓄積を助けるのが出版流通の基本的知識である。

本章では出版流通の概要について解説する。

## 日米独の出版流通の仕組み >>>

| | 日本 | アメリカ | ドイツ |
|---|---|---|---|
| 本の価格 | 完全定価制（値引き販売実質不可） | 自由価格 | 原則定価制（18カ月の時限定価あり） |
| 本の返品 | 委託期間中は事実上自由返品、注文品の返品許容度も高い | 仕入は買切り前提で、限定的に返品を許容 | 仕入は買切り前提で、限定的に返品を許容 |
| 書店からの注文形態 | 取次経由の配本もしくは書店からの注文 | 原則書店からの注文 | 原則書店からの注文 |
| 雑誌の販売チャネル | 書店、コンビニ、駅スタンドなど | 定期購読、ニューススタンド、スーパーなど | 定期購読、ニューススタンド、書店など |
| 出版社・書店間の取引 | 取次経由 | 直取引、取次経由 | 直取引、取次経由 |
| 出版社・書店間の決済 | 取次経由 | 直清算、決済会社経由など | 直清算、決済会社経由など |
| 出版社から書店への卸値 | 出版社、書店によって条件が変動 | 集団訴訟の結果、業界内でほぼ統一比率 | 法律によって規制があり、ほぼ一定比率 |
| 出版社の動向 | 大中小の出版社がなだらかなピラミッドを形成 | 5大大手が世界的な影響力を持つ | 最大手ベルテルスマンが世界的な出版・メディアグループを形成 |
| 出版社の立地 | 東京一極集中 | 全土に分散しているが、5大大手はニューヨークが本拠地 | 全土に分散 |
| 書店の動向 | 複数の全国チェーン店が競合。独立店は減少傾向 | 最大手のバーンズ・アンド・ノーブルと独立系書店に二極化 | 大手チェーン店もあるが、独立店の力も強い |

09

# 111 再販売価格維持制度

出版業界は特殊な業界といわれている。それはまず「本」という著作物が商品であること、次にこの章で解説する取次を中心とした独特な取引慣習、そして定価販売を再販制度が規制当局（公正取引委員会）から認められている数少ない業界であることも要因だ。

再販は正式には再販売価格維持という。再販売という単語は英語のＲｅｓａｌｅの翻訳だが、ここでは「小売、卸売」という意味で考えればよい。今では再販制度は著作物商品のみに適用されるというイメージがあるが、第二次世界大戦後の経済復興期に欧州を中心にメーカーと小売店を保護するために衣料品から家電製品まで幅広い製品に適用されていた。再販維持は小さい規模の企業も過当競争から保護し業界秩序を安定させる力がある代わりに、競争がないために製品開発や流通の革新性は失われる。国内産業の競争力が低下するため、先進国では１９６０年代から順次撤廃され、言語や文化の壁に守られる出版物と新聞のみに残っている（日本だけが例外的に音楽ソフトも対象になっている）。

日本の独占禁止法は「私的独占の禁止及び公正取引の確保に関する法律」が正式名称であり、敗戦直後の１９４７年にＧＨＱの肝入りで施行された法律だ。公正な市場競争環境を重視するアメリカの反トラスト法の精神にのっとり、

**独禁法の適用除外**

著作物の再販指定を裏づけている法的根拠は独禁法第6章第23条の「適用除外」の項目である。適用除外はあくまでも独禁法を適用しなくても罰しませんよということ、つまり価格維持の再販行為をしても罰しないということだけである。いい換えると、定価から価格を下げても法律違反ではない。再販を破ると法律違反となるような「法定」状態より一段階ゆるい法的状態であることに注意。

[1]私的独占（市場支配力をバックに競合他社に不当な安売りを仕掛けるなどの妨害行為）[2]不当な取引制限（いわゆる談合・カルテル的行為）[3]不公正な取引方法（取引における嫌がらせ、不当な拘束）の3概念の禁止を柱としている。再販はこの[3]に反する行為である。

1947年に施行された原法は米国流のかなり厳しい法律だったが、化粧品メーカーを中心に再販制度を求める運動が続き、日本の主権が回復した翌年の1953年の独禁法改訂では化粧品・石鹸・歯磨き粉などの日用品が再販商品に指定され、著作物の書籍・雑誌・新聞・レコードの4品目も独禁法の適用が除外され再販商品（著作物再販制）になった。

**戦**前、岩波書店をはじめとする一部の出版社による定価販売要求や書店同士のカルテルによる価格調整はあったが、自由価格競争は普通におこなわれていた。敗戦後も出版業界が熱心な再販導入運動をおこなっているわけではなかった。ではなぜ著作物再販制が導入されたかだが、独禁法改訂を審議していた第15回衆議院での横田正俊公正取引委員長の発言や出版史の研究などから、(1)戦中の戦時統制の影響で定価販売が書店流通で定着していた既成事実(2)業界の熱心な運動で日用品に再販制度が導入されるのなら、実質定価販売になっている書籍・雑誌を追認し、同じ文化商品の新聞・レコードもあわせて再販を導入して体裁を整えたいという公取の思惑が影響して棚ボタ式に導入された。

本・雑誌の裏側を見てほしい。価格表記が必ず〝定価〟となっているはずだ。定価表記している商品は日本では本、雑誌、音楽CDの三つしかない。音楽CDのジャケット裏とオビには〝(再)15・5・20まで〟などと表記があるが、これは「この日付以降は定価以下の値段で売っていいですよ」という意味の表記であり、音楽CDは期限つきの定価販売ということになる。２０００年代に国内のメジャーレコード会社が半年の期限を設定することが定着した。これは時限再販といわれており、出版業界でもこの仕組みを導入しようという動きは１９７０年代からはあるが出版業界ではなかなか定着しない。

高度成長期以降生まれた映像ソフト・ゲーム・ソフトウェア・電子書籍などの著作物商品には再販は適用されていない。日本の公正取引委員会は再販制を全廃しているアメリカをはじめとする先進国の動向にならい再販制度の廃止を目指しており、１９９７年に化粧品の再販が撤廃されて日用品の再販は全廃された。

１９９０年代に公取は再販全廃を目指して行動を起こしたが、出版業界は新聞・音楽業界とスクラムを組んで再販制度の堅持を主張し続け、２００１年に公取から「本来廃止が望ましいが、文化面ですぐに廃止することには弊害がある」ため「引き続き存廃を検討する」という事実上存続の見解を引き出した。

文化面への貢献が認められて産業保護措置がとられているのは喜ばしいことだが、再販制度で守られた業界の宿命として、他の業界や国外の産業との競争力は弱まる。出版業界の身内においてもプラットフォームでセールをおこなう電子書籍と定価販売の出版物は競合している。

この再販制度は出版のシステムの根幹に関わっている。公取が２００８年発表した「書籍・雑誌の流通・取引慣行の現状」では、著者への印税契約は定価販売を前提とした部数算出が前提になっており、それが循環して出版社が定価販売を崩せない要因にもなっていることを示唆している。出版社のみならず著者の考えをも根本的に規定している経済制度なのだ。

**再販の例外**

ポイントカードは実質的な値引き行為。公取はユーザーの利益になる値引き競争を推奨しているのに対し、書店業界は再販制の精神を理由に反対を続けてきた。レンタルビデオ店やオンラインストアなどのポイントサービスがなし崩し的に出版物販売にも導入され、２０００年代後半以降定着している。生協での販売は独禁法で再販の例外に指定されており、公的に値引き販売が認められている。大手出版社や大手書店などが公取が要求する「再販制度の弾力的運用」への努力アピールの一環として、神保町のブックフェアなどで「謝恩価格」として値引きした書籍を売ることもある。

09

112

# 新刊の見本出しと取次

本、雑誌が出来上がったら、営業担当者は取次の仕入窓口に向かう。取次は出版社と書店の間に入る卸会社である。そこで初回の流通部数を決める部数交渉をおこなう。

交渉では営業がとってきた書店からの注文や取次の裁量で決めた部数（見計らい部数）をもとに全国の書店に本を納品（新刊配本）する部数を決める。雑誌の場合は、納品先にコンビニエンスストアや駅の売店など書店以外の小売店が加わり販売対象が拡がるため、見計らい部数の比率がかなり高くなる。

雑誌が書籍と違う点は、定期刊行物として同じタイトルの雑誌が次号から次号へと繰り返し発刊されることである。そのため、初回号以降の部数交渉で大切なのは売上実績である。取次だけでなく出版社も書店から売上データを収集して、お互いのデータを突き合わせて交渉する。雑誌での営業は注文をとることよりもむしろ「どの店で売れているか」「誰が買っているのか」を調査・把握して取次や編集に伝えるリサーチ活動が重要になる。

さて、書籍の見計らい部数は取次が主導して決めることが多く、その場合パターン配本とよばれる方式が用いられる。配本のもとになるパターンは基本的に書店の過去の売り上げ実績に応じて計算されたAランク、Bランク……などの書店ランクデータである。取次はジャンル別の売り上げ傾向データ、出版社・著者別の実績データも蓄積しており、それを変数として担当者の裁量も加味して配本パターンを決定する。特に雑誌、コミック、また大量部数の流通が予想される単行本書籍はこのパターン配本で配本部数が決まることが多い。

このランクづけは近年かなりシビアになっている。販売力の強い一部の大型チェーン店やネット書店が大量の配本を確保する一方、独立系の小さな書店には希望する冊数が届かない。電話やファックスで出版社に連絡しても断られることが多い。この上意下達型のパターン配本は批判されることが多いが、出版社側も特に大手は日本全国の1万~2万店の書店・販売店の注文に対応し集計することが実質難しいためパターン配本に頼っているという事情もある。

また書店が膨大な数量の新刊書籍や雑誌をすべて注文対象として検討するのが難しい。書店側のニーズでもあるのだ。「中小出版社の営業は注文を取ってくるのが仕事、大手出版社の営業は注文を断るのが仕事」とは、ある書店関係者の言葉だ。書店側も手をこまねいているわけではなく、1店当たりの規模が小さいチェーン店などは発注機能を本部に集約して担当者の発注部数を増やし、取次や大手出版社への発言力を強める努力をしている。

一方、出版社が配本数を指定する配本形式（指定配本）もある。これは出版社の営業が書店から獲得した注文をもとにして配本数を指定する場合と、出版社が独自に売り上げデータを集計・分析して作成した書店のランクづけをもとに配本を取次に依頼する場合がある。

流通数が少ない専門書は基本的に書店からの

**配本対象店数**
一部の有力雑誌は全国のコンビニにくまなく配本される場合もあり、そのときは取引店数が5万店以上になることもある。

注文をもとに取次に新刊配本を依頼することが多い。本来はこの書店注文と取次が決めた見計らいを組み合わせて配本数が決定するのだが、特に専門書の配本における見計らいは超A級の有力書店、有力図書館、ネット書店出庫用のストックなど最低限の対象に限られる傾向になりつつある。そのため、多くの専門書は実質的には書店注文を取次の新刊配本システムを使って流通させるような形態になっている。

もうひとつ、配本数を出版社が指定するケースだが、これができるのは大手などキラーコンテンツを持つ限られた出版社である。代表的なのは特約店制度と組み合わせた手法だ。特約店制度はいろんな業界に存在するが、出版業界では医学書など専門性が高くかつ本の付加価値も高い分野で、出版社が書店への直接的影響力を保つために特約店づくりがすすめられた歴史がある。端的にいえば、有力店舗の囲い込みである。

　専門性がある分野の本はユーザーへのリーチ力が高い売場に集中した方が効率がよいため、特約店制度の拡充に出版社も力を入れてきた。書店が特約店になることができれば確保しづらい有力タイトルの在庫を優先的に確保できたり、数が限られた販促グッズが送られたり、キャンペーンのノルマを達成すれば報奨金が出版社から支払われることもある。この特約店制度の中で、出版社が自社の裁量で書店への配本数を決め、取次に配本を依頼するケースがある。取次と出版社の力関係によって、取次の意向が反映される場合もあれば、出版社がイニシアチブを握っている場合もある。この特約店制度で出版社の影響力が強い分野としては、医学書、ビジネス書、絵本、ライトノベルなどがある。

**図書館からの注文**

通常は取次や図書館流通センター（図書館専門取次）が配信する書籍リストをもとに図書館側が発注をかける。特に図書館流通センターは購入数が多いと見込んだ新刊タイトルについては在庫をストックするため、新刊配本時の指定数も多くなる。学術系・児童書などの出版社は図書館購入の比率が高いため、図書館側に直接の告知や司書に対して営業・巡回販売をかける場合がある。

## 配本までのワークフローの一例（専門書出版社の場合）>>>

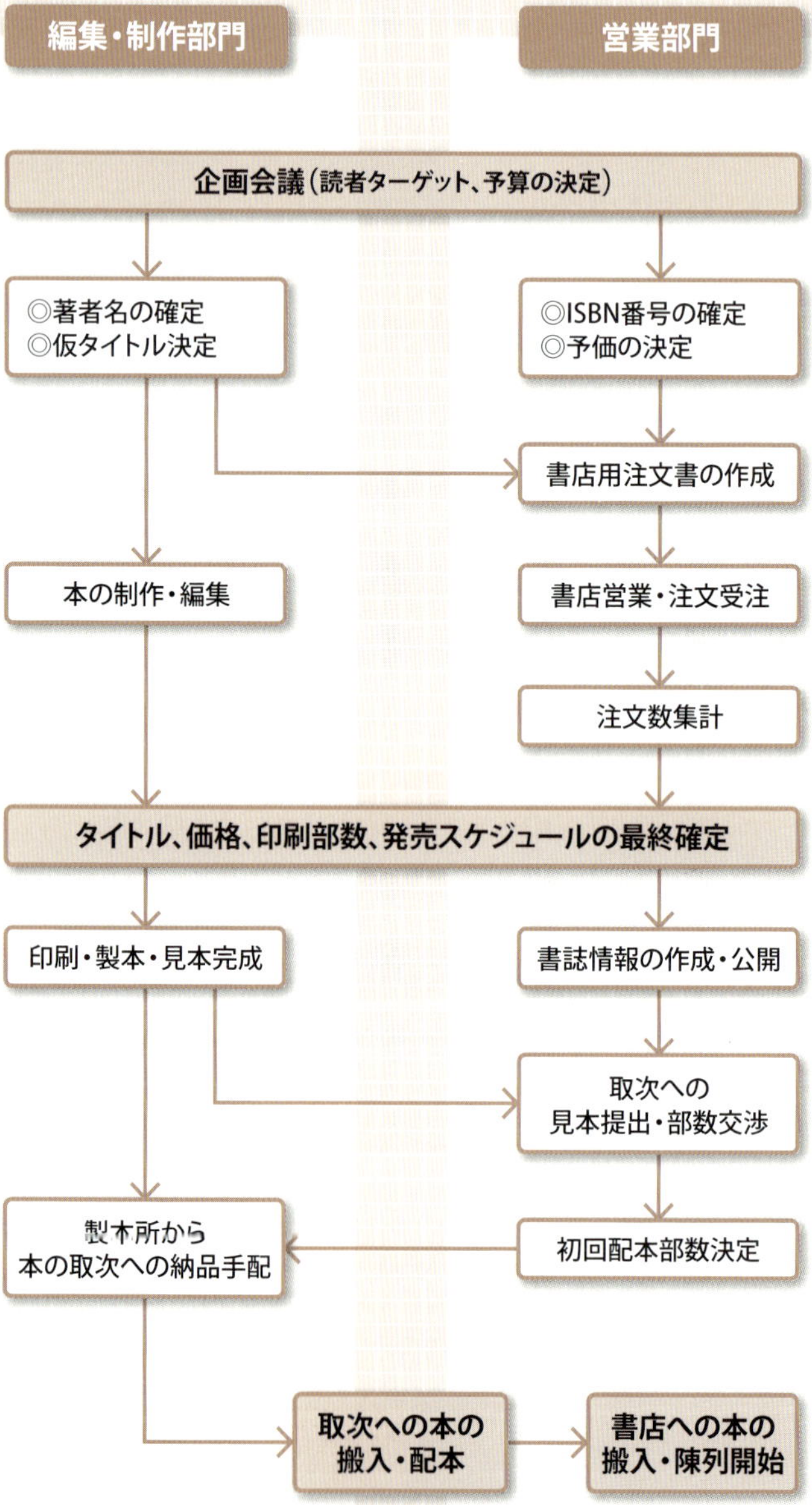

09 113

## 取次と雑誌

3

00坪程度ある中型店であれば500社程度の出版社の書籍タイトルを取り扱っている。もしその書店が個別に出版社と取引していたとしたら、約500社と個別決済と個別受発送業務が発生する。これを一店で処理するのは現実的ではない。取次を通すことによって、この決済と受発送を取次1社に集約できるのだ。書店は煩雑な処理作業が増えることを嫌がり基本的には取次通しの取引を望む。直取引の出版社も一部存在するが例外的な存在だ。書店にとって業務量が増えても取引したいと思うコンテンツ内容を訴求でき、かつ煩雑な事務処理をこなせる出版社のみが直取引ができる。

---

直取引の魅力は取次を通さないことにより出版社と書店の利益率が上がることと、出版社と書店が直接コミュニケーションをとりやすいということである。一方で出版社と書店の業務処理量は増える。特に書店にとって大変なのは返品業務である。ある程度の規模の店であれば取次が毎日返本を回収するので返本がたまることはないが、直取引の出版社が相手だとある程度の数量がたまらないと返本送品ができないため、返本ストックが必要になる。余裕のないバックヤードをこの返本スペースが圧迫することになる。

一方、主要取次各社との取引権利さえ持って

**直取引の出版社**

取次を通さない出版社も一部であるが昔から存在する。老舗では児童書の永岡書店や地図メーカーのゼンリンである。新興の出版社ではディスカヴァー・トゥエンティワンやミシマ社などが知られている。

いれば、出版社は全国の書店にファックスを送るだけで書店から注文はくる。書店員が注文書に注文冊数を書き込み番線印と呼ばれる取次との取引関係を表示するハンコを押せば注文は完了する。つまり、出版社と書店はお互い取次の名前を出して取引しているのだ。出版社の売上は、書店からの売り上げではなくほとんどが取次からの売り上げが占めている。

外部からは見えづらいが、出版は25社程度の取次が右手では3000社程度の出版社、左手では1万5000社程度の書店の手綱を握りつつまわしている業界なのである。この形態を「ひょうたん型」とも呼ぶが、要するに少数の取次に取引が集中する中央集権型の流通形態なのである。これは取次が成立した歴史にかかわってくる。

明治時代は書店・出版社・取次の業態は分かれておらず兼業が多かった。また出版・新聞の流通も区分も明確に分かれていなかった。書籍・雑誌ともに価格設定は自由であり、東京と地方で売価も違い、原始的な市場原理に沿って価格設定が決まっていた。

日本独自の出版流通形成につながる大きなターニングポイントは大正時代に100万部超えの大部数雑誌流通が始まったことである。1909年（明治42年）に実業之日本社が「婦人世界」で返品受け入れを採用し部数を大幅に拡大。そして講談社が1925年（大正14年）創刊の月刊誌「キング」で返品制を全面的に採用し日本出版史上はじめて100万部の発行部数を達成したことにより、返品を前提にした大衆向けのマス雑誌の大部数印刷と大量送品の傾向が確立した。これにより取次会社の大型化が進行して、取次が業界全体に影響を与えるようにな

**番線印**

書店が取次との取引情報を表示するための印。取次から指定された作業コードと書店コードが入る。作業コードはアルファベットが入った5～6桁の番号で表記され、取次内で作業区分を表している。書店のグレードもこれからおおよその見分けがつく。書店コードは5～7桁の数字で表記され、1店1コードのユニーク番号。書店は番線印を注文書に押して注文の意思表示をする。なお、番線印という名称は戦前、雑誌の配送を列車貨物によって振り分けていたことがもとになっている。

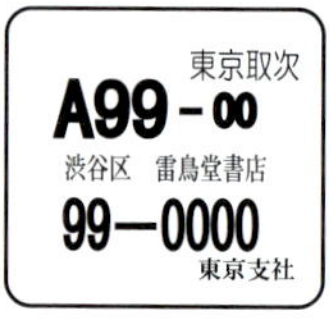

った。

小説や漫画などの出版コンテンツも大量流通する大衆雑誌の力で広がり、書店も雑誌販売を中心に成立して、返品前提の雑誌販売が流通の中心になっていく。一方書籍は雑誌に比べると少部数の流通で利益率も低く、小規模の取次による流通が中心だった。

戦時体制から産業統制が始まり、1941年（昭和16年）政府は日本出版配給株式会社（日配）を設立。雑誌中心の大手取次や書籍取次もすべて日配1社に統合された。日配は雑誌系取次大手の役員と大手出版社が株主となった。

政府は思想統制の観点からも雑誌の流通を重視した。同時に日配のもとに出版社と書店の統合もすすめ、複雑な取引条件を整理し、価格統制により実質的な定価販売を実施、都市部と地方の流通の格差縮小にも努め、流通の効率化と全国均一化をすすめた。ここに取次を中心とする雑誌に重きを置く中央集権的な出版流通のかたちが確立する。

敗戦後、GHQにより日配に解散命令が出され、現在の大手取次が設立されていった。特に上位取次は日配を母体としている。日配が確立した中央集権的・全国均一型の流通は戦後設立の取次によって引き継がれ完成されていく。

日本の出版流通の大きな特徴のひとつは返品の多さだ。これは戦前から大量印刷・大量流通と返品の雑誌流通を通じて大手取次が発達し、その大手取次のシステムが戦中の統制により結果的に全国津々浦々の書店に効率的に浸透したことにより、戦後の出版流通における標準的システムになった。

**定価販売の起源**

岩波書店は1913年（大正2年）に古本屋として創業した。創業者の岩波茂雄が価格表示通り商品を売る「正札販売」を貫徹したことに特徴があった。当時、中古本・新本に関わらず定価はあってないようなもので、その場で客と売り子が値段交渉して価格を決める商習慣だったが、岩波は札に表示した価格でそのまま販売した。このゴネ得を許さないフェアな商習慣は次第に支持を集めた。岩波茂雄は1914年（大正3年）の夏目漱石「こころ」の出版を成功させて出版事業も拡大していくが、「正札販売」の精神を書籍流通でも貫徹し、1915年（大正4年）からは発行書籍の奥付に定価販売の要請を明記した。

## 主要取次一覧>>>

| 取次名 | 歴史・特徴 |
|---|---|
| トーハン | 日配の雑誌部門と雑誌系の大手出版社が中心となって設立された総合取次で、戦後は業界のリーダー的存在として君臨。 |
| 日本出版販売（日販） | 日配の書籍部門と書籍系の専門出版社が中心となって設立。日販とトーハン2社で出版市場の売り上げの70%以上のシェアに達するため、2大取次といわれる。 |
| 楽天ブックスネットワーク株式会社 | 本社は大阪市。東京以外に本社を置きながら全国的な活動をしている唯一の総合取次。前身は大阪屋栗田。2018年に楽天の子会社となり、2019年に名称変更。 |
| 日教販 | 日配の教科書部門と辞書系の出版社が設立した取次。現在も教育関係に強い専門型取次として活動している。 |
| 中央社 | 日配の教科書部門の社員と教科書系の出版社が設立した総合取次。現在は教育系の要素は薄く、コミックやメディアミックス系の商材に強い。 |
| 図書館流通センター（TRC） | 図書館向けの専門型取次。日本図書館協会の書誌データ作成部門が独立するかたちで1979年設立。出版社から直接仕入れることはほとんどなく、日販・太洋社の2社から本を仕入れる二次取次と呼ばれる形態。TRCの選書は全国の図書館の図書購入に大きな影響力を持っている。 |
| 地方・小出版流通センター | 1976年設立。大手取次との取引が困難な地方の出版社・小規模出版社と契約し、大手取次・大手書店・図書館との取引を代行する取次。 |

**地方売価**

1950年代までの古本・古雑誌を買うと定価欄に「定価○○○円（地方○○○円）」と表記されていることが多い。当時は業界内で都市部と地方で違う価格表示をする取り決めがあった（地方売価）。流通の地域格差を解決することは戦後の出版流通に残された課題だった。1959年以降は取次が流通効率化努力などでコストをある程度吸収し、数%の卸掛率を書店にも転嫁するかたち（地方正味）となった。しかし、地方書店の反発は続き、1974年に出版社が取次に対する月次売上の0・4%を「地方正味格差撤廃負担金」として負担するかたちで地方と都市部の格差は完全撤廃された。

09 >>> 114

# 流通正味

新興出版社を立ち上げようとする編集者が取次と交渉して悩むのは取次・書店へ手数料として払う利益配分比率の決定である。出版物流通における取次と書店への手数料は下記のように比率が固定されている。これらの流通手数料を出版業界では「正味（しょうみ）」と呼んでいる。

下記の表を見ると「出版社の取り分高いね」と思うかもしれない。流通分の取り分が低いことは敗戦後からの出版流通における課題で、高度成長期のインフレ時代に書店側は何度か出版社と取次側に対し集団争議を起こし、度重なる団体交渉の上で、1975年に780円以上1700円以下の書籍の卸掛率の標準を70%とすることを書店・出版社・取次間で合意した。

それでも、同じ文化産業のCDパッケージの問屋への卸掛率が60%台であることを考えると高いが、その理由は出版物の返品の多さによる利益率の低さを差し引いたものだと考えられている。

1979年に公正取引委員会が「事業者団体の活動に関する独占禁止法上の指針」を出して、事業者団体同士の交渉を禁止すると、

## 本1冊あたりの売上分配比率>>>

以下は1980年代以前に創設された出版社をモデルにした場合

| 分配先 | 分配比率 | 内訳 | 内訳比率 |
|---|---|---|---|
| 出版社売上 | 70% | 制作費（印刷・デザイン代など） | 30% |
| | | 著者印税 | 10% |
| | | 出版社収益 | 30% |
| 流通分正味 | 30% | 取次正味 | 8% |
| | | 書店正味 | 22% |

出版社各社と書店各店がそれぞれ個別に取次と交渉することとなった。つまり団体ルールが適用されないので、小さな会社や新しい会社は不利になる。これ以降、新規参入の出版社が取次と正味交渉する際、1975年策定の標準ガイドラインよりも低い正味でスタートすることが通例となっているようだ。

現在の新興出版社の標準的正味は67%ともいわれるが、多くの場合、新刊配本時に「部戻し」と呼ばれる追加マージンを取次に払う。これは新刊配本対象部数のみに適用されるのが通例だが、最大5%といわれている。また、返品が発生した場合にも、返本部数にも「部戻し」が適用される場合も多い。返品が増加した場合、この返品部戻しも合わさって新興出版社が利益を出すのは厳しいということになるのだ。

「正味が低くていいじゃないか、その分書店さんが儲かるから書店もウチの本をよく思ってくれるだろう」と考える編集者がいたら、それは甘い。取次が書店から卸す場合は特に大型チェーン店などはほとんど「一本正味」と呼ばれる料率が統一されていることが多い。一本正味が導入される理由は基本的には経理事務の手間を簡素化するためだが、特に力のある大型チェーン店はこの一本正味のラインを低めに設定することに成功すれば収益率を高めることもできるため導入に熱心であった。

つまり、正味65%の低率の出版社からの卸値は正味72%の高率の出版社にとっての調整弁にすぎず、書店に卸される場合は正味の高低はどちらも同じなのだ。卸値が低いことが書店の販売意欲を上げる動機にはつながらない。

**書籍の定価の目安**

ある程度の目安として、文庫、新書、ムック、幼児向けの絵本、参考書など低価格帯が定着しているジャンル以外の書籍で本体価格1000円以下の値づけをしたい場合は取次に事前に照会することをおすすめする。これは定価が低すぎると正味比率が低い書店・取次にとって利益が出ない商品になるためだ。

**正味の変動**

正味は条件によって変わる場合がある。書籍価格が上がると段階的に正味も上がる契約をしている出版社もある。また、CDや広告を載せて書籍を「媒体」扱いした出版をおこなうと取次が数%の正味の下げもしくは部戻しを要求するのが通例。文庫サイズなどの小型本や特殊な流通を要求する書籍も、取次が正味下げなどを要求する場合がある。

09
115
# 委託と返品

取次への見本出しが終わったら、取次の配本システムによりいよいよつくり上げた出版物が東京から日本中の書店へ流れる。取次へはじめて新刊書籍・雑誌が納品される日を取次搬入日という。見本出しの日から書籍は最短中2営業日、雑誌は最短中1営業日で搬入日が設定される。

この取次搬入日の翌日から出版物が書店に届く（都内の一部書店は当日）。書籍の場合は標準で搬入日翌日には都内、2日後には本州の主要地域の書店に到着する。雑誌の場合は発行部数などによって違うが、関東・中部・近畿ブロックの書店には搬入日翌日、3日後には九州と北海道にも到着するパターンが多い。

有力雑誌および一部の人気コミックは事前に全国発売日が設定されており「計画誌（協定品）」と呼ばれている。地域や店舗の規模によって出版物が到着する日が少し異なっているのだが、発売日前に到着した計画誌はお店や輸送会社のストックに取り置きされる。このように準備して指定された日に一斉発売されるのだ。この計画された「発売日」はすでに1カ月以上前から書店などで告知が始まり、取次・書店・運送会社などの膨大な労力をもって実現される。だからもし発売日に遅れるということになれば、それは「大罪」であり、出版社は取次から厳しいペナルティーを科せられることになる。
それ以外の出版物は「一般誌（一般商品）」と呼ばれ、発売準備が整った書店から随時発売になる。多くの編集者が手掛ける書籍は一般誌扱いである。「発売日」はないので、搬入後の商品の流れがどのようになるかは営業に確認する必要がある。もし発売日の設定に困った場合は、取次は搬入日から3日後を目安として設定することを推奨している。これは本州の主要地域の書店に書籍が届く目安が搬入日から2日後で、加えて書店内の陳列準備を考えて1日分をプラスをしているわけだ。

**書**店にはジャンルごとに分かれた出版物の入った段ボール箱が毎日納品される。この段ボール箱に入った出版物に書店員が自ら注文した商品は少ない。取次のパターン配本や出版社の指定配本による見計らい品が多い。書籍

## 書籍と雑誌の委託制例>>>

| 委託種別 | 対象商品 | 書店の返品期限 | 取次から出版社への支払い（原則） |
|---|---|---|---|
| 新刊委託 | 新規出荷の書籍商品 | 出荷から105日 | 出荷から3カ月後 |
| 長期委託 | 既存の書籍商品 | 出荷から4カ月<br>もしくは6カ月 | 出荷から7カ月後<br>もしくは9カ月後 |
| 常備寄託 | 既存の書籍商品 | 出荷から1年後 | 出荷から15カ月後 |
| 週刊誌委託 | 新規出荷の週刊誌 | 出荷から45日後 | 出荷から3カ月後 |
| 月刊誌委託 | 新規出荷の月刊誌 | 出荷から2カ月後 | 出荷から3カ月後 |

注文書［新刊用］／雷鳥社

は一日200点以上の新刊が出るといわれている。棚にはすでにこの前陳列された新刊が入っている。段ボール箱の中に入った新到着の出版物を並べると売場がオーバーフローする……。

そこで、新刊を品出しする書店員は届いた出版物を陳列するものと即返品するものに分ける。品出しは通常午前10時の開店から始まる。正午からの来客ピークの準備もある。取次の返本回収が来るまでに返本を出したい。じっくり考えている暇はない。陳列品と即返品は瞬時に判別され、分かれ目もきわどい。書店員に自分が注文をしなかった本を即返品するかしないかは（1）出版社名（2）ジャンル（3）著者名（4）表紙カバーへの条件反射が分岐点となる。特に書店員に対する出版社へのイメージを向上させることは長期的に即返品を防ぐ意味でも非常に大切なことなのだ。

即返品を免れて書店に陳列された出版物にも次の関門がやってくる。「新刊委託期限切れ」というものである。

「新刊」に対する注文は通常「新刊委託」という区分の注文として出版が営業する。新刊委託の営業は要するに「書店様、3カ月半以内なら何冊でも返品していいので試しに置いてくれませんか」ということである。その3カ月半が迫ると書店は返品ヤードに売れなかった書籍を置く。

返品を認めた販売制度は委託と呼ばれる。書店にとっては「返品の自由の保証」であり、逆に出版社にとっては「返品が何冊返ってくるかわからない」ということである。委託制度は新刊書籍だけでなく、すでに発売されている書籍にも存在する。

出版社の事情や書籍のジャンルによって返品率の高さはかなり異なるが、業界平均

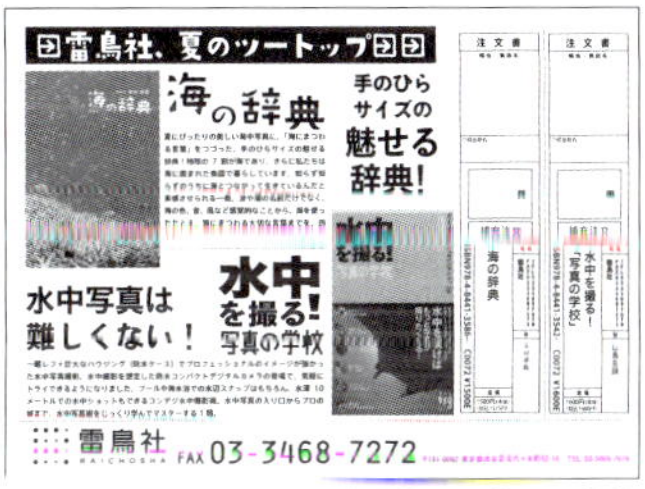


注文書「補充用」／雷鳥社

の統計では書籍・雑誌ともに40％程度の返本率となっている。

この業界平均を単純に当てはめると、新刊書籍で2500部の新刊委託注文をとっても、実売は1500部程度ということになる。しかし、話はそう単純ではない。

新刊委託期間は約3カ月半である。新刊委託への注文は発売前しかできないので、発売後の注文はすべて「注文扱い」である。「注文扱い」は通常、出版社の了解がないと返品ができない。発売前に20冊新刊委託で注文したが、初速の反応がよく新刊20冊を売り切ったため、100冊追加注文した場合、この100冊は出版社の了解がないと返品はできない注文品である。つまり簡単には返品することのできない100冊ということに理論的にはなる。しかし、実際はこの100冊は新刊委託期間内であれば無伝票で、出版社の了解なしに返品できることが多いようだ。たとえ、20冊対100冊と、明らかに新刊委託よりも注文の方が多い場合でも、（新刊委託期間内で）取次や出版社が返本を断った事例を聞くことはあまりない。

これも出版業界によくある「（歴史的経緯から生まれた）慣習」のひとつとも考えられる。理由は明快である。「新刊委託の返本と注文の返本を区分できないので、新刊委託期間内はまとめてすべて新刊委託の返本と見なすしかない」ということである。注文扱いの本5冊と新刊委託扱いの本10冊が一緒に置いてあったとして、どの本が注文か新刊か本そのものを見て判別はできない。納品されたときの伝票を集めて突き合わせればいいという意見は正論かもしれないが、それにかかる人的労力の問題を無視している。しかも、返品は無伝票でもできる前提だ。「返品期限の○月○日を過ぎた商品は返品期限切れで返品不可」と時系列的に区切りをつ

**無伝票返品**

納品には伝票はつきもので出版流通も例外ではない。しかし、出版流通の特徴は返品は無伝票でできることである。書店業務ではとにかく返本が多く、かつては返品伝票を作成していたが、返本の増加にともない作業量の増加と伝票の処理精度が落ちて実態と合わないため、取次では2000年代前半に伝票なしの返本受け入れ体制に変更した。返品倉庫でバーコードと冊数の自動読み取りをおこなうことにより大幅な省力化を実現。特に日販、大阪屋などの取次と講談社・小学館が出資した出版共同流通返品センターは無伝票化に大きな役割を果たした。

けて、新刊本と注文品を区別することしかできないのである。

この問題は最終的に解決するには1冊1冊の本にシリアルナンバー（製造番号）を付与したICタグかIC入りのシールを貼付し、シリアルナンバーごとに「新刊委託」「注文品」の情報を書き込み、機械読み取りで判別するしかない。ICチップを使った仕分実験が経済産業省の支援も受けて2000年代におこなわれたが、実現化にはいたらなかった。

ある編集者が担当している新人作家のイメージが書店に好感されてデビュー作の単行本小説に2000部の事前注文が取れたとする。取次との部数交渉で3000部の新刊配本となり、出版社は5000部初版を印刷して、さらに作家のコネで発売後に全国ネットのテレビ局の朝のニュースで取り上げられることが決まった。発売1週間後にPOSデータからの予測で300〜500部程度の実売で「まずまずの出足」という社内評価となった。そのタイミングでニュースに本と作家のことが取り上げられた。テレビへの反応はすごく、書店から1日数十本の電話注文を受け、書店チェーンや取次からの一括注文もあり、なんと3日間で1万冊のバックオーダーを抱えることになった。「ベストセラーの道が見えてきた」と作家と編集者が歓喜の声を上げた……ときに出版ビジネスのもっとも危うい時間が始まるのだ。

この1万冊のバックオーダーは委託制度による「見込み注文」なのである。こういうなにかしらのブームに乗ったとき、書店は期待感と在庫不足になることへの恐怖感から返本前提で思い切った「見込み」注文数を出してくるものだ。当然それは返本が何冊返ってくるかわからないから、増刷して書店からの期待に応えるべきか、

**POSデータ**

POSはPoint of saleの略で、小売店のレジから集計された売上の生データを指す。書店チェーンはリアルタイムのPOSデータを外販している。それを購入できる出版社は自社や競合他社の売り上げをPOSデータ画面で日々確認している。

それとも注文してくれた書店への期待に反して返本を防ぐために出荷を絞るかに出版社が悩むことになる。判断を間違ってベストセラーの誕生どころか、大量返品に伴う過剰在庫と運転資金の逆流を起こして、倒産につながった出版社は何社もある。

　返本のリスクは最終的に出版社が負う。出版社は返品を受けつけたら、支払代金の補填（返品入帳）を取次・書店に対しておこなう。そのため大量返品は出版社に多額の支払いが発生することを意味する。

日本には取次との取引権がある出版社は3000社以上ある。有名な著者を抱えるわけでもなく、宣伝力も弱い小さな出版社が「ためしに置いてください」と書店へ営業できるのは返品を前提とした委託制度による恩恵だ。200万点以上の書籍タイトルの在庫を抱える書店が日本には複数存在するが、返品ができない完全買切制においてそのような大量発注が実現ができるとも思えない。

　一方で、出版物は返品を前提にするがゆえに非常に経済効率が悪い商品であり、日本の出版社が新刊書籍発刊点数が年間8万点台を記録したという大量発刊の要因のひとつである。また、返品ができるゆえに書店のリスクが少ないということで、書店が低い正味の取り分に甘んじてきた理由にもなってきた。

　委託と返品は日本の出版流通の功罪を象徴している仕組みなのだ。

**ベストセラー倒産**
発行点数や部数が多い出版社が返品による資金繰りの悪化で倒産することを指す言葉として業界で使われることが多い。

09 >>> 116

# 定価表記

実際本を制作する段階になったら、流通のための書誌情報を正確に記載する義務が編集者にある。本の価格はISBNと並んでもっとも重要な流通のための書誌情報だ。

出版社で本・雑誌の値づけは編集主体でおこなうか営業主体でおこなうかは出版社によって違うだろうが、いずれにせよ編集者は本のカバーに価格を入れないといけない。

書籍カバーの裏にあたる表4に〝定価・本体価格＋税〟が表記される。定価表記をするのはこの表4だけであり、書籍本体には表記しない。

一般に価格表記には消費税を含めた税込（内税）方式と消費税を表記しない本体価格（外税）表記があるが、出版業界では1997年に消費税率が3％から5％に上がる際に、書籍は税率変更の影響が少ない本体価格表記に統一する方針とした。書籍は古い商品が棚に残留する可能性が高い商品なので当然の方針だろう。

一方雑誌は基本的にその号を売り切ったら流通しない形態の商品のため税込表記の〝定価・本体価格〟の表記が定着している。

## 書籍カバー（表4）への価格表記例>>>

パターンはいくつかあるが、税別・本体価格表記は必須。税込表記は税率変更に対応できないので入れない。

❶ 定価　本体1500円（税別）

❷ 定価　（本体1500円＋税）

❸ 定価　本体1500円＋税

❹ 定価　本体1500円＋税

# 09 117 ISBN番号

ISBN番号をつけることも編集者が本をつくる際に必ずしなければいけない流通のための準備だ。そしてこの番号は一度本につけて対外的に公開したら変えるべきではないし、事務処理さえ通常通りおこなっていれば一度つけた番号を変えるようなことにはならないものだ。

ISBN番号の正式名称は国際標準図書番号(International Standard Book Number)で、本のタイトルごとにつく固有の製品番号でユニーク番号でもある。

ISBNは名前の通り、国際的に通用する製品番号だ。多くの工業製品はメーカー自身が他社製品に重複しないように製品番号をつけるが、本の場合はロンドンに本部がある国際ISBN機関のもとに各国の割り当て機関が国際協調をとり、世界規模でISBNの重複発行がおこなわれない体制が整えられている。編集者は絶対にISBN番号を重複して本に与えてはいけない。取次に怒られるという次元ではなく、同じISBNがついている本が一度流通して世に出ると、その混乱は簡単には収拾できない。本は長く書店に残る性質の商品だし、世の中に数多くあるシステムに入ってしまった、誤ったISBNデータをすべて修正していくことは実質的に不可能だからだ。

間違ったISBNを流通させないよう取次もシステムをつくっているので、実際に誤った番号が載った書籍が流通することはほとんどない。しかし、出版前に重複が発覚した場合、取次はISBN部分の刷り直しもしくはシール張りを必ず命じるので、出版社もかなりのダメージを受ける。出版社内でもISBN管理については決められた管理者を設定し、ISBNリストを作成する必要がある。

世界的な規模で運営されているISBNなので、小規模な会社や個人が取得するのは難しいというイメージがあるが、所定の手続きと費用負担をすれば特に難しい資格審査なしで取得できる。

日本では日本図書コード管理センターが割り当てもとで、このセンターは大手出版社、取次会社や書店組合など出版関係が設立した公益団体の日本出版インフラセンター（JPO）に属し

## ISBN番号の仕組み>>>

書籍でのISBNコードの掲載例

9784844136620

1920072015001

ISBN 978-4-8441-3662-0 C0072 ¥1500E
**定価：[本体1500円]+税**
**発行：雷鳥社**

「978」(書籍を意味するEANコードの固定フラグ）＋「国番号」(日本は4、英語圏は0と1、中国は7）＋「出版者記号」(雷鳥社は8441、岩波書店は00）＋「書名記号」(雷鳥社の場合は4桁、岩波書店は6桁）＋「チェックデジット」(記入間違いを識別するための1桁の検算番号）

978-4-8441-3662-0

固定フラグ　国番号　出版者コード　書名記号　チェックデジット

## ISBNの国番号・出版者記号>>>

| 国番号 | 言語圏・国・地域・団体名 |
|---|---|
| 現行ISBN(978) | |
| 0、1 | 英語圏 |
| 2 | フランス語圏 |
| 3 | ドイツ語圏 |
| 4 | 日本 |
| 5 | ロシアおよび旧ソ連諸国 |
| 7 | 中国 |
| 80 | チェコ、スロバキア |
| 81、93 | インド |
| 82 | ノルウェー |
| 83 | ポーランド |
| 84 | スペイン |
| 85 | ブラジル |
| 86 | セルビア(旧ユーゴスラビア) |
| 87 | デンマーク |
| 88 | イタリア |
| 89 | 韓国 |
| 90 | オランダ |
| 91 | スウェーデン |
| 92 | ユネスコなどが使用 |
| 603、9960 | サウジアラビア |
| 604 | ベトナム |
| 953 | クロアチア |
| 957、986 | 台湾 |
| 959 | キューバ |
| 960 | ギリシャ |
| 965 | イスラエル |
| 969 | パキスタン |
| 971 | フィリピン |
| 977 | エジプト |
| 978 | ナイジェリア |
| 980 | ベネズエラ |
| 9946 | 北朝鮮 |
| 9966 | ケニア |
| 9970 | ウガンダ |
| 9982 | ザンビア |
| 99906 | クウェート |
| 99936 | ブータン |
| 99962 | モンゴル |
| 新ISBN(979) | |
| 10 | フランス |

※出版者記号、国番号の詳細については日本図書コード管理センターのHPなどでお確かめください。

| 出版者記号 | 出版社名 |
|---|---|
| 2桁(00～19)1者あたりのISBN数:100万 | |
| 00 | 岩波書店 |
| 01 | 旺文社 |
| 02 | 朝日新聞出版 |
| 03 | 偕成社 |
| 04 | 角川グループパブリッシング |
| 05 | 学研 |
| 06 | 講談社 |
| 07 | 主婦の友社 |
| 08 | 集英社 |
| 09 | 小学館 |
| 10 | 新潮社 |
| 11 | 全音楽譜出版社 |
| 12 | 中央公論新社 |
| 13 | 東京大学出版会 |
| 14 | 日本放送出版協会 |
| 15 | 早川書房 |
| 16 | 文藝春秋 |
| 17 | 国立印刷局(旧大蔵省印刷局) |
| 18 | 明治図書出版 |
| 19 | 徳間書店 |
| 3桁(200～699)1者あたりのISBN数:10万 | |
| 260 | 医学書院 |
| 282 | アスキー |
| 344 | 幻冬舎 |
| 478 | ダイヤモンド社 |
| 480 | 筑摩書房 |
| 492 | 東洋経済新報社 |
| 522 | 永岡書店 |
| 530 | 日本共産党中央委員会出版局 |
| 4桁(7000～8499)1者あたりのISBN数:1万 | |
| 7561 | アスキー |
| 7575 | スクウェア・エニックス |
| 7993 | ディスカヴァー・トゥエンティワン |
| 8387 | マガジンハウス |
| 8340 | 福音館書店 |
| 8441 | 雷鳥社 |
| 5桁(85000～89999)1者あたりのISBN数:1000 | |
| 86207 | リクルートホールディングス |
| 87025 | スクウェア・エニックス |
| 87148 | アスキー |
| 87728 | 幻冬舎 |
| 88759 | ディスカヴァー・トゥエンティワン |
| 89578 | マガジンハウス |
| 89807 | リクルートホールディングス |
| 6桁(900000～949999)1者あたりのISBN数:100 | |
| 900527 | スクウェア・エニックス |
| 924751 | ディスカヴァー・トゥエンティワン |
| 947679 | リクルートホールディングス |

ている。

　岩波書店の出版者記号は2桁、雷鳥社は4桁だが、出版者記号の桁数が少ないほど書名記号の桁数が増えるので、使用できるコード数は多くなることを意味する。購入できるコードの単位は10個分もしくは100個分である。

　成長する新興の出版社はISBNを追加購入していくので、ISBNのまとまりが複数に分散する。ISBNの分散は拡大の歴史の足跡でもある。

　ISBNは一定の費用負担に加え、提出書類の準備と連絡を受けるための固定電話を用意すれば、3週間ほどの期間で取得できる。法人格である必要はなく個人格でも申請可能だ。

　出版社を興そうと思ったらこのISBN購入が最初期の儀式となる。

## 雑誌コードの仕組み>>>

ここで説明しているISBNコードは書籍とそれに準じる商品に付加されているが、雑誌は日本独自規格である18桁の定期刊行物コード（雑誌コード）により運用されている。ISBNと違い国際標準の体系には入っていないが、度重なる改訂でバーコードの国際規格JANコードと親和性を持たせている。雑誌コードの問い合わせ窓口はトーハン雑誌仕入部が担当している。コードの取得のハードルはISBNよりはるかに高い。

491 ❶　0 ❷　CCCCC ❸　NN ❹　Y ❺　C ❻　0 ❷　PPPP ❼

JANコード部分（13桁）：491 0 CCCCC NN Y C
アドオン部分（5桁）：0 PPPP

| | | |
|---|---|---|
| ❶ | 固定フラグ | JANコードで「49」は日本、「1」は出版物を表す |
| ❷ | 予備コード | 将来のコード不足対応のための空白値 |
| ❸ | 雑誌コード | 5桁の数字で構成される各雑誌固有のコード |
| ❹ | 号数表記 | 月刊誌の場合は発行月で表現されたりする |
| ❺ | 年号表記 | 西暦の末尾4桁目の数字が充てられる |
| ❻ | チェックデジット | 数値の整合性を検算する値 |
| ❼ | 本体価格表記 | 右詰めで5桁以上の価格は0000で表現 |

09 >>> 118

# JANコード

ISBNコードを取得しただけでは書籍を書店に流通させることができない。ISBNコードをもとにJAN（Japanese Article Number）コードを作製して、それをもとにバーコードを書籍のカバーとスリップに入れるようにする必要がある。これで書店が読み取りスキャナーなどを使ってレジで売上処理ができるようになる。

JANコードは国際バーコード規格のEAN（European Article Number）コードの体系の一部門に

## 書籍JANコードの仕組み>>>

▶1段目（ISBN番号部分、数字とアルファベットの組み合わせで13桁）

| 978 | 4 | XXXX | XXXX | X |
|---|---|---|---|---|
| 固定フラグ | 国番号 | 出版者記号 | 書名記号 | チェックデジット |

▶2段目（日本独自規格コード部分、数字の組み合わせで13桁）

| 192 | XXXX | XXXXX | X |
|---|---|---|---|
| 固定フラグ | Cコード4桁 | 税抜本体価格（10万円以上の価格は00000と表記） | チェックデジット |

192という数字は「書籍JANコードの2段目」を意味する固定された数字である。その次に来るのは図書分類コードとも呼ばれる4桁Cコードである。Cコードは、C（Cコードを意味する固定フラグ）＋1桁目（販売対象コード）＋2桁目（販売形態コード）＋3・4桁目（書籍内容コード）の構成で形成される。数字4桁のコードは分類表を見て決める。

※JANコードの文字表記はJISに準拠したOCR-Bフォントで作成する。

## 日本図書コードの仕組み>>>

▶1段目ISBN（JANコードと同一だがハイフンが入る）

978-4-XXXX-XXXX-X

▶2段目独自コード

| CXXXX | 1500E |
|---|---|
| 固定フラグC＋4桁Cコード | 税抜本体価格＋固定フラグ「E」 |

JANコードとともに書籍カバーの裏にあたる表4に表記する書誌情報。1段目はISBN、2段目はCコードと税抜価格表記であり内容はJANコードとほぼ同一である。

※JANコードの文字部分と違ってJIS準拠のOCR-Bフォント以外のフォントで作成する。

あたるものである。そのJANコードの中で、書籍JANコードというISBNコードとJANコード独自のコードを組み合わせた2段組の規格が書籍に割り当てられている。

**C**コード（図書分類コード）は、C（Cコードを意味する固定フラグ）＋1桁目（販売対象コード）＋2桁目（発行形態コード）＋3・4桁目（書籍内容コード）の構成で形成される。数字4桁のコードは分類表を見て決める。

Cコードで出版社が「一般単行本・写真」を表す「0072」をつけても、書店では実用書や文学など出版社の意図を外れて展開さ

## Cコード分類表>>>

| 販売対象（1桁目） | 流通向けに読者ターゲットを示すコード | | | | | | | | | |
|---|---|---|---|---|---|---|---|---|---|---|
| | コード | 0 | 1 | 2 | 3 | 4 | 5 | 6 | 7 | 8 | 9 |
| | 内容 | 一般 | 教養 | 実用 | 専門 | 検定教科書など | 婦人向け | 学参Ⅰ（小中向け） | 学参Ⅱ（高校向け） | 児童 | 雑誌扱い |

| 発行形態（2桁目） | 流通向けに本の形態を示すコード | | | | | | | | | |
|---|---|---|---|---|---|---|---|---|---|---|
| | コード | 0 | 1 | 2 | 3 | 4 | 5 | 6 | 7 | 8 | 9 |
| | 内容 | 単行本 | 文庫 | 新書 | 全集双書 | ムック日記手帳 | 辞典類 | 図鑑 | 絵本 | マルチメディア（CDなど） | コミックス |

| 内容（3桁目：大分類、4桁目：中分類） | | 本の内容を表すコード。3桁目と4桁目を組み合わせて表現する。空白部分はリザーブコードなので使用不可。例えば、写真集などは「写真」のジャンル「72」（大分類：7、中分類：2）となる。 | | | | | | | | | |
|---|---|---|---|---|---|---|---|---|---|---|---|
| 大分類コード | 中分類コード | 0 | 1 | 2 | 3 | 4 | 5 | 6 | 7 | 8 | 9 |
| 0 | 総記 | 総記 | 百科事典 | 年鑑雑誌 | | 情報科学（コンピュータ） | | | | | |
| 1 | 哲学心理学宗教 | 哲学 | 心理（学） | 倫理（学） | | 宗教 | 仏教 | キリスト教 | | | |
| 2 | 歴史地理 | 歴史総記 | 日本史 | 外国史 | 伝記 | | 地理 | 旅行 | | | |
| 3 | 社会科学 | 社会科総記 | 政治（国防・軍事含） | 法律 | 経済財政統計 | 経営 | | 社会 | 教育 | | 民族民俗 |
| 4 | 自然科学 | 自然科学総記 | 数学 | 物理学 | 化学 | 天文地学 | 生物学 | | 医学薬学 | | |
| 5 | 工学工業 | 工学工業総記 | 土木 | 建築 | 機械 | 電気 | 電子通信 | 海事 | 採鉱冶金 | その他工業 | |
| 6 | 産業 | 産業総記 | 農林業 | 水産業 | 商業 | | 交通通信業 | | | | |
| 7 | 芸術生活 | 芸術総記 | 絵画彫刻 | 写真工芸 | 音楽舞踊 | 演劇映画 | 体育スポーツ | 諸芸娯楽 | 家事 | 日記手帳 | コミック |
| 8 | 語学 | 語学総記 | 日本語 | 英語 | | ドイツ語 | フランス語 | | 外国語 | | |
| 9 | 文学 | 文学総記 | 日本文学総記 | 詩歌（日本） | 小説（日本） | | 随筆評論その他（日本） | | 小説（外国） | その他（外国） | |

れるということは間々あること。書店はあくまでも本の配置は来客者にどのように受け止められるかを店舗の事情や経験に照らし合わせて決めるので、Cコードは参考程度というのが現場での現実だが、出版社の意思表示としては本がある限り残るものなので、よく考えて決める必要がある。

2段目コードの一番最後に来る本体価格表記が決まれば、書籍JANコードの書誌情報が決まる。この、(1)ISBN(2)Cコード(3)本体価格と書籍のタイトルは一旦決定されて流通が始まれば原則変えることができないユニークデータである。

**バ**ーコードの挿入位置にはルールがある。書籍JANコードは表4において、天から10ミリ、背から12ミリの位置に固定する。バーコードの色は黒。

表4の紙の色がバーコードの黒に干渉する濃さの場合はバーコードのまわりを白地にする。この白地は5ミリ以上の幅でバーコードを囲む必要がある。

バーコードは1段目と2段目ともに、高さ11ミリで横幅は31・35ミリの大きさに固定する。バーコードと同じ31・35ミリの幅でOCR-BフォントによるJANコードの表記を入れる1段目と2段目は10ミリの固定幅で絶対に1段目と2段目の位置を逆転してはいけない。

バーコード作成のフリーソフトもあるが、制作はプロに依頼しよう。バーコードの読み取り確認はちゃんとした機材がないとできない。ある程度の規模の印刷会社にはバーコード作成・確認設備がある。もし印刷会社が作成できない場合はネットで専門会社をみつけよう。

**作成マニュアル**

コード表記を実際に作成するときは正確な情報を参照するために日本図書コード管理センターが発行している「ISBNコード／日本図書コード／書籍JANコード利用の手引き」の最新版を参照するのが望ましい。ただし、残念ながらこのマニュアルはISBN取得者だけが購入できるクローズドな資料なので、実際に作業をおこなうデザイナーなどが手許において参照するのが難しい。

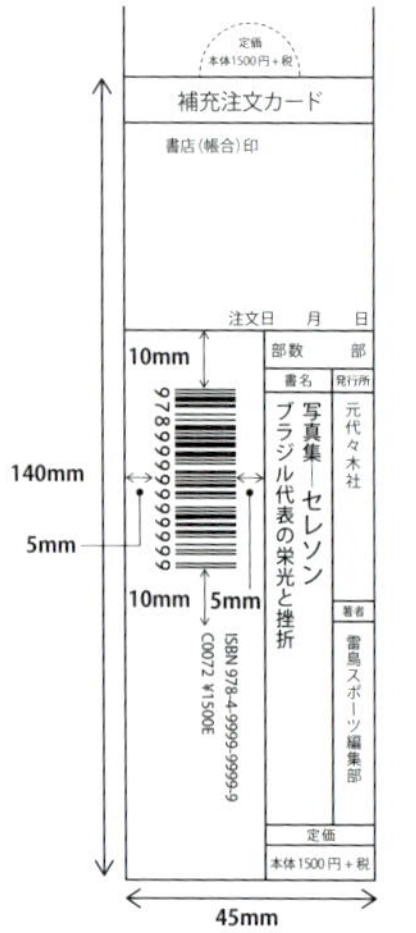


**書籍に挿入する注文スリップ**

## 表4での表記配置>>>

### JANコード(バーコード)の規格

表4に入れるバーコードの大きさは左記のように固定されている。バーの下に添えるフォントはJIS規定のOCR-B。バーコードの作成は印刷会社の専門家に依頼するのが無難。

バーは黒で白地のスペースが基本。バーの色を黒以外にすると判読できない読取機が出てくるので推奨されない。特に赤色のバーはバーコード読取機の赤色光LEDで読み取れないので厳禁。

### JANコード(バーコード)・日本図書コード・価格表記の表4への配置

下記は右開きの本の場合で、左開きの場合は逆になる

❶日本図書コード表記はOCR-B以外で11級以上の大きさの和文フォントで作成。
2段に折り返すときはCコードから折り返す。
❷価格表記のレイアウトについては公式な取り決めはないが、
消費者が誤認しないようにするのが原則なので、11級以上の和文フォントにはすべきだ。

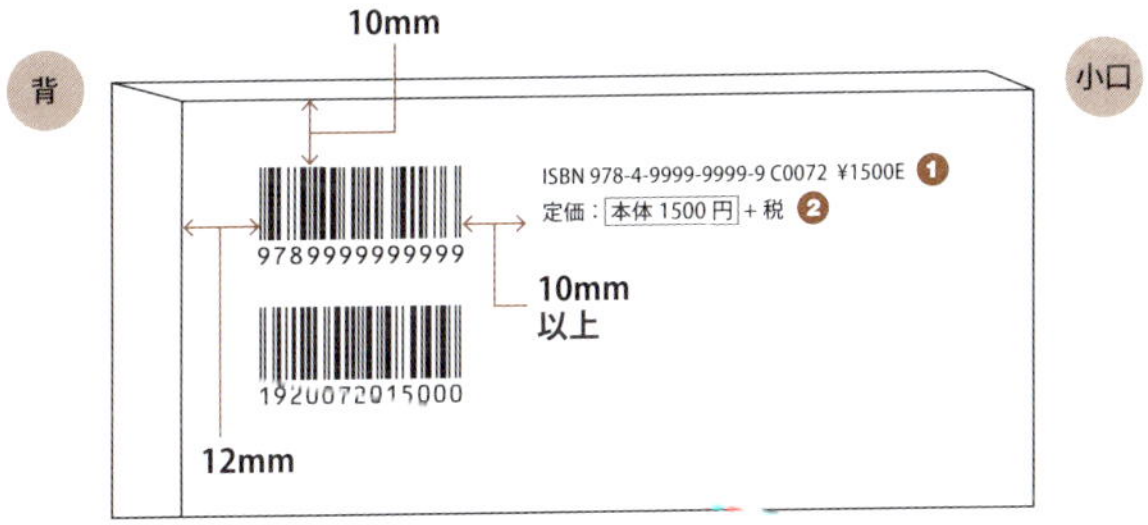


### バーコード背景の窓開け加工が必要になる場合

表4に地色がある場合は周囲5ミリの範囲で白地を引く

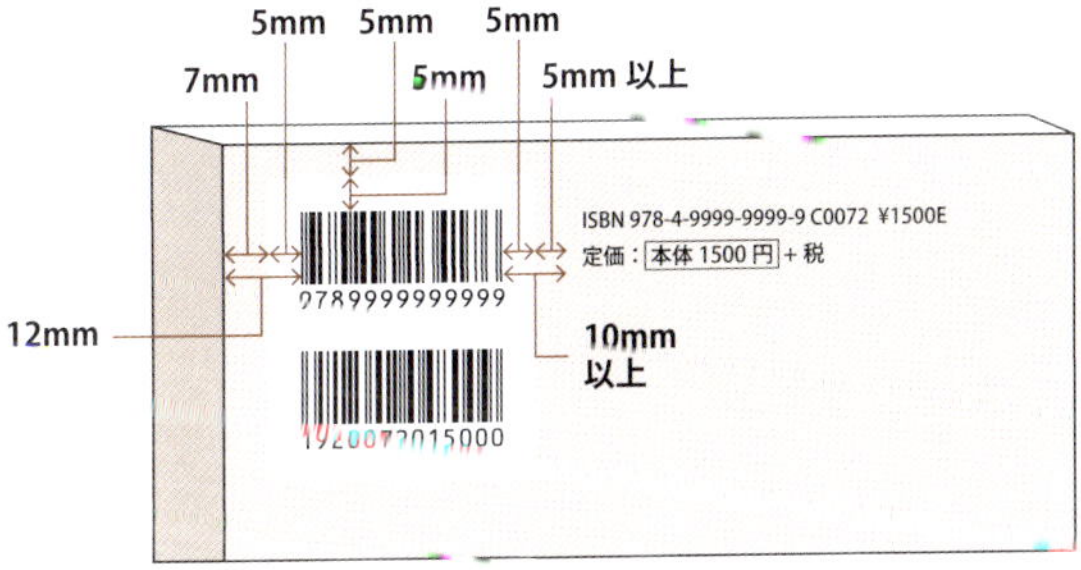

わたしの♡♡愛したオネェ♡♡

学生時代にファーストフード店でバイトしていたのですがオネェ言葉でやたら厳しい先輩がいました。特に僕にはやたら厳しく、常に監視され僕がオペレーションのミスをするたびに金切声を浴びせられていました。しかし、控室だと異常に優しく、僕のことを「あんないい人はいない」と周囲に持ち上げてくれて恐縮していました。映画にも連れて行ってくれました。当時の僕には、人にはいろんな個性があるということへの理解が今以上に足りず、また度量のなさもあって、自分のキャパシティを超えると先輩を避けるようになりました。それからは先輩は僕に金切声を上げることもなく、ほどなくバイト先から去ってしまいました。
今であれば、それなりの返しができたのかもしれませんが、当時はそういうスキルも余裕もなかったのが悔やまれます。

中高６年間を男子校で過ごしました。４０年ほど前のことで、当時はまだまだカミングアウトする人などいない時代でしたがクラスメイトに一人、「男を男がすきになって、なにが悪い」と公言していて、美少年を追い掛け回していた男がいました。
もちろん、全同級生から虐めにあっていましたが、大学生になって僕はこの男と同じ部屋で一緒に暮らすことになります。虐められていた彼を守るようにと先生に頼まれ、気色悪いと思いながらも彼を守る立場で行動しているうちに、仲良くなってしまったのです。彼は一種の天才でものの考え方も大人びていたし、彼の書く文章は抜群に面白いものでした。
僕が出版業界で仕事をすることになったキッカケをつくってくれた男なのです。
ただし残念ながら、僕は彼の趣味ではないらしく、口説かれたことはありません。男同士で旅行に行くと、当たり前のように美少年の布団にもぐりこむという暴挙に出るこの男、ただの１度も僕の布団に侵入してくることはありませんでした。
ちなみに、ブ男よりも普通の女の子の方がマシとかほざいていました。

インドの電車は、人が屋根に乗ったりドアにぶら下がったりと、珍風景として有名ですが、他にも書ききれないくらいおもしろい事件がたくさんあります。その一つが駅ごとに繰り広げられるオカマの襲来。（オネェとは言えないレベルなのです）キレイでもなんでもなくヒゲ面で、がたいもよく、かなり図々しくて、やっぱりうるさいのです（笑）
はじめは物乞いの新しいネタなのかと思ってましたが、一応インドではアウトカーストの聖者として扱いを受けているそうです。性の境界を超えると聖者になれる。インドの奥深さを感じます…

時代はオネェの言葉を必要としている
オネエは不器用だけれども、純粋。そんな強く美しいオネエの生き方を写真と共にご紹介します。

LOVE YOU

注文書
帳合・書店名
ご担当者名
冊
補充注文
発売 雷鳥社 TEL.03-3469-7979 FAX.03-3469-7272
LOVE YOU 愛しのオネエが大切にしている81のことば
著者 Beretta P-12
ISBN978-4-8441-3582-1 ¥1500
1500円（本体＋税）

雷鳥社 RAICHOSHA 〒151-0062 東京都渋谷区元代々木町52-16 TEL:03-3469-7979
FAX:03-3468-7272
らいちょうしゃ通信 vol.23 2014.6.1発行

夏休みの宿題のおもいで

読書感想文の課題が『こころ』だったので図書館でじっくり読もうと思って行ったのはいいのだけれど『小さな恋のものがたり』を読破してしまい、読書はちっとも進まなかった高校１年生の夏。

あとがきをほぼパクって書いた読書感想文。先生からべた褒めされ、町のコンクールに学校代表で出すことに。原稿の手直しを一緒にしたいから、明日本を持ってきてねと言われ「図書館で借りたやつだからない」と答えると、いい本そうだから娘用も兼ねて、わたしが買うという…その先は想像におまかせします。

夏休みの宿題をちゃんとした試しが…。9月1日は人の宿題を写す日で、残りの分に関しては「忘れてきました」で通していたな…。当時、著者の読書感想文をコピペできるサイトを知っていたら必ず使っていたのにな…。

夏休みといえば、カブトムシですよね。僕も毎日のように友達と裏山へ入ってカブトにクワガタを捕ってましたよ。え？　東京には裏山なんてない？ カブトムシはデパートで売ってる？ っていうか夏休みの宿題の話をしろって？ ・・・自由研究の話に決まってるじゃないですか。

小学校５年生のとき自由研究のテーマとして思いついたのが「虫の好きな光の色はなにか」というもの。電気スタンドに赤、青、黄色、緑、ピンクのセロファンをかぶせ、どの色に、どんな種類の虫が一番集まってくるかと調べようとしたのだ。
結果は散々。色の違いで、違う虫が集まってくるのではないかという、当初の考えはまったく裏切られ、飛んできたのは蛾のようなやや気色悪い虫たちがほんのわずか。だいたい、実験場所が自宅そばの住宅街の一角というのが、そもそもの間違いだったと思います。
残ったのは、研究結果ではなく、大量の虫刺されの跡だけでした。

マンガで書けたらいいのに
マンガ

文章力は読書感想文で左右される?!
大人にこそよんでもらいたい一冊
読書感想文からオトナの世界が見える
読書感想文をコピペできるサイト「自由に使える読書感想文」の管理人である著者が自らコピペ報道に反論！「思った通りに書きなさい」しか言わない先生に代わって中高生の悩みを解決します。

WRITING 読書感想文からオトナの世界が見える 恩田ひさとし

注文書
帳合・書店名
ご担当者名
冊
補充注文
発売 雷鳥社 TEL.03-3469-7979 FAX.03-3468-7272
読書感想文からオトナの世界が見える
著者 恩田ひさとし
ISBN978-4-8441-3529-6 ¥1200E
1200円（本体）（税込1,260円）

雷鳥社 RAICHOSHA 〒151-0062 東京都渋谷区元代々木町52-16 TEL:03-3469-7979
FAX:03-3468-7272
らいちょうしゃ通信 vol.12 2013.7.1発行 祝1周年
一年のご愛読ありがとうございました。よろしければ以下のいずれかに○をしてご返信ください。
らいちょう通信は　1）楽しみにしている　2）はじめて見た　3）いらない

出版社は、書店に対して様々な営業活動をおこなう。注文書（P307）はそのもっとも基本となるツールで、出版物のセールスポイントを記載する。一番書店が注目するのはマスコミ登場の予定となる。著者のテレビ、ラジオ出演、映画会社やレコード会社とのタイアップ、新聞広告掲載、書評掲載などの予定があれば大きくアピールする。販促ツールとしては、ポスター、チラシ、ポップなどをつくることが多い。ちなみに雷鳥社では、著者のマスコミ登場がそうそうあるわけではない。自社で話題作りをするために、毎月「らいちょうしゃ通信」と「今月のおススメ本」などを全国の書店にファックスしている。他にも〝らいちょうくん〟をモチーフにしたカレンダー、しおりなども製作している。一般読者にまでは認知はされていないようだが、一部の書店員には人気のオリジナルグッズである。

# 10
# 電子書籍の現状と未来

10

119

# 電子書籍とは

電子書籍とは紙やインクを使わずに、文字、画像、音声などを電子媒体を利用して視聴できる情報をいう。まだ、電子書籍は紙の書籍に比べて浸透しているように思われないが、2012年にAmazonのKindleが上陸し、国も電子書籍事業に150億円を出資。発展途上ではあるが、これから開拓しがいのある分野であることは間違いない。

現在、電子書籍リーダーと呼ばれる端末には、主に「電子ペーパー」が採用されている。「電子ペーパー」とは表示装置の総称。紙と同じように光の反射によって文字や画像を視認できる。液晶画面のようにバックライトを使用しないので、目が疲れにくく、電力も最小限に抑えられる。これには電気泳動方式という技術が用いられており、アメリカのEInkが開発。世界的に高いシェアを誇る。

電子ペーパーを使っている電子書籍リーダーは主に以下の3種類である。

**Amazon「Kindle Paper white」**

**電子ペーパー**

画面：6インチ

重量：182グラム

最長持続時間：約8週間

**楽天「kobo Aura」**
**電子ペーパー（販売終了）**
画面：6インチ
重量：174グラム
最長持続時間：約8週間

**ソニー「Reader PRS-T3S」**
**電子ペーパー（販売終了）**
画面：6インチ
重量：160グラム
最長持続時間：約8週間

では、電子書籍を読むためにわざわざこれらのような専用端末を購入する必要があるのか、といえばそうではない。読書専用のアプリケーションを携帯電話やスマートフォンにダウンロードすれば事足りてしまうのだ。

**主な電子書籍リーダー>>>**

Reader PRS-T3S
（販売終了）

kobo Aura
（販売終了）

Kindle Paperwhite

現在、紙の書籍としてベストセラーになったものを電子書籍化したところで同じ売り上げは到底見込めない。その要因のひとつとして考えられるのが「これを使って読みたい！」という端末が存在しないこと。

　電子書籍リーダーは基本的なインターネット検索機能を持っているものの、その名のとおり電子書籍を読むことに特化した端末なのだ。それに比べて、携帯用タブレットは、読書はもちろん、メールも送れる、ゲームもできる、映画も鑑賞できる、写真や動画も撮れる、など用途は多様だ。

**A**ｐｐｌｅやＡｎｄｒｏｉｄの携帯用タブレットの軽量化、小型化が進み、その機能が高まるのに反比例して価格は下がっていく。そんな中、電子書籍リーダーには、汎用性のない電子端末というレッテルを貼られている。そこでＡｍａｚｏｎはモノクロの画面表示の電子書籍専用端末Ｋｉｎｄｌｅ Ｐａｐｅｒ ｗｈｉｔｅの発売に続いて、カラー画面のＫｉｎｄｌｅ Ｆｉｒｅを発売。これには携帯用タブレットと比較しても遜色のない機能が搭載されている。

　しかし本来の目的に立ち返り、読むことが目的なのであれば前述した電子ペーパーを利用しない手はない。電子書籍リーダーの最大の特徴は電子ペーパーで読書できることなのだ。鮮明できめ細かいカラー画面と引き替えに、携帯タブレットに比べより薄く軽い「体」を手に入れた。それに付随して、電池のもちが携帯用タブレットと比較すると格段によく、電子ペーパーの長所であるバックライトを使用していない画面は、目の疲れを軽減させることができる。

**眼精疲労**

「電子書籍と眼精疲労」の関係性については諸説あるが、電子ペーパーは液晶に比べて疲れにくい程度であり、決して目にやさしいわけではない。現段階では解像度の高いもの（高精度の画像）であれば目は疲れにくいらしい。

## 10 120 電子書籍を購入するには

紙と電子、出版業界から見た一番の違いは、書店で買えるか買えないか、である。電子書籍は書店で購入できない（例外あり）、裏を返せば書店に行かずとも購入できるのが特徴のひとつだ。電子書籍は主にインターネットから専門のサイトで購入することができる。このサイトをプラットフォームという。様々なプラットフォームがあり、文芸書の品揃えが豊富であったり、コミックが充実していたりと、それぞれ得意としている分野がある。

プラットフォーム最大手であるAmazonが運営するKindleストア。その品揃えは他のプラットフォームに水をあけている。Kindleで読めるのはもちろんのこと、あらゆる端末に対応しているので購買者を選ばない。現在、Kindleストアが電子書籍市場の大半を占めている、といってもいいかもしれない。

その他にも数多くのプラットフォームがあるので、特に人気があるものを次ページにいくつか紹介しておいた。

こうして比較するとわかりやすいのだが、プラットフォームを運営しているのは流通会社、取次会社、出版社、書店、印刷会社など多岐にわたっている。紙の書籍と違い書店だ

## プラットフォーム >>>

| プラットフォーム | 運営会社 | 対応端末 | 特徴 |
|---|---|---|---|
| Kindleストア | Amazon | ◎Kindleシリーズ<br>◎各種携帯タブレット<br>◎各種スマートフォン<br>◎PC | 異なる端末最大3台まで同期できる。読書用無料アプリ有。 |
| Apple Books | Apple | ◎iPhone<br>◎iPod touch<br>◎iPad, iPad mini<br>◎Mac | Apple製品であれば所有している端末を選ぶことなく本を読むことができる。 |
| honto | 大日本印刷<br>株式会社 | ◎各種携帯タブレット<br>◎各種スマートフォン<br>◎各種PC | 異なる端末最大5台まで同期できる。読書用無料アプリ有。 |
| Google Play<br>ブックス | Google | ◎各種携帯タブレット<br>◎各種スマートフォン<br>◎各種PC | Googleが運営するアプリ・コンテンツストアの電子書籍部門。Google検索の延長機能として電子書籍の内容を検索できる「Google ブックス」とは異なるサービス。 |
| 楽天<br>kobo | 楽天株式会社 | ◎kobo<br>◎各種携帯タブレット<br>◎各種スマートフォン<br>◎各種PC | 異なる端末すべて同期できる。読書用無料アプリ有。 |
| ebookjapan | 株式会社<br>イーブック<br>イニシアティブ<br>ジャパン | ◎各種携帯タブレット<br>◎各種スマートフォン<br>◎各種PC | 購入した書籍はインターネット上に保存できる読書用無料アプリ有。 |
| Kinoppy | 株式会社<br>紀伊國屋書店 | ◎各種携帯タブレット<br>◎各種スマートフォン<br>◎各種PC | 紙の書籍と電子書籍どちらも扱っている。 |
| 電子書店<br>パピレス | 株式会社<br>パピレス | ◎各種携帯タブレット<br>◎各種スマートフォン<br>◎各種PC | 会員IDは電子貸本Renta!と共通。海外発行のクレジットカードにも対応している。 |

## いくつかのプラットフォーム>>>

Kindleストア

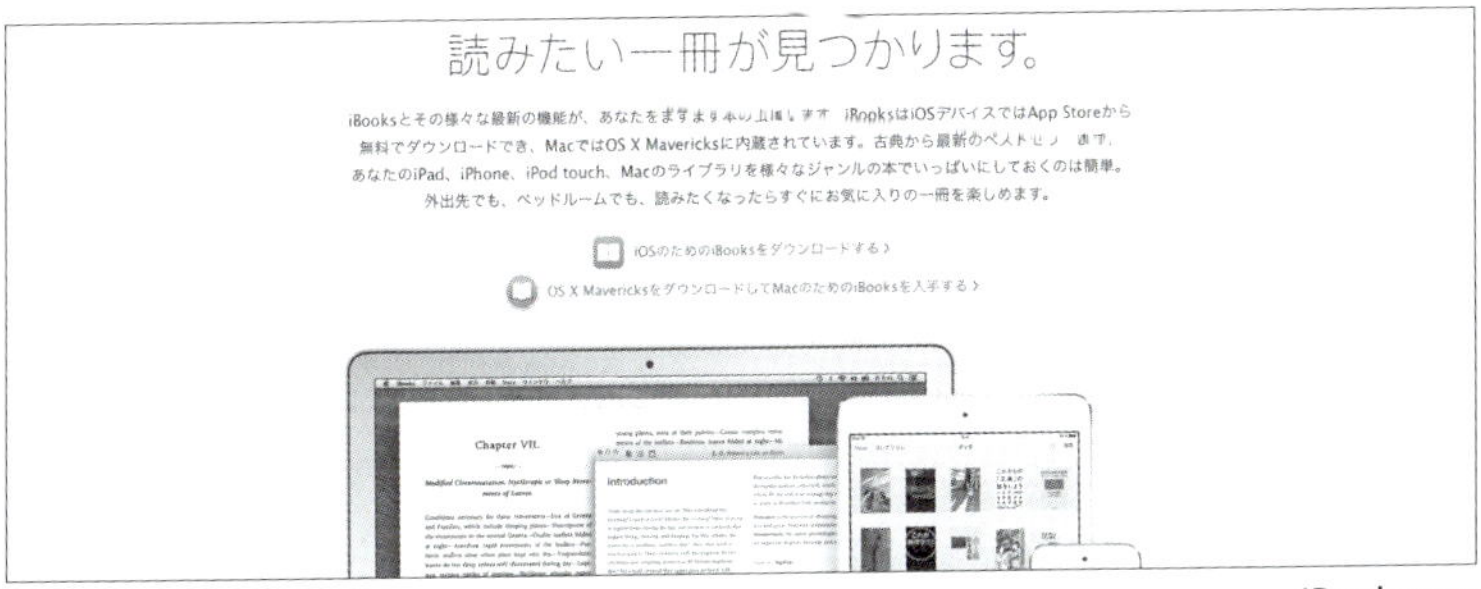


iBookstore

honto

ebookJapan

けが販売しているのでなく、売ろうと思えば誰でも売れる、要は資金さえあれば誰でもプラットフォームをつくって、電子書籍を販売することができるということだ。では、紙の書籍を扱う書店とどちらの方が運営するのが簡単だろうか。一概にはいえないが、実店舗であればプラットフォームよりは人目につきやすい。通りを歩いて「あそこに本屋がある」と認識できるからだ。プラットフォームの場合、大手企業が運営しているものは浸透していっているが、個人で新規参入した場合など、いかにして自分のプラットフォームを見つけてもらうかが課題になる。ネット上では、通りを歩いている人がたまたまお店を見つけてくれる、というわけにはいかない。膨大な情報が行き交うネット世界で、どれだけ多くの人を誘導できるかが重要である。

よって現在の状況は、プラットフォーム運営に新しく参入する会社もあれば、集客が予想に反して下回り撤退する会社もあり、入れ替わりが激しい。これは後に説明する電子書籍を出版する場合にも参考になるので見極めが必要だ。

電子書籍は大きく分けてハードウェアに保存するダウンロード型とオンラインで閲覧するストリーミング型の二つの形態がある。ダウンロード型には期限があるものもあり、期間を過ぎると閲覧できなくなる。ストリーミング型はサーバーにアクセスしてその状態で読むスタイルである。この点を注意して購入しよう。

目当ての電子書籍を検索したときに、同じタイトルのものが何種類ものプラットフォームで販売されていることがあるが、これは紙の書籍が全国の様々な書店で販売されているのと同じだ。

ここで、もうひとつ購入するときに気をつけなくてはいけないことがある。端末が

**電子書籍の価格**

紙の書籍は全国どこの書店で買おうとも価格は統一されているが、電子書籍はプラットフォームによって多少価格差が生じる場合がある。

Ｋｉｎｄｌｅの場合、Ａｍａｚｏｎで販売しているＫｉｎｄｌｅ専用書籍しか読むことができないということだ。これはｋｏｂｏも同様である。購入したい電子書籍がＫｉｎｄｌｅにはないのに、ｋｏｂｏにはある場合、持っている端末がＫｉｎｄｌｅであるなら諦めなくてはいけない、もしくは新しい端末としてｋｏｂｏを購入しなくてはいけないことになる。

これが電子書籍の不便な点であるが、スマートフォンや携帯タブレット端末を使えば解決できる。

プラットフォームを限定せずに、欲しい電子書籍を手に入れたい場合、スマートフォンやタブレット端末にそのプラットフォームの読書専用のアプリをダウンロードすればいい。ただし、電子ペーパーで読むことは諦めなくてはならない。

電子書籍の価格は基本的に紙の書籍よりやや割安になっている。この価格設定がお互いを食い合わないようにうまい具合に設定されている。さらに期間限定でセールをおこなったり、ポイントを加算するなどのキャンペーンをおこなったりもしている。紙の書籍ではまずあり得ないことだ。

電子書籍の方が割安になるべき理由のひとつは「購入」ではなく「閲覧する権利」を買っているということだ。

例えば、電子書籍『小説◎◎』を購入してスマートフォンにダウンロードする。その後、スマートフォンを買い替えてしまうと、もう一度新しいスマートフォンから『小説◎◎』をダウンロードし直さなければいけない。

プラットフォームは厳密にいうと「電子書籍を閲覧する権利を売っているサイト」、要するにレンタルショップに近い形なのだ。

この状況を少しだが回避する方法もある。

ほとんどのプラットフォームでは端末の制限を設けるところはあるにせよ、複数の端末をすべて同期できるようになっている。なので、持っているすべての端末を同期しておけば、スマートフォンを買い替えたとしても、別の端末で読むことができる。ただし、スマートフォンで読みたい場合は、もう一度ダウンロードしなくてはいけない。

購入すればずっと読み続けられるものではなく、あくまでダウンロードした端末で閲覧しているだけなので、パソコンのハードディスクに一旦保存することもできない。また発売元がなくなってしまったり、販売を中止すると再度ダウンロードできなくなる可能性がある。

それを踏まえると、紙の書籍より割安になって当然といえば当然で、そうでなければ読者も購入しないだろう。

**ストリーミングとダウンロードの違い>>>**

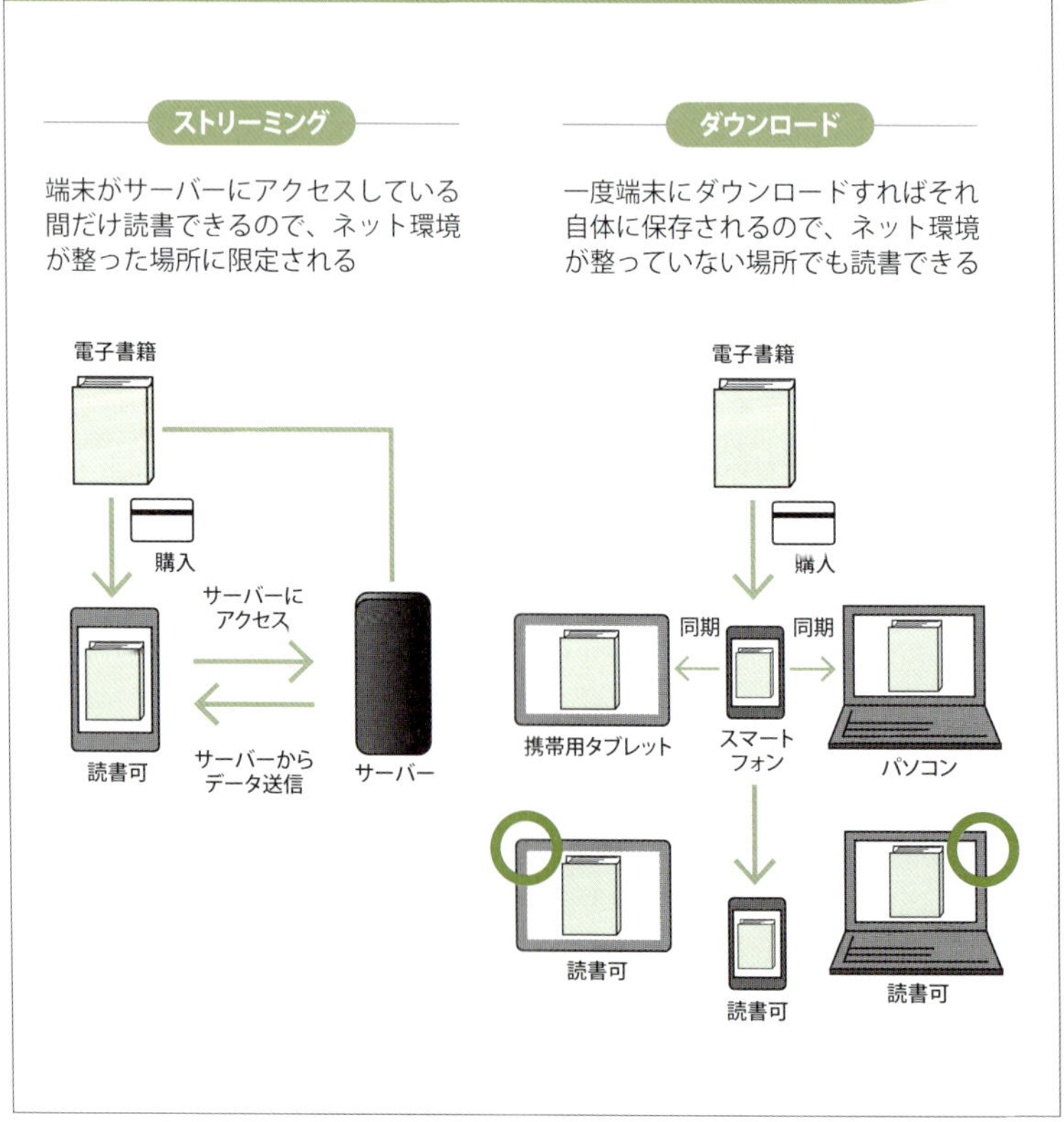

10

121

# 電子書籍を出版する

いまや多くの人々がSNSを使いこなし、誰でも情報発信者になれる時代。電子書籍はまさにこの時代の流れに乗っている。本を出版するということは誰にでもあるチャンスというわけではないが、電子書籍の出版となるとハードルはぐんと下がる。実力や才能があっても、書籍化を断念せざるを得なかった人にとっては大きな転機が訪れたということだ。

さらに電子書籍は絶版になった本を復刊させたり、実験的に書籍を出版することへのリスクの回避など、電子書籍でないと読めない本、つくれない本があるというのが強みである。

また、国内に留まらず、海外進出も可能だ。世界中のあらゆる本を、好きなときに好きなようにダウンロードすれば、たちまちその場で読むことができる。世界がどんどん狭くなっていくことを感じられるだろう。

電子書籍を出版する方法はいくつかある。まずは、個人で出版する方法。一人でも出版できる、これが紙の書籍との大きな違いだ。電子書籍を販売するシステムが整っているプラットフォームを探し、そこから指示に従って登録をする。入稿原稿が整い、手続きや審査をひととおり終えれば、明日から著者になることができるのだ。

より多くの人に広めたい場合は、電子書籍を得意としている版元や制作会社を探して、そこで出版してもらう。もともと著書がある場合はそれを版元に電子書籍化してもらう方法がある。

ここで、電子書籍化の簡単な流れを説明しよう。まずは手元にある紙の書籍用のデータを電子書籍用の規格に変換するところから始める。この規格にはいくつかあるが、現在主流となっているのがEPUB変換である。EPUB変換は簡単にできるサイトやフリーソフトも存在するので、高価なソフトは必要としない。EPUBの他にもいくつか形式がある。図表に簡単な特徴とともにまとめておいた。

EPUB変換する元のデータはWordやInDesignなどのソフトである場合が多い。それらのデータをコンバーターを使って変換する。編集者が簡単には変換できないので、

## 電子書籍データ規格>>>

| | |
|---|---|
| EPUB | XML/XHTMLとCSSの既存Web技術をベースにしてアメリカで標準化された規格。Google、Apple、Koboをはじめとする大手ベンダーが標準として採用しているため実質的な世界標準規格となっている。また、AmazonのAZWなどの独自規格でもEPUBとの互換性を持たせている。オープン規格のための申請・登録なしで誰でも自由に使用できる。 |
| XMDF | シャープが開発した技術。縦書き、ルビふり、コミック形式など日本独自仕様の表示に対応しつつ、IEC(国際電気標準会議)に認定された国際規格。技術仕様は公開され、国内のプラットフォームにも多く採用されている。ただし完全なオープン規格ではなく、XMDF形式で出版した場合はシャープへのライセンス料の支払いが必要。 |
| .book | ドットブック。国内の電子書籍開発の老舗、ボイジャーが開発した形式で、国内での支持は根強い。使用にはボイジャーとの取引が必要。 |
| PDF | 固定したデザインの再現力が高く、InDesignなどのデザインアプリケーションからの変換も容易で、雑誌や写真集で使用例が多い。 |
| HTML5 | 動画や音声の組み込みがしやすくマルチメディア指向のコンテンツ向け。既存の印刷データからの変換が難しい。 |
| AZW | Amazon専用のフォーマットで、EPUB3から変換は容易。 |

制作会社に依頼することが多い。書籍の印刷を請け負った印刷会社が変換も一括しておこなうケースも増えている。簡単なのはつくったデータをPDFにする方法だが、デバイスの画面の大きさに応じて縮小拡大ができないため大変不便である。このデバイスに順応させるか、させないかが次の選択である。

電子書籍化するための形式には2種類ある。ひとつは、リフロー型（再流動型）と呼ばれる主にテキスト向けのフォーマット。ディスプレイのサイズに合わせて、1ページあたりの文字数やフォントの大きさを自動調整する形式だ。デザインを重視するというより、読みやすさを最優先する小説やビジネス書などに適している。デバイスに順応したページ送りをするため「ページ数」というものが存在しない。それゆえに、紙の書籍のように「○○ページ参照」という指示や、脚注などをつけることができない。もうひとつは、フィックス型と呼ばれる画像向けのフォーマット。デザインが固定されて表示されるのでレイアウトが崩れない。コミックは基本的にこの形式を使う。こちらは紙の書籍と同じようにページ数が固定されているが、その代わり、デバイスによる順応性がないので、小さいディスプレイではスクロールしながら読み進めなければならず読みにくいのが難点だ。それぞれの長所、短所を考慮して、どちらの形式にするのかを選択する。

印刷データが残っていない場合はスキャナーから紙面を読みとって作成する。基本的にはフィックス型のデータになるが、OCR読み込み技術が発達している欧米では読み込み画面からテキストを抽出してリフロー型のデータをつくることもおこなわれている。こうしてできあがったデータを校正するのも編集者の重要な役割だ。プラットフォームが用意した校正用ビューアーで最終チェックをおこなう。

**【校正の主なポイント】**

□文字化け、書籍固有表現のチェック
□章、見出し、改行、行送りなどのレイアウトチェック
□図版の解像度、リフロー型の場合は画像に対するテキスト回り込みのレイアウトチェック
□電子書籍用目次リンクのチェック
□電子書籍用奥付データの確認
□試し読みコンテンツの確認
□カバー画像ファイルの確認

**紙**の書籍のデータとしては、完璧なものだったとしても、電子書籍データに変換したとたんに文字化けや図版のずれなどが生じることが多々あるので、一つひとつ入念なチェックが必要である。

会社などを通さずに個人で出版するならば、どのプラットフォームにするかよく検証することをおすすめする。契約や著者に入ってくるロイヤリティもそれぞれ違うのはもちろんのこと、そのプラットフォームを多くの人が利用しているということも大事な要素だ。また、いくつものプラットフォームに出版しようとするとそれだけ手間がかかってくるので、まずは1社に絞ることをおすすめする。

現在もっとも人気がある電子書籍出版のプラットフォームといえばAmazonのkindle direct publishing（KDP）であろう。これと初心者でも大変わかりやすく出版の過程を説明しているパブーなどと比較してみよう。

**次**に、版元が出版している本を電子書籍化する場合＝いくつものプラットフォーム

**書籍固有表現のチェック**
特にリフロー型にする場合は必要になる。「○○ページ参照」などのページ数表現をはじめ、ボールド、イタリック体、傍線などの強調表現もプラットフォームや端末の仕様で再現できない可能性がある。書籍版で掲載されていた目次もそのままでは電子書籍版に表示できない。

で同時に販売する場合だ。データをEPUBに変換するのは基本なのだが、そのままの状態では各プラットフォーム上で販売することができない。プラットフォームごとに細かいフォーマットが決まっているので、EPUBをさらに変換する必要がある。電子書籍部署がある版元では自社でデータを製作する。部署がない版元は制作会社に委託する。こうしてできたデータを各プラットフォームに設けられている手順にしたがってアップすれば販売開始となる。制作会社に委託した場合はプラットフォームにアップするまでを請け負ってくれる。

では、著者としては紙と電子、どちらが収入を多く得ることができるのだろうか。版元によって印税の割合も、支払い方法もまちまちだが、一般的に紙の書籍の場合で最大10％ほどである。それに比べ電子書籍はKDPの場

## 電子書籍の販売>>>

| プラットフォーム | 初期費用 | 印税率 | 特徴 |
|---|---|---|---|
| Kindleストア | 無料 | 35%<br>(独占販売の場合70%) | Amazonで販売できる。世界中での販売が可能。ただし販売元がアメリカのため税金がかかる。支払わずにすむためには対策が必要。 |
| Apple Books | 無料アカウントは無料配信のみ | 有料配信は70% | Apple IDと書籍を販売する場合は納税者番号が必要。出版するのに必要なアプリケーションiTunes producerはMacのみインストール可能。 |
| パブー | 無料～月額550円まで | 70% | 初心者でもわかりやすく出版の流れが説明されている。数々の賞を設けていて新人発掘に力を入れている。 |
| でじたる書房 | 無料 | 50% | 拡張子がtxtのテキストを独自形式の「でじブック形式」に変換する。それ以外にPDF形式も使える。 |
| forkN | 無料 | 70% | 月に5冊以上売り上げると、次の月の売上に対し最大10%のボーナスがプレゼントされる。 |
| 楽天Kobo ライティングライフ | 無料 | 70% | 出版後に価格の変更が可能。キャンペーン価格として、期間を定めた価格設定もできる。 |

合を見ると最大で70％である。これはあくまでも、個人で出版した場合なので、間に版元や制作会社が入ると印税率は変わってくるだろう。

　版元や制作会社が入ると電子書籍の報酬支払い方法のひとつとして文字数で報酬を決めることもある。例えば「2万文字で10万円の買い切り」と提示されることもあるが、現段階では15％〜25％といわれている。


電子書籍出版は誰でも手軽にできるがゆえに、書籍の内容を高い水準に保つことが困難だともいえる。ビジネスではなく、自己表現することだけが目的となれば、編集者と一緒に、売れる本を試行錯誤してつくる必要がなくなる。著者校正を除いて一度も第三者の校正が入らない書籍が世に出ることへの不安をぬぐいさることはできない。しかし、これが「誰でも、気軽に」を可能にしているのだ。編集者のアドバイス、プロの校正・校閲が従来は必要不可欠だったはずだが、省かれがちだ。電子書籍は大幅なコストダウンが可能なのである。例え、赤字になったとしても、痛手はずっと小さい。個人で製作にするにはうってつけだ。

　また、ビジネスとして電子書籍をつくる場合でも、版元や制作会社の基準は緩くなりがちだ。膨大な労力やお金を使う紙の書籍に比べると、リスクが小さいことが一番の理由になるだろう。よって、企画も通りやすくなる。クオリティが低い作品であっても、電子書籍としてプラットフォームに並ぶことになるのだ。

　こうなると購入する側が見極める眼力を身につけることが大切だ。読者の目が肥えれば、自ずとふるいに掛けられ、いいものが長く売れるようになるだろう。

10 >>> 122

# 売れる電子書籍

こまでの話だと電子書籍のクオリティに少々難ありのイメージがついてしまうが、そういったものばかりではない。ベストセラーや話題の本は電子書籍化されやすいし、そういうものについてはある程度のクオリティが保証されているといっていいだろう。しかし、それは紙の書籍として販売されているもののごく一部で、まだまだタイトルが少なく、偏りがある。かといって紙の書籍で売れていないものを、電子書籍化して販売したとしても売れないことは目に見えている。

ところが、Ｋｉｎｄｌｅでのみの販売でなんと1カ月に2万部を突破したコミックがある。『限界集落（ギリギリ）温泉』（著：鈴木みそ）だ。エンターブレインから紙の書籍として発行されているが、ブレイクしたのは電子書籍を発行してからというのだから、今までの概念を覆す例である。

コミックの場合、第1巻が一番売れ、第2巻、第3巻と巻を重ねるごとに発行部数を減らしていくのが普通だ。理由として、新しい巻がでるまでの期間が長いと、継続購買数意欲を保たせることができないと考えられるからだ。電子書籍の『限界集落（ギリギリ）温泉』の場合は第1巻～第4巻すべてを同時に販売した。さらに第1巻だけを低価格に設定した。いわばお試し版

**『限界集落（ギリギリ）温泉』**
著：鈴木みそ
フォーマット：Kindle版
販売：Amazon Services International, Inc.
価格：100円

ということになる。全何十巻もある付録つきの紙の雑誌で、このような商法をとっている版元もあるが、コミックではまずないだろう。

その結果、販売から週を追うごとに継続率が上がっていった。「面白い」と思ったら、すぐに続きを買うことができる利便性、その書籍に対する評価の速さが継続率に反映されたのだ。すぐに高評価されれば、それがまたネット上に広がり、プラットフォームに人が集まりプラスの循環を生み出す。第1巻を低価格に設定したことも大きなポイントだったのだろう。失敗してもこの値段だったらまぁいいか、というネットショッピングならではの思考が働いたことも要因のひとつと考えられる。

著者の鈴木みそさんは、自身でデータを製作、個人で出版した。このときに重要なのが、誰に電子書籍の出版権があるのか、ということだ。著者に権利があるのならば、自身で製作し、都合のいいタイミングで電子書籍として作品を世に送り出すことができる。版元に権利がある場合、出すか出さないか、から発売時期も委ねることになる。

ところで、制作会社とやりとりする場合と個人でつくる場合とでは、原稿をつくるのにどのような違いがあるのか。個人で出版する場合は先に述べたとおりであるが、制作会社に依頼する場合は、基本的にはＷｏｒｄと画像処理ソフトがあれば十分だ。最後まで自分で作業をする必要がなく、原稿を制作会社に入稿するしきは、紙の書籍のように全体のレイアウトを確認する必要はなく、終始Ｗｏｒｄで校正、修正、校了となる。最近では文字だけでなく、ライトノベルのようにページの途中にイラストが入っているものも増えてきているので、ＤＴＰソフトも使いこなせるとより製作の幅は広がる。

10
123
# 紙とデジタル

紙の書籍と電子書籍、一番の違いといえば、当然のことではあるが「紙」であるかないかということだ。電子書籍にとって「紙ではない」ということは欠点である。なぜなら、その質感は紙には到底敵うものではないからだ。気軽に購入するには適しているが、ずっと手元に置いておきたい場合は紙の書籍を購入する。本が好きであれば自然な行動だ。ましてや写真集を電子書籍で買って満足できるだろうか。

ところが、意外にも写真集のタイトルは数多く出版されている。グラビアアイドルから風景写真、あらゆる分野の写真集が出版されている。これらは電子ペーパーではなく携帯タブレット端末を使用する場合がほとんどだ。鮮明に映し出される美しい写真は「気軽に持ち運びできる写真集」としての地位を確立した。

これらの写真集は紙の書籍になっていないことも多く、必ずしも実物が手に入るとは限らない。なかには電子書籍で飛ぶように売れたタイトルは、紙でも書籍化をする、と著者に宣言している会社もある。ただし、実現するにはまだまだ電子書籍の需要は少ない。

では、電子書籍である利点とはなんだろう。まず考えられるのは文字サイズの変更が可能ということだろうか。年齢を重ねると誰しも小さな文字が読みにくくなる。老眼鏡なしでも読むのにストレスがないというのが電子書籍の第一のメリットである。他にもフォント、背景色の変更も可能だ。マーカー機能やブックマーク機能が便利だと考える利用者も少なくない。

また、コンパクトであるにもかかわらず、大容量だというのも魅力のひとつである。電子書籍リーダーであれば、約４０００冊（リーダーによって差はある）もの本を保存することができる。さらにそれを持ち運べる。いくら買っても部屋を占有することがない。本を読んでいてわからない言葉、読めない漢字をその場で調べることができる。本を読んだだけではわからない部分を動画で補うことができる。これは医療の世界で大変重宝されており、アメリカの医学生のテキストが電子書籍化されていて、手術の工程を勉強するのに役立っている。まさにデジタルの長所を活かした使い方である。

しかし、紙の書籍と違い、貸し借りすることが不可能である。貸し借りをするということは自分の持っている端末ごと他人に貸すことになるので現実的ではない。また、本のように古本として売ることができない。あげることもできない。いらなくなったものは削除するだけである。

前述のとおり、いまは電子書籍の出版のフォーマットといえばＥＰＵＢが主流である。少し前までは、制作会社ごとにフォーマットがバラバラで、それを統一するためにさらにコストがかかっていた。電子書籍なんて売れても微々たる収入しかないとわかっているので、電子書籍化することを後回しにしている版元も多かった。しかし、いまやスマートフォンの急速な普及と、パソコン所有率の高さ、デジタル化に対応できる年齢がどんどん下がっている時代である。出版業界において、もはや避けて通れない書籍のデジタル化。いかに上手に紙とつきあいながら、クオリティの高い電子書籍化をすすめていくかが課題となっていくだろう。

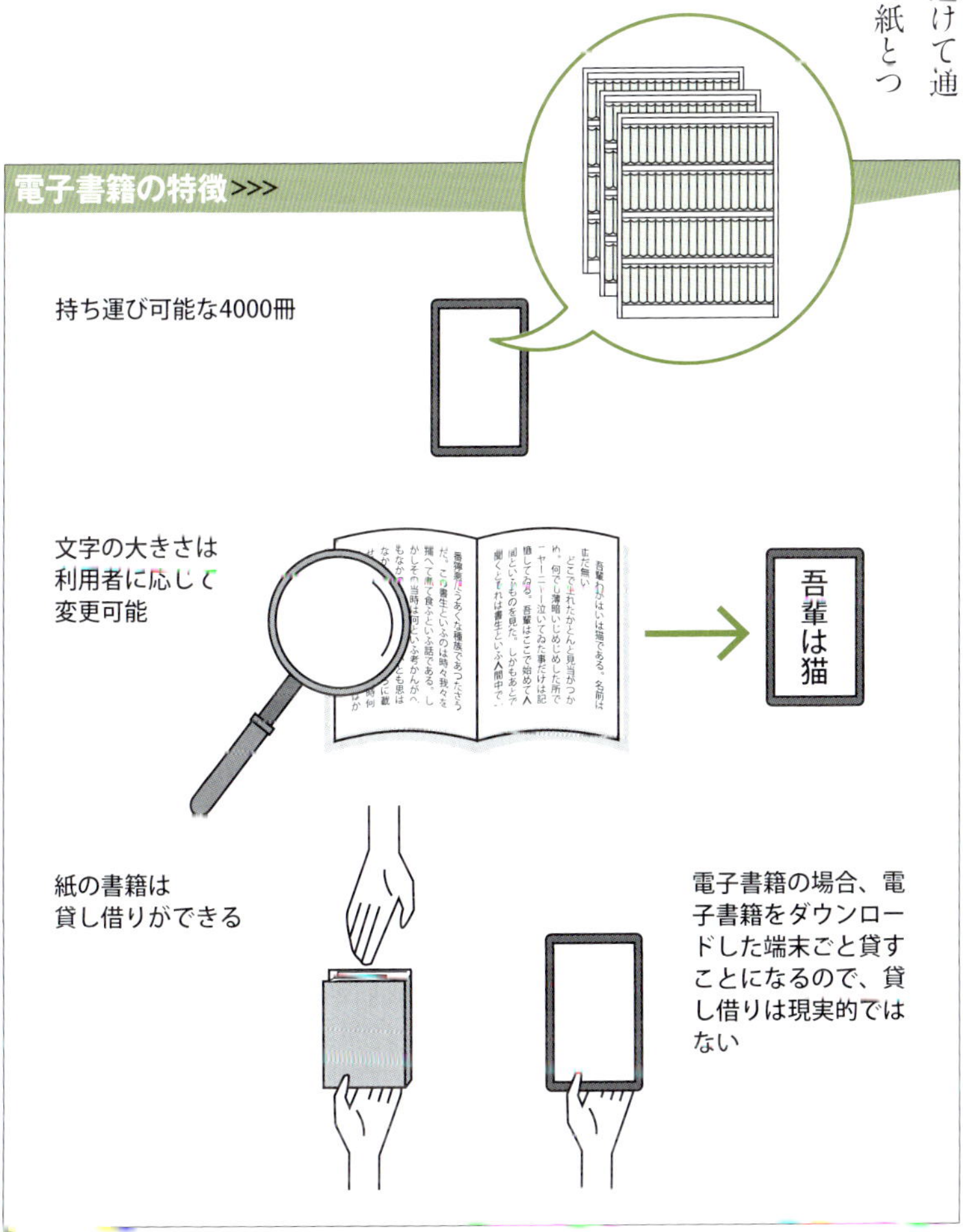
電子書籍の特徴>>>
持ち運び可能な4000冊
文字の大きさは
利用者に応じて
変更可能
吾輩は猫
紙の書籍は
貸し借りができる
電子書籍の場合、電
子書籍をダウンロー
ドした端末ごと貸す
ことになるので、貸
し借りは現実的では
ない

10
124
# 電子書籍を売る

紙の書籍を売る場合、書店に行き担当者に薦める、関係者に献本する、広告を出すなどの営業の方法が思い浮かぶ。

では、電子書籍を売る場合はどうするのか。全世界を網羅する広大な敷地であるネット上で「この1冊」を探すのは至難の業である。すでに日本だけでも20万点を超える電子書籍が発売されており、その数は毎月5000点以上増え続けている。帯の面白そうなコピーにひかれたから、デザインが好きだから、というように読者の心を紙の書籍のようにつかむことはできない。そこで、電子書籍ならではの方法が登場した。いわゆる「試し読み」である。これには数ページもいらない。コミックなどたった1ページを、例えばペットボトル飲料を買うとおまけとしてダウンロードできたり、ワークショップなどの申込みの特典として3カ月間限定で数ページダウンロードできるなど、ページの「切り売り」ができるのだ。続きが気になる読者は続きをダウンロードするかもしれない、または紙の書籍が発売されているならばそちらを購入するかもしれない。いかにして世に広めるか、それはやはりプロデューサーとしての編集者の腕の見せどころである。

個人で簡単に電子書籍を出版できる時代、もしかしたら出版社は必要なくなるのではないか、

**試し読み**
コミックや雑誌を出版する版元の多くは、ホームページ上に無料でダウンロードできる「試し読み」を用意している。版元によっては、ダウンロードしなくてもホームページ上ですぐに数ページ読むことができる「試し読み」を用意しているところもある。

編集者は絶滅するのではないか、と危惧する声もあるが、多くの人に読んでもらえる「本」をつくるにはプロの目を外すことはできない。

**紙**の書籍とは違いどのようにデザインすれば売れるのか、そのアイデアを練るアートディレクターであり、どのプラットフォームで売ることを意識するか、そのためにどのようなつくりにすべきなのかを考えるプロデューサーであり、そしてあがってきた原稿をよりよくするために、的確なアドバイスを与えるディレクターでもある。そして本としての体裁を整え校正をするクラフトマンでもある。電子書籍の編集者も、紙の書籍の編集者もまったく同じ仕事だといっていいのである。今まで「本」というものは普遍的であるように思われていたが、時代の波に押され変革の時期に入っている。いかにしてその波に柔軟に対応できるかということが、「紙」にしても「電子」にしても、質の高い「本」をつくるために重要なことである。それと同時に編集者としての力量が試されるときでもある。そして「本」が存在する限り、編集者が必要不可欠な存在であることに間違いはない。

## [付録]出版契約書の例

以下は、雷鳥社が独自に制作した電子書籍との合同契約書を作例として収録している。雷鳥社は小部数でかつ単価が低い本が多く、また編集が制作に関与する割合が高い。日本書籍出版協会の契約書ひな形が大手出版社を前提につくられているのに対し、雷鳥社の契約書は採算性が厳しく問われる中小・零細出版社の実情を反映している。

---

出　版　契　約　書
著作者名　雷鳥葉子
書　　名　雑誌編集の教科書

上記著作物を出版することについて、
著作権者　雷鳥葉子 を甲とし、
出版者 元代々木社 を乙とし、
両者の間に次のとおり契約する。
2015年7月1日

甲(著作権者)
　　住　所　〒350-0057　埼玉県川越市大手町0-0-0
　　氏　名　雷鳥 葉子　　◯印

乙(出版権者)
　　住　所　〒151-0062 東京都渋谷区元代々木町00-00
　　名　称　株式会社元代々木社
　　氏　名　鳩林 三郎　　◯印

・・・

### 第1章　　出版契約に関する同意

**第1条(出版権・流通権の設定)**

1. 甲は、表記の出版物(以下「本出版物」)およびそれを電子化したコンテンツ(以下「コンテンツ」)の制作・出版・流通のために乙が甲の著作物(以下「著作物」)を使用することに合意する。
2. 乙は、著作物を本出版物およびコンテンツとして複製し、頒布する権利を専有する。
3. 甲は、乙が本出版物およびコンテンツの出版権・流通権の設定を登録することを承諾する。

**第2条（本出版物の態様・価格・初版部数）**

1. 本出版物の出版は並製、A5判、208頁、1巻とする。
2. 定価販売における本体価格は1,500円とする。
3. 初版の発行部数は3,000部とする。

**第3条（第1刷における印税および支払方法・時期・税の支払い）**

1. 乙は、著作物の使用にあたって甲に印税を支払う。印税額は1部につき定価（税込）の8.0%とする。
2. 印税支払いの対象となる部数は、納本・贈呈・批評・宣伝・業務などに使用する部数（3,000部の3%にあたる部数）を免除した、2,910部とする。
3. 第1刷の印税額は377,136円とする。甲が源泉徴収税課税対象者の場合、この印税額内から源泉徴収税が徴収されるものとする。印税をはじめとする乙が甲に支払う報酬における源泉徴収税の扱いは、表示通知が特にない限り本項にならう。
4. 乙は本出版物発行月の翌月末日に、甲指定の銀行口座に第1刷の報酬総額を振り込むものとする。
5. 支払金額の総額が3万円を超える場合、振り込み手数料は甲の負担とする。本契約における支払は表示通知が特にない限り本項にならう。
6. 甲は、天災・事故・急激な社会情勢の変化をはじめとするやむを得ない事由により販売に至らなかった部数について、著作権使用料を免除する。

**第4条（増刷分の印税および支払方法・時期）**

1. 乙は甲に対し、第1章第3条第1項に定めた1冊あたりの印税額に増刷部数を乗じたものの20%を印税の前金として支払うものとする。支払いは本出版物増刷分の発行月の翌月末日に、甲指定の銀行口座に振り込むものとする
2. 乙は甲に対し、乙が指定した年1回の清算日に、定価販売での実売部数に第1章第3条第1項に定めた1冊あたりの印税額を乗じたものから、前金として支払った金額を差し引いたものを印税として支払うものとする。支払いは清算日の翌月末とする。

**第5条（増刷分の印税支払いを持ち越す場合と実売部数の計算）**

1. 前述の乙指定の清算日までに定価販売の実売部数が1,000部に満たない場合、翌年の清算日に支払いを持ち越すものとする。尚、第1章第4条の印税の前金分に関しては、実売部数に関係なく返金の必要はないものとする。
2. 定価販売の実売部数は、本出版物増刷分発行から12カ月目の末日時点での実出庫数（新刊取次・新刊書店への総出庫数から、新刊取次・新刊書店経由の総返品数を差し引いた数）の70%を、その時点での実売部数と見なす。

**第6条（販売終了時の印税支払い）**

1. 乙が本出版物の販売を終了すると決定した際は、販売終了時点当月末の実出庫数の70%を実売部数として清算する。尚、その場合に限り、実売部数が1,000部に達していない場合においても、印税の支払いをするものとする。
2. 販売終了日から1年後を最終清算日とし、その時点での実出庫数を完売部数として、印税の支払いを完了させる。その際、乙が最終清算日までに受け取った返品の総数が1年前の時点での市場在庫数（1年前の清算日の実出庫数の30%）を超えたとしても、乙は甲にその返金を求めない。

**第7条（非定価販売における利益配分）**

1. 本条で規定する非定価販売は、独占禁止法が定める書籍の著作物再販売価格維持制度（いわゆる再販制度）における弾力的運用の範囲内の非定価販売である。
2. 非定価販売において甲が受け取る利益は、乙が得た販売利益の総額のうち、第1章第3条第1項に定めた印税率に6.25を乗じた比率（50.0%）に相当する金額とする。
3. 利益配分の支払いは、初回の利益確定後の翌月末日に、甲指定の銀行口座に振り込むものとする。ただし支払金額の総額が支払基準1万円に満たない場合は、支払いを第2章第6条に定めた翌清算期日に持ち越すものとする。これ以降、持ち越された非定価販売の利益は第2章で定義されたコンテンツの販売利益と合算して清算する。
4. 非定価販売される本出版物商品が初版および増刷時に印税が前払いされている分に該当する場合、本条に定める利益配分はなされない。
5. 書籍再販制度の消失・形骸化等の社会情勢の変化により、本条第1項に定めた前提が維持されないと乙が見なした場合、乙は本条第2項に定めた利益配分率を停止できる。その場合、乙は甲に対しその旨を書面で通知する。利益配分率の停止は書面の送付日の翌月から有効となる。
6. 前項にいう利益配分率の停止が乙より通知された場合、新たな利益配分率については甲乙協議のうえ決定する。ただし、甲と乙の間で新たな利益配分率についての非合意期間が生じた場合も、乙は本出版物の販売および第1章第9条に定めた販売に係わる行為を継続的に行うことができる。非合意期間における甲の配分利益は、乙がその期間が解消するまで保留管理する。

**第8条（改訂版・増補版の発行）**

本出版物の改訂版または増補版の発行については、甲乙協議のうえ決定する。

**第9条（製作・宣伝・管理・販売方法・価格決定等）**

1. 乙は、本出版物の造本・発行部数・増刷の部数とその時期・在庫の処分・宣伝・販売の方法および販売の期間を決定する。
2. 本出版物の定価は乙が決定する。非定価販売の実行は乙が決定し、その販売価格は乙または乙が依頼した販売委託先が決定する。

**第10条（発行部数の報告等）**

乙は、本出版物の発行部数を証するため、甲に対し製本のつどその部数を報告する。甲の申し出があった場合には、乙はその証拠となる書類の閲覧に応じる。

**第11条（著作物の他媒体での発行）**

甲は、本契約の有効期間中に、著作物を本出版物・コンテンツの販売・流通に対して明らかに競合する形態の出版物・電子的コンテンツ等として出版・流通する場合は、あらかじめ乙の承諾を得なければならない。

**第12条（複写）**

甲は、本出版物の版面を利用する著作物の複写（コピー）に係る権利（公衆送信権および複写により生じた複製物の譲渡権を含む）の管理を乙に委託する。乙はかかる権利の管理を乙が指定する者に委託することができる。甲は、乙が指定した者が、かかる権利の管理をその規定において定めるところに従い再委託することについても承諾する。

**第13条（著作物の二次的使用権の設定）**

1. 本契約第2章に定義されたコンテンツ化による著作物・本出版物の使用については第2章の条項を適用する。
2. 著作物・本出版物の、翻訳・映像化・演劇化への使用など二次的著作物制作および貸与等のその他二次的使用が発生した場合、甲は乙の著作物の独占的使用権を認め、関わる処理を乙に委任する。
3. 前項のいう使用に際し、乙に販売利益が発生した場合は、その総額のうち第1章第3条第1項に定めた印税率に6.25を乗じた比率（50.0%）に相当する金額を利益配分として甲に支払う。支払方法については、第1章第7条第3項に準ずる。

**第14条（製作・販売行為に付随する著作物の使用）**

甲は、乙が本出版物・コンテンツおよびその二次的著作物の製作・広告・宣伝・販売等を行うために、乙が著作物・本出版物・コンテンツを使用し、第三者に提供することを認める。

### 第15条（出版権消滅後の頒布）

乙は、本契約に定める著作権使用料および配分利益の支払いを条件に、出版権消滅の後も乙が所有する本出版物の在庫を流通・頒布することができる。

### 第16条（著作権または出版権の譲渡・質入）

甲が著作権の全部もしくは一部を、または乙が出版権を、第三者に譲渡または質入れしようとするときは、あらかじめ相手方の文書による同意を必要とする。

### 第17条（災害等の場合の処置）

地震・水害・火災・急激な社会情勢の変化等その他不可抗力および甲乙いずれの責にも帰せられない事由により、本出版物に関して損害を蒙ったときまたはこの契約の履行が困難と認められるにいたったときは、その処置について甲乙協議のうえ決定する。

### 第18条（連絡先の通知義務）

1. 甲または乙は、本契約書に記された連絡先住所を変更する場合は、その旨を書面でもって速やかに相手方に連絡しなければならない。変更通知を受け取った相手方は、通知者に対して受領の旨を書面で返信しなければならない。
2. 甲または乙が、相手方への連絡の困難により、必要な業務の実行に支障をきたす場合、宛先不明の返送郵便物もしくは配達証明を保管の上、相手方が業務の実行に同意したものと見なし、社会的な常識の範囲内で業務を実行できる。

### 第19条（契約期間と終了）

本契約は契約日から10年間を有効期間とし、期間満了の3カ月前までに甲乙いずれかから文書をもって終了する旨の通告がないときは、本契約と同一条件で1年ごとに自動的に更新される。

### 第20条（契約解除の効力範囲）

本出版物・コンテンツに複数の著作権者が存在し、かつ他著作権者が本出版物・コンテンツに対する契約解除をする意思がない場合、契約解除は以下の範囲に制限される。

a) 他著作権者の契約解除の意思がない限り、乙は本出版物・コンテンツの複製および出版・流通を行い、本契約で定めた使用料の支払いを継続できる。

b) 前項a)において、乙は契約解除を申し出た著作権者の著作物部分の改訂および第13条に明示された二次使用を行わない。

**第21条（契約内容の変更）**
本契約の内容について追加・削除その他変更する必要が生じたときは、甲乙協議のうえ決定する。

**第22条（管轄裁判所の合意）**
甲乙双方は、本契約に関する一切の訴訟について、東京地方裁判所をその第一審の専属的管轄裁判所とすることに同意する。

**第23条（秘密保持）**
甲および乙は下記の指定情報についての機密を保持する。本契約において免責事項が明示され、また甲と乙双方が文書による同意を行わない限り、第三者に指定情報を開示してはならない。
・本契約の詳細内容
・本契約の交渉過程で使用した文書
・本出版物の制作・流通によって提供された売上情報、ユーザー情報、取引先情報
・本契約の取引によって得た収益額の金額、内訳
・別途書面によって定めた条項

**第24条（契約終了後の有効条項）**
本契約終了の理由にかかわらず、書面による別途の合意がない限り、本契約第1章第15条、第18条第2項、第22条、第23条については契約終了後も有効とする。

**第25条（契約の尊重）**
甲乙双方は、本契約を尊重し、本契約に定める事項について疑義を生じたとき、または本契約に定めのない事項について意見を異にしたときは、誠意をもってその解決にあたる。

## 第2章　コンテンツ使用に関する同意

**第1条（第2章の定義）**
1. 本章でいうコンテンツ使用とは、乙が本章の規定の範囲内で著作物を基に国内外各媒体向けの電子的コンテンツを作成し、乙が販売・公衆に送信することを指す。
2. 本章内で定義されない二次的使用に関しては、第1章第13条の規定に従う。
3. 本章に含まれない契約事項は第1章の規定に従う。

**第2条（コンテンツ使用権の設定）**

1. 甲は、本章で定義されたコンテンツ使用に関する著作物の独占的使用権を乙に設定する。
2. 乙は、著作物を本章で定義されたコンテンツ使用の範囲内において国内外各媒体に提供し、頒布する権利を独占的に有する。
3. 甲は、乙が本章で定義された二次的使用に関する国内外各媒体への独占的使用権の設定を登録することを承諾する。

**第3条（著作物のコンテンツ化の同意）**

1. 甲は乙が本出版物に使用した著作物を画像データおよび音声データに加工処理してコンテンツ化し、それを販売・公開することに同意する。本契約において、画像データ化および音声データ化された著作物を使用した内容物を“コンテンツ”と表記する。
2. 乙は、コンテンツ化に伴って必要な加工・調整、または収録容量の制約にともなうダイジェスト化による結果を除き、コンテンツに使用された著作物と、本出版物に使用された著作物の同一性を保つものとする。
3. 乙は、コンテンツと本出版物が持つ商品認知の同一性を保つものとする。

**第4条（販売促進のためのコンテンツ公開）**

乙は本出版物・コンテンツの販売を促進するために、乙のホームページおよび本出版物・コンテンツを販売する電子媒体等でコンテンツを公開する。本条は乙が、著作権保護に配慮している媒体に対して、コンテンツを公開することを前提にする。

**第5条（コンテンツのデザイン・流通・販売・管理宣伝の方法・価格決定）**

1. 乙は、コンテンツの商品デザイン・流通・販売・管理・宣伝の方法および販売の期間について決定する。
2. 販売価格については、乙または乙の販売委託先が決定する。

**第6条（コンテンツ販売利益の配分および支払方法・時期）**

1. 甲が受け取るコンテンツ販売の利益配分は、乙が得たコンテンツの販売利益の総額のうち、第1章第3条第1項に定めた印税率に2.5を乗じた比率（20%）に相当する金額とする。
2. 乙が指定する年1回の清算日までに甲への支払金額の累計額が支払基準1万円を超えない場合は、翌年の清算日まで清算を持ち越すものとする。
3. 配分利益の支払時期については、清算日の翌月末とする。

4. 将来、コンテンツ販売・流通環境における大きな社会的変化が予期されることに鑑み、本条第1項に定めた利益配分率の維持が困難と乙が見なした場合、乙はそれを停止できる。その場合、乙は甲に対しその旨を書面で通知する。利益配分率の停止は書面の送付日の翌月から有効となる。
5. 前項にいう利益配分率の停止が乙より通知された場合、新たな利益配分率については甲乙協議のうえ決定する。ただし、甲と乙の間で新たな利益配分率についての非合意期間が生じた場合も、乙はコンテンツの販売および第2章第5条に定めた販売に係わる行為を継続的に行うことができる。非合意期間における甲の配分利益は、乙が保留管理する。

**第7条（コンテンツの販売終了時の清算）**

乙がコンテンツ販売を終了する際、販売終了時点での利益支払金額を算出し、その支払いをもってコンテンツ販売を終了とする。その場合に限り、支払金額が支払基準1万円に達していない場合においても、利益の支払いをするものとする。

**第8条（電子図書館におけるコンテンツ公開）**

乙は、国会図書館および、公共団体それに準ずる公共性を持つ団体が運営する国内外の電子図書館にコンテンツを提供する。本条は乙がコンテンツを提供する電子図書館が著作権保護に配慮していることを前提にする。電子図書館から使用料の支払いがあった場合は、本章第6条の規定にならうものとする。

上記の契約を証するため、同文2通を作り、甲乙記名捺印のうえ、各1通を保有する。

編集の学校
文章の学校

渋谷駅徒歩1分。1995年開校。「編集する」「書く」「著書を出す」をキーワードに、講座やワークショップ・イベントを実施。仕事にすることを視野に入れ、プロになるための知識や技術を学ぶ学校です。修了生は、集英社、小学館、講談社、日経BP社、東洋経済新報社、宝島社、洋泉社、早川書房、扶桑社、KADOKAWA、新潮社、徳間書店、プレジデント社、ダイヤモンド社など数多くの出版社で、編集者やライターとして活躍。

『エンジェル・フライト』(集英社)で第10回開高健ノンフィクション賞を受賞、話題作『紙つなげ!』(早川書房)の著者佐々涼子、『北京陳情村』(小学館)で第15回小学館ノンフィクション大賞優秀賞を受賞した田中奈美など、ノンフィクションライターも輩出。

〒150-0002 東京都渋谷区渋谷1-14-11 小林ビル7階
tel 03-3400-7474 fax 03-3400-4545
info@editorschool.jp
http: // www.editorschool.jp
https: // twitter.com/henshunogakkou
https: // www.facebook.com/editorschool

---

Editor's Handbook
編集者・ライターのための 必修基礎知識

発行日　2015年4月16日　初版第一刷発行
2021年2月27日　第五刷発行

発行人　柳谷行宏

発行所　雷鳥社
〒167-0043
東京都杉並区上荻2-4-12
TEL. 03-5303-9766
FAX.03-5303-9567
HP http : //www.raichosha.co.jp
E-mail info@raichosha.co.jp
郵便振替：00110-9-97086

監修　編集の学校／文章の学校

編集　柳谷杞一郎

編集アシスタント　益田 光

執筆　01章：柳谷杞一郎／02章：柳谷杞一郎、益田 光(02-16,17)／03章：長井史枝／04章：中村 徹、柳谷杞一郎(04-32,34,37)／05章：森田久美子、柳谷杞一郎(05-46)、中村 徹(05-47)／06章：谷口香織、柳谷杞一郎(06-71,72)／07章：竹林美幸／08章：安武輝昭／09章：安武輝昭／10章：植木ななせ

デザイン　上田宏志(ゼブラ)

撮影　柳谷杞一郎／谷口香織／竹林美幸／植木ななせ

イラスト　植木ななせ

校正　澤部利恵／大木たまき

協力　安在美佐緒

印刷・製本　株式会社シナノ印刷

定価はカバーに表示してあります。

万一、乱丁・落丁がありました場合はお取り替えいたします。

ISBN 978-4-8441-3666-8 C0090